Kerstin E. Finkelstein
Ausgewandert

Kerstin E. Finkelstein

# Ausgewandert

Wie Deutsche
in aller Welt leben

Ch. Links Verlag, Berlin

Die Deutsche Bibliothek verzeichnet diese Publikation
in der Deutschen Nationalbibliographie;
detaillierte bibliographische Daten sind im Internet
über http://dnb.ddb.de abrufbar.

1. Auflage, März 2005
© Christoph Links Verlag – LinksDruck GmbH
Schönhauser Allee 36, 10435 Berlin, Tel.: (030) 44 02 32–0
www.linksverlag.de; mail@linksverlag.de

Umschlaggestaltung: KahaneDesign Berlin
unter Verwendung eines Fotos von Kerstin E. Finkelstein
von der New Yorker Steuben-Parade 2004
Satz und Lithos: LVD GmbH, Berlin
Druck und Bindung: Friedrich Pustet, Regensburg

ISBN 3-86153-348-0

# Inhalt

# Los geht's!
## Vorwort

»Ein Buch über deutsche Auswanderer auf der ganzen Welt?? Du bist verrückt geworden! Das Projekt ist doch viel zu groß für einen allein.« So und ähnlich reagierten fast alle meine Freunde und rüttelten heftig an meiner Begeisterung. Aber ich fand es spannend, die Geschichten der jährlich über Hunderttausend zu erfahren, die ihre Sachen zusammenpacken und sich aufmachen in die Fremde, die in China, Australien oder den USA aus dem Flugzeug steigen und sich in einem komplett anderen Leben wiederfinden, eine andere Sprache sprechen, andere Umgangsformen lernen, andere Freunde finden und einen anderen Job beginnen.

Was wird aus diesen Auswanderern, die in Deutschland nicht die Arbeit, das Abenteuer, die Freiheit oder die Liebe fanden, die sie sich für ihre Leben erhofften? Ich wollte wissen, ob sich ihr »Traum vom Auswandern«, von dem alle Zeitungen zu berichten wissen, erfüllt hat, oder ob sie sich ganz einfach fremd fühlen und einsam an dem Ort, der einmal ihr neues Zuhause geworden ist.

Was vermisst man, fragte ich mich, wenn die Umgebung mit Stäbchen isst oder der Nachbar fragt, in welchem amerikanischen Bundesstaat Deutschland liegt? Wie fühlt man sich, wenn man einem Gespräch nicht folgen kann und aus Höflichkeit versucht, den jeweils passenden Gesichtsausdruck zu machen? Und was bedeutet es, wenn man seine Familie und die alten Freunde nicht mal eben übers Wochenende besuchen kann, sondern selbst beim Telefonieren noch stets die Zeitverschiebung im Kopf behalten muss? Freut man sich nicht vielleicht doch eines Tages, einem Landsmann zu begegnen, der aus eigener Erfahrung weiß, wie es ist, ein Fremder zu sein?

Und lässt sich so vielleicht erklären, warum auf der ganzen Welt, sobald ein Deutscher seinen Fuß hinsetzt, wenig später ein deutscher Verein gegründet wird?

Ich wollte sie sehen, die Clubs, Hofbräuhäuser und Stammtische jener Deutschen, die es seit Jahrhunderten ins Ausland zieht und dort dann aber wieder zueinander. Laufen sie wirklich deutschtü-melnd mit Hirschknöpfen am Revers durch fremde Lande, oder kann man ganz im Gegenteil recht vergnügliche Abende bei ihren Treffs erleben? Was also sollte ein Deutscher machen, der von Wirt-schaftskrise oder Steuerlast gebeutelt das Weite sucht? Soll er sie meiden, seine Landsleute, frei nach dem Sprichwort »Gott schütze uns vor Sturm und Regen – und Deutschen, die im Ausland leben!«, oder kann man von ihnen sogar noch etwas lernen?

Also habe ich mich auf die Suche gemacht nach den vielen Deut-schen, die nicht länger geträumt haben, sondern wirklich den gro-ßen Schritt in ein neues Leben wagten. Um die ganze Welt bin ich geflogen, habe Dutzende deutscher Institutionen besucht und Hun-derte Deutsche getroffen, die für immer im Ausland leben. Und jetzt kann ich sagen: Es war wirklich spannend zu hören, was diese Men-schen erlebt haben und immer wieder neu erleben.

Doch waren die Mahnungen meiner Freunde nicht ganz unbe-gründet: Dieses Projekt wäre wirklich allein nicht zu schaffen gewe-sen. Ich möchte mich hier deshalb nicht nur bei den vielen deutschen Zeitungen im Ausland bedanken, die meine Anzeigen kostenlos ver-öffentlichten, sondern auch bei den vielen Hundert Auswanderern aus 25 Ländern, die darauf antworteten und mir eine Vielzahl von Briefen und Mails, Artikeln und Fotos, Vereinszeitschriften und Autobiographien zusandten. Sie ermöglichten mir, über das selbst Erlebte hinaus eine Vorstellung von der ganzen Vielfalt deutschen Lebens im Ausland zu entwickeln. Wichtig waren auch meine di-versen Gastgeber, die mir auf den verschiedensten Stationen meiner Reisen nicht nur ein Hotel ersparten, sondern auch einen ›Blick von innen‹ ermöglichten.

Schlussendlich kosten Recherchen unangenehmerweise auch im-mer Geld, weshalb mein abschließender Dank meinen »Sponsoren« Monika und Heiner Hartmann, Dr. Paul Nunheim und Sven Her-mann gilt.

# Der Traum vom Auswandern

## Warum in die Ferne schweifen?
Die Motive der Auswanderer

Vom Auswandern zu träumen scheint eine der Lieblingsbeschäftigungen der Deutschen zu sein – die Internetforen sind voll von Unzufriedenen, die sich nicht nur an grauen Novembertagen aus dem bundesrepublikanischen Alltag wegsehnen. Deutschland engt ein, so liest man; die Bürokratie hat absurde Ausmaße angenommen; es gibt Millionen von Arbeitslosen und keine wirtschaftliche Perspektive; die anderen Menschen sind unfreundlich, griesgrämig und voll der schlechten Stimmung. In einem Satz: Deutschland nervt! So weit, so einig. Doch was passiert dann? Während in Umfragen gleich mehrere Millionen ihren Wunsch zum Weggang kundtun, gehen tatsächlich »nur« gut Hunderttausend jedes Jahr. Das war auch zu früheren Zeiten nicht anders, weshalb man sich fragt, wer denn nun warum wirklich auswandert.

Schlägt man die historische Literatur auf, werden gerne die immer wieder gleichen Gründe aufgezählt: Hungersnöte, Massenarbeitslosigkeit, Zerstörung durch Krieg, religiöse oder politische Unfreiheit. Von Hungersnöten kann man auf Deutschlands Bürgersteigen derzeit recht wenig sehen, und auch Krieg kennen die Jüngeren unter uns zum Glück nur aus dem Fernsehen. Dennoch geben auch heutige Auswanderer gerne »handfeste« Gründe an, wenn sie nach dem »Warum« befragt werden. Sie sprechen von andernorts besserer Aussichten auf dem Arbeitsmarkt, billigeren Grundstückspreisen, niedrigeren Steuern und einer besseren Zukunftsaussicht für die Kinder.

Daneben haben viele aber auch »innere Gründe«[1], die sie bei genormten Umfragen jedoch kaum äußern. Und gelegentlich wissen einige sogar selbst nicht ganz genau, was sie eigentlich getrieben hat. Ein Australien-Auswanderer erzählte zum Beispiel, er würde immer sagen, er sei wegen des besseren Wetters und der schönen Landschaft gekommen: »Das wollen die Leute eben hören. Was würden die sagen, wenn sie rausbekämen, dass ich selbst nicht mal weiß, warum ich eigentlich hier bin?« Ob eine Auswanderung also tatsächlich zustande kommt, hängt oftmals an wenig nachprüfbaren (Hinter-)Gründen: Manch einer hat Eltern, bei denen es gut tut, einige Tausend Kilometer Abstand zu wahren, andere wollen den Ex-Partner gerne so weit wie möglich hinter sich lassen, wieder andere sind schlicht abenteuerlustig oder wollen sehen, wie sie neue Herausforderungen meistern. (Nebenbei bemerkt, ist es recht interessant, dass fast alle der Deutschland-Flüchtlinge heute sagen, sie hätten die schlechte Stimmung und das dauernde Genörgel nicht mehr ertragen. In Deutschland sei alles gehetzt, gedrängt und geplant, von Savoir-vivre keine Spur. Da drängt sich dem Zuhörer doch gelegentlich die Frage auf, ob die Auswanderer vorher in Deutschland vielleicht auch lieber über das Nörgeln genörgelt haben, anstatt gute Stimmung zu verbreiten ...)

In Wirklichkeit treiben harte »äußere Gründe«, wie eine lang anhaltende Arbeitslosigkeit, die wenigsten aus dem Land, was einfache Ursachen hat. Wer lange hierzulande nach einem Arbeitsplatz gesucht hat und den zermürbenden Prozess von Bewerbungen und Ablehnung eine Weile mitspielen musste, hat in der Zwischenzeit meist sein letztes Selbstwertgefühl und Geld verloren. Das nötige psychische und materielle Startkapital, um den großen Schritt in die Fremde zu wagen, ist nach so einer Phase häufig kaum noch vorhanden. Unter den heutigen Auswanderern finden sich eher die Deutschen, die erst seit kurzem arbeitslos sind oder Sorge hatten, es könnte auch sie eines Tages treffen. Das Gefühl, »keine berufliche Perspektive in Deutschland« zu haben, geben insgesamt über 60 Prozent der heutigen Auswanderer als Grund für ihren Wegzug an.[2]

In Rezessionszeiten fast schon paradox anmutend, gibt es neben dieser Gruppe aber auch eine Klientel, die gerade wegen ihres wirtschaftlichen Erfolges in die Fremde strebt. Und darunter fallen nicht in erster Linie die »Steuerflüchtlinge« in der Schweiz und Monaco, deren berühmte Namen gelegentlich in den Zeitungen auftauchen. Nein, es sind leitende Angestellte oder Unternehmer, die von sich sagen, in Deutschland bereits alles erreicht zu haben. »Ich konnte mir einfach nicht vorstellen, dass es das jetzt gewesen sein sollte«, so erklärte mir ein Auswanderer in Neuseeland. »Haus, großes Auto und schicker Urlaub. Ansonsten nur Arbeit und nochmals Arbeit.«

Bei der Begründung der eigenen Auswanderungsabsicht sind Wetter, Arbeitsmarkt, Politik und bürokratische Regelungswut aber natürlich weit gebräuchlichere Argumente. Schließlich ärgert sich fast jeder in Deutschland irgendwann über Nieselregen und Formulare, der Auswanderungswillige findet also offene Ohren und Verständnis für seine Absicht. Und wer zögert vor einer so großen Entscheidung nicht schon mal – da tut es gut, allerorts Unterstützung zu finden.

Die Auswanderung selbst hat sich in Planung und Organisation innerhalb der letzten Jahrzehnte stark verändert. Im 19. Jahrhundert gehörte schon eine gehörige Portion Abenteuermut und Vertrauen zum großen Schritt dazu. Schließlich musste man sich auf sehr vage Informationen über das Zielland verlassen, wie man sie aus den Briefen bereits ausgewanderter Deutscher herauslesen konnte. Noch weit weniger zuverlässig waren die oft propagandistisch geschönten Beschreibungen der Werber, die ihr Geld mit den Auszugswilligen verdienen wollten und deshalb gerne den Himmel auf Erden im fernen Land versprachen.

Heute sieht die Welt da schon anders aus, eine umfassende Information ist möglich – auch wenn nicht alle Emigranten sie immer nutzen und sich stattdessen lieber der Spontaneität des Aufbruches hingeben. So schrieb mir eine Deutsche, die 1961 in die USA zog, auf die Frage, wie sie sich auf ihre Auswanderung vorbereitet hätte: »Mit vielen Auf-Wiedersehen-Parties!«[3], und ein Südafrika-Auswanderer vermerkt schlicht: »Koffer gepackt.«[4] Üblich ist so ein Sprung ins Wasser ohne vorherige Überprüfung der Tiefe jedoch nicht: Die meisten informieren sich zunächst über Zeitungen, Bücher, Fernsehen und Internet. Viele machen dann noch einmal die Kurzzeitprobe aufs Exempel: Sie verbringen ihren Urlaub in der geplanten neuen Heimat. Auch wenn der Blick durch die getönten Sommerurlaubs-Brillengläser nicht unbedingt dem Alltagspanorama entspricht, müssen die ganz großen (und zumeist negativen) Überraschungen der früheren Auswanderer heute nicht mehr durchlitten werden. Und selbst wenn – die Tragweite einer solchen (Fehl-)Entscheidung ist heute im Vergleich zu früheren Zeiten ungleich geringer. War »Auswanderung« früher eine kaum rückgängig zu machende Lebensentscheidung, entspricht sie heute eher einem

Lebensstil-Phänomen, einem Spiegelbild unserer spätmodernen Mobilitätsauffassung.[5]

Heute zieht nicht wie in früheren Zeiten ein ganzes Dorf geschlossen nach Amerika. Stattdessen muss sich jeder deutsche Dorfbewohner einzeln entscheiden, ob er die Kulisse aus schwarzbunten Kühen und ordnungsgemäß beschnittenen Hecken gerne gegen Shanghais Hochhäuser oder karibisches Wellenrauschen eintauschen möchte. Emigration ist ein bewusst gestalteter Teil der individuellen Biographie geworden und hat ihren unumkehrbaren Charakter verloren. Schließlich holt ein Flugzeug den reumütig zurückkehrenden Bundesdeutschen auch aus dem entlegensten Winkel der Welt spätestens binnen zweier Tage zurück ins schwarz-rot-goldene Land: »Aus der Welt« ist man heute nirgendwo mehr.

Mit den Umständen hat sich auch die Sprache geändert. Viele der Auswanderer, die in den letzten zehn oder zwanzig Jahren Deutschland verlassen haben, sprechen denn auch gar nicht mehr davon, »ausgewandert« zu sein – sie sind »umgezogen«.

## Über Einsamkeit und fehlendes Schwarzbrot
### Das Einleben in der Fremde

Obschon sich die Bedingungen des Auswanderns im Laufe der Zeit erheblich geändert haben, ist eines dennoch gleich geblieben: Fast alle Auswanderer vermissen nach ihrem »Umzug« etwas »Deutsches« am neuen Wohnort. Denn trotz Globalisierung sind viele existentielle deutsche Kulturgüter wie Marzipan und Vanillezucker noch immer nicht weltweit zu erwerben. Um diesem Verlust entgegenzutreten, ist es durchaus üblich, sich solche Mangelwaren von Verwandten oder Freunden aus Deutschland zusenden zu lassen und angekündigten Besuchern Mitbringsel-Bestelllisten übers Wasser entgegenzuschicken. Dem Daheimgebliebenen erscheinen die übermittelten Wünsche gelegentlich etwas merkwürdig. Schließlich erkennt man zu Hause nicht unmittelbar die besondere Bedeutung von Adventskalendern und Griebenschmalz. Es ist wie bei so vielen Dingen: Man muss erst verlieren, um zu erkennen, was man gehabt hat. Und viele Auswanderer haben eben nicht mehr ihr gewohntes Pflaumenmus auf dem Frühstückstisch – dafür aber den ganzen Tag ein durch und durch fremdes Umfeld. Auch ohne das Essen zur Philosophie erheben zu wollen, ist eines ganz klar: Vertraute Lebensmittel stehen für mehr als nur für schnöde Nahrungsaufnahme. Man stelle sich einen Teller voll frisch gebackener Plätzchen vor und weiß, worum es den Emigranten geht. Der Anblick, der Geruch, der Geschmack und nicht zuletzt das Ritual des Verzehrs können bei manch Essbarem durchaus einem emotionalen Erlebnis entsprechen, das Vertrautheit vermittelt.[6] Plätzchen zum Beispiel lassen sofort Erinnerungen aufleben an »richtige deutsche Weihnachten«, die schon aus Klimagründen in vielen anderen Ländern so nicht erlebt werden können. Eine Adventszeit im 35 Grad warmen Buenos Aires mit seinen aus jedem zweiten Geschäft quakenden und singenden Plastikweihnachtsbäumen etwa lässt beim besten Willen kein Gefühl von »Besinnlichkeit« aufkommen.

Noch vor Weihnachten, Marzipan und Plätzchen rangiert natürlich auch bei ausgewanderten Deutschen ein berühmtes Grundnahrungsmittel auf Platz eins der Liste des schmerzlich Vermissten, und fast jeder Deutsche, der schon einmal länger als drei Wochen fern der Heimat war, wird dieses heftige Begehren gut nachempfinden können – das Verlangen nach einem richtigen, herzhaften Schwarzbrot. Dieses Problem immerhin ist zumindest bei längerem Aufenthalt lösbar: Wer keine deutsche Bäckerei in erreichbarer Nähe hat, bäckt selbst. Eine Brotbackmaschine gehört zu jedem deutschen Emigrantenhaushalt wie die weißen Socken zur Sandale.

Neben diesen doch recht greifbaren und oftmals zu behebenden Verlusten bedeutet Migration allerdings auch heute noch, Abschied zu nehmen von Gewohnheiten in allen Lebensbereichen. Die Trennung von der Heimat entspricht einer Vielzahl von Trennungen in allen wichtigen menschlichen Beziehungen: Familie, Freundeskreis und Arbeitskollegen werden verlassen; man »ist aus den Augen« und damit auch schnell »aus dem Sinn«. Denn schließlich ist es zwar inzwischen – dank Telefon und Internet – leichter, in Verbindung zu bleiben. Was fehlt, ist aber das gemeinsame Erleben. Es gibt kein spontan verabredetes Bier in der Kneipe um die Ecke mehr und auch keinen gemeinsamen, größeren Lebensrahmen: Für den Auswanderer sind »Reformstau«, Pisa-Studie und die neueste Fernsehserie eben keine Themen mehr, er ist »draußen«. Kein gewohnter

Lebensbereich bleibt bestehen, und es fällt schwer, sich den Daheimgebliebenen zu erklären.

All den Neuerungen und großen Herausforderungen allein gegenüberzustehen, ist besonders schwierig. In den alltäglichen menschlichen Beziehungen kann nicht mehr auf Routineakte zurück-
gegriffen werden – die Verhaltensweisen und Codes des neuen
Heimatlandes sind anders und ungewohnt. Die alltäglichsten Situationen bergen die andauernde Möglichkeit, sich zum Trottel zu
machen. In Thailand erzählte mir ein Emigrant, wie er gleich in seiner ersten Woche das Kind der Nachbarin auf den Arm genommen
habe. »Und dem hab ich dann wohl auch über den Kopf gestrichelt,
was weiß ich, darauf achtet man doch in Deutschland nicht, da
heißt das ›oh, wie süß‹, man tätschelt etwas, und alle sind zufrieden.« In Thailand erlebte er hingegen etwas ganz anderes. »Meine
Nachbarin riss mir das Kind aus den Armen und lief weg, fast so,
als hätte ich es angespuckt.« Schließlich ist der Kopf einer fremden
Person nach thailändischem Verständnis Tabuzone, gilt er doch als
Sitz des menschlichen Geistes.

Dauernd muss der Auswanderer damit rechnen, unbeabsichtigt
etwas »falsch« zu machen, das ganze Leben wird zu einer einzigen
Improvisation.[7] So gerät das Selbstbewusstsein so manchen Neu-
ankömmlings bedenklich ins Schwanken, da er sich nicht mehr auf
die eigene Fähigkeit zur Kommunikation und angemessenem Handeln verlassen kann. Gleichzeitig versteht er nicht, warum er etwas
falsch gemacht hat. Ihm wird nur sehr deutlich gezeigt, dass er mal
wieder total danebenlag. So erzählt ein Emigrant, der bereits in den
40er Jahren nach Bolivien auswanderte, er sei »gleich bei den Einheimischen unten durch gewesen. Ich habe nämlich meinen Koffer
selbst vom Zug zur Pension getragen, und das macht kein ›anstän-
diger‹ Bolivianer. Dafür hat man seinen ›chico‹, der einem alles hin-
terherträgt.«

Der Migrant muss also einen doppelten Kraftaufwand leisten:
Während er sein bisheriges Bezugssystem komplett verliert, muss er
sich gleichzeitig erheblichen neuen Herausforderungen stellen und
»kulturadäquates Handeln« lernen. Die Schwierigkeiten bei diesen
Anpassungsleistungen treten meist erst nach einiger Zeit auf. So ist
es zunächst noch recht einfach, zum Beispiel präzisen Verhaltensvor-
gaben beim Begrüßungsritual zu genügen – egal, ob das nun genau

abgezählte Küsschen oder in exakten Winkeln auszuführende Verbeugungen erfordert. Inzwischen ist mit einem Klick ins Internet herauszufinden, in welchen Ländern man zum Trampen tunlichst nicht den Daumen herausstrecken sollte und wo es einem Affront gleichkommt, eine Visitenkarte nur mit einer Hand entgegenzunehmen.

Weitaus schwieriger wird es dann schon bei den weniger konkreten Handlungsnormen: Wie sehen zum Beispiel die Erwartungen der neuen Umwelt an Hilfsbereitschaft aus? Steht man etwa für jede Frau mit Kind im Bus auf, oder sollte man besser auf deren Herkunft achten, um kein erschrockenes Unbehagen zu erzeugen? Wie verhalten sich Kinder zu ihren Eltern in der Öffentlichkeit? Dürfen sie schreiend am Rockzipfel reißen, oder sollten sie sich besser verbeugen und ihre Eltern siezen? Oder: Wie behandelt man einen Kellner? Um kulturelle Unterschiede in diesen Bereichen zu erfahren, muss ein Deutscher nicht einmal Ozeane überqueren – als Test reicht schon der Versuch, in norddeutscher Erwartung einer Dienstleistung dem Kellner eines richtigen Wiener Kaffeehauses (keiner Touristenfalle!) nicht mit gebührendem Respekt und Hochachtung zu begegnen, während man ihm seine Bestellung anträgt. Die nachfolgende Stunde kann erfolgreich genutzt werden, um das Verhalten des Umfeldes zu beobachten und daraus für anschließende Besuche in anderen Lokalen zu lernen. Denn hier, soviel ist sicher, wird man in den nächsten Monaten keines Blickes oder gar einer Bedienung gewürdigt werden.

Noch schwerer fällt es den meisten Auswanderern zu erkennen, welche Erwartungen von den Einheimischen an die »Ich-Leistung« des Neulings herangetragen werden. Ein Deutscher, der von seiner Firma nach China versetzt worden war, erzählte von seinen großen Schwierigkeiten im Umgang mit chinesischen Angestellten. »Es hat eine ganze Weile gedauert, bis ich gelernt hatte, was die überhaupt von mir erwarten. Schließlich sagt dir das dort niemand offen, denn sonst würde wieder mal irgendwer ›das Gesicht verlieren‹. Ich habe nach einer Weile innerlich schon darüber gelacht und mir vorgestellt, wie die auf dem Boden herumsuchen nach ihren verlorenen Gesichtern. In den jeweiligen Situationen fand ich diese Unsicherheit allerdings gar nicht komisch.« Schließlich ist es keine leichte Aufgabe, möglichst souverän zu erscheinen und sich gleichzeitig offen und anpassungsfähig, aber nicht wankelmütig und unsicher zu präsentieren![8]

Auswandern bedeutet also Umstellung, und das eigene Leben umzustellen, ist nicht immer einfach und lustig. Noch weniger amüsant ist so eine Kompletterneuerung, wenn sie nicht auf eigenen Wunsch eingeläutet wird. Und genau in dieser unerfreulichen Lage finden sich viele Frauen wieder, deren Männer ins Ausland versetzt werden.

Während den männlichen Part einer solchen Paarung eine spannende berufliche Perspektive ins Ausland ruft, wird die Frau lediglich vom Manne gerufen und kann sich, auf ihrem Flugzeugsitz Platz nehmend, selbst beim Identitätswechsel zusehen. Hatte sie vorher einen eigenen Beruf oder doch zumindest einen eigenen Freundeskreis, ist sie nun »die Frau von X«. Am neuen Heimatort angekommen, können Rollenspiele aus alten Tagen ausgepackt werden: Während der Mann zur Arbeit geht, die Sprache schnell erlernt und soziale Kontakte schließt, sucht die Frau nach einem ansprechenden neuen Zuhause und beginnt, dieses (allein) einzurichten. Während er also draußen die Probleme der Welt anpackt, sitzt sie zu Hause und packt Koffer und Umzugscontainer aus! Die Probleme sind folglich vorprogrammiert. Die Frau wird vom Heimweh geplagt und quält ihrerseits wiederum den Mann mit ihrem dringenden Wunsch, doch bald zurückzukehren.

An Deutschland vermissen die Frauen dabei weniger irgendwelche abstrakten Strukturen als vielmehr das dort konkret vorhandene soziale Netz aus Freunden und weiterer Familie. Ein Haus kann noch so groß und schön sein, sitzt man jedoch Tag aus, Tag ein alleine darin herum, wirkt es nur noch leer. Zur Auffrischung einer etwas schläfrig gewordenen Beziehung sei Auswandern also ganz sicher der falsche Weg, warnen viele der »mitgereisten« Frauen. Eher schon bedeute so ein weitreichender Ortswechsel eine erhebliche Belastung, die nicht selten zur Trennung führe.[9]

Aber ganz gleich, ob private Probleme das Leben eines Auswanderers noch zusätzlich belasten – zumindest ein vorübergehender Anfall von Sehnsucht nach »zu Hause« dürfte beinahe jeden einmal ereilen. Denn wenn so viel Fremdes im Umfeld die eigene Identität plötzlich in Frage stellt, dann bekommt auch Deutschland auf einmal etwas Bekanntes und Nahes.

# Der große Schritt ins Unbekannte
Auswanderung gestern

Gründe, Deutschland dauerhaft den Rücken zu kehren, gab es immer schon. Unter den Auswanderern der frühen Jahre finden sich neben Lutheranern und anderen wegen ihres Glaubens Verfolgten, die außerhalb der eigenen Grenzen nach religiöser Freiheit suchten, auch desillusionierte Anhänger der gescheiterten Revolution von 1848, die ihre Heimat in Repression und Rückschritt stagnieren sahen. Es gab Abenteurer, die, sich auf Goldjagd begebend, ein Vermögen erhofften; aber auch Juden, denen jedes Ziel recht war, Hauptsache, es befand sich weit entfernt von Deutschlands Nationalsozialisten. Nach dem Zweiten Weltkrieg wiederum war Deutschland selbst angefüllt mit Flüchtlingen, die aus den ehemaligen Ostprovinzen oder von europäischen Sprachinseln vertrieben worden waren und sich nun in Deutschland deplatziert und unwillkommen fühlten. Viele von ihnen sahen sich nur kurze Zeit in ihrer zerbombten neuen Umgebung um, die weder Arbeitsplätze noch Wohnungen zu bieten hatte, und versuchten, schleunigst andere Ufer zu erreichen.

Ein Auswanderungsland ist Deutschland also schon lange. Allein zwischen 1815 und 1914 verließen fast sechs Millionen Emigranten die deutschen Staaten in Richtung Übersee.[10] Etwa 90 Prozent der Auswanderer des 19. Jahrhunderts strebten in die neu gegründeten Vereinigten Staaten, wo zwischen 1820 und 1930 etwa 5,9 Millionen Deutsche an Land gingen.[11] Die Gründe auch für diese frühere Auswanderung waren in erster Linie wirtschaftlicher Natur. In großen Teilen der deutschen Staaten kam es immer wieder zu Hungersnöten, und die Umbrüche im Wirtschaftssystem führten zur Verarmung breiter Bevölkerungsschichten. Auswanderung schien vielen der einzige Weg aus dem Elend.

Einfach war dieser Schritt zu jenen Zeiten nicht. Niemand konnte mal eben sein Bündel schnüren, fortziehen und sehen, wo es vielleicht besser ist. Denn anders als im heutigen Deutschland, das jeder nach Belieben verlassen darf, stellten früher nicht nur Überfahrt und Einreise ein Problem dar: Auch die Ausreise war mit erheblichen

Hürden verbunden. Es hing von der politischen und wirtschaftlichen Lage im jeweiligen Staate ab, wie liberal die Ausreiseanträge behandelt wurden. Schließlich waren für die meisten Herrscher ihre Untertanen Geld wert. Man konnte mit ihnen in den Krieg ziehen und das eigene Leben durch Einziehen von Steuern und Abgaben durch sie finanzieren lassen.

In ganz so weiter historischer Ferne liegen diese Bedingungen zumindest für ein Viertel der deutschen Bevölkerung auch heute noch nicht. Schließlich waren auswandernde Fachkräfte den Machthabern der DDR immerhin so viel wert, dass sie den Massenexodus um jeden Preis stoppen wollten. Ergebnis waren Mauer und Schießbefehl. Heraus durfte – abgesehen von einzelnen Ausnahmen – nur, wer das Rentenalter erreicht und somit seiner staatsbürgerlichen Pflicht Genüge getan hatte.

Schließlich bedeutet die Auswanderung von Arbeitskräften für den jeweiligen Staat in der Regel Verlust. Vorteilhaft erscheint eine Auswanderung der eigenen Untertanen nur in Zeiten der Not; früher waren es zum Beispiel Momente extremer Lebensmittelknappheit, die eine Schrumpfung der Bevölkerungsanzahl wünschen ließen.[12]

Über die Möglichkeiten einer Auswanderung wurden die Menschen damals oftmals von Agenten beraten. Diese erhielten ihr Geld zum einen von Landbesitzern der jeweiligen Länder, die Arbeiter für ihre Güter suchten. Manche dieser Agenten gingen ihrer Tätigkeit gewissenhaft nach und klärten die Auswanderungswilligen über die realen Bedingungen auf. Andere wiederum, unter ihnen vor allem diejenigen, die von den Schifffahrtsgesellschaften für jeden angeheuerten Passagier bezahlt wurden, versprachen das Blaue vom Himmel. Auf der anderen Seite des großen Meeres, so hieß es, gäbe es keine Schwierigkeiten mit Behörden, niedrige Preise, Frieden, Sonnenschein, gute Böden auf dem Lande und viele Arbeitsplätze in den Städten. Behördliche Warnungen, diesen »Seelenverkäufern« keinen Glauben zu schenken, wurden zumeist nicht beachtet. Schließlich kannte man seine Obrigkeit zu gut und vermutete hinter der ungewohnten Fürsorge nichts als Eigennutz.

Die Bedingungen, unter denen die Auswanderer schließlich die deutschen Staaten verließen, waren katastrophal. Schon die Fahrt in Richtung der größten deutschen Auswandererhäfen Hamburg und Bremerhaven dauerte oftmals mehrere Wochen. Denn vor der Gründung des Nationalstaates, der seit 1871 den Nationsbegriff der Deutschen prägt, war der Weg von einem »deutschen« Territorium ins nächste nicht Binnenwanderung, sondern grenzüberschreitende Aus- oder Einwanderung. Jede »Grenzüberschreitung« ging mit einer Zollkontrolle einher. So wurden die Rhein-Schiffe zum Beispiel bei jeder Zollschranke tagelang aufgehalten. Häufig wurde den in Richtung einer neuen Heimat Aufbrechenden schon hier nahezu ihr gesamtes Hab und Gut abgenommen. Endlich am eigentlichen Startpunkt ihrer Reise angekommen, hatten die meisten bereits ihre Ersparnisse eingebüßt, mit denen eigentlich die Fahrkarte Richtung Amerika bezahlt werden sollte. Den Emigranten blieb nichts anderes übrig, als sich auf das »Redemptioner-System« einzulassen. Zwischen 50 und 75 Prozent aller deutschen Auswanderer erreichten Amerika im 18. Jahrhundert als »Redemptioner«. Das System bot ihnen die Möglichkeit, die Kosten der Überfahrt durch Arbeitskontrakte abzugelten: Der Redemptioner musste sich hierbei verpflichten, nach seiner Ankunft einem amerikanischen Dienstherren für mehrere (durchschnittlich vier) Jahre zu unfreier Arbeit zur Verfügung zu stehen. Als Gegenleistung zahlte der Arbeitgeber dem Kapitän nachträglich die Passage. Nach Ablauf der freiwilligen Unfreiheit erhielt der Redemptioner ein geringes Startkapital, um sich eine eigenständige Existenz aufzubauen.[13]

Die Überfahrt selbst fand in zu Frachtschiffen umgebauten Seglern statt, in deren Zwischendeck die Auswanderer »transportiert« wurden. Ohne die Möglichkeit, sich zu bewegen oder gar an die frische Luft zu gelangen, harrten die Menschen hier dicht an dicht gestapelt während der sechs bis acht Wochen dauernden Atlantiküberquerung aus. Bis zu 50 Prozent dieser »Ladung« überlebten die strapaziöse Fahrt nicht, sondern verstarben bereits auf dem Meer an sich rasch ausbreitenden Krankheiten wie Ruhr oder Mundfäule.[14]

Reeder und Kapitäne trugen bei diesem Vorgehen keinerlei Risiken. Die Schulden der während der Überfahrt Verstorbenen übertrugen sie einfach auf die Überlebenden, deren Fahrpreis im Nachhinein entsprechend stieg. Da Mägde und Knechte eine gesuchte »Ware« darstellten, konnten sie auch zu einem höheren Preis problemlos vermittelt werden.

Die Auswanderer selbst waren den Bedingungen während der Überfahrt und nach ihrer Ankunft hingegen schutzlos ausgeliefert. Um ihnen zu helfen, wurde 1764 in Philadelphia, dem damaligen Siedlungsschwerpunkt der Deutschen, der erste deutsche Verein Nordamerikas gegründet: die Deutsche Gesellschaft. Sie half in Not geratenen Landsleuten sowohl finanziell als auch juristisch und konnte so entscheidend dazu beitragen, die Bedingungen auf den Auswandererschiffen zu verbessern.[15]

Auch in deutschen Landen gab es vielfach Bemühungen, die Auswanderung zu erleichtern und zu kanalisieren. Mittel hierbei waren die Auswanderervereine. Neben dem Zweck, die Betroffenen nicht unvorbereitet in noch größeres wirtschaftliches Elend stürzen zu lassen, standen oftmals auch politische Ziele hinter ihrer Gründung. So wurde versucht, den kulturellen Einfluss Deutschlands in der Neuen Welt zu stärken und potentielle Unruheherde innerhalb der deutschen Staaten durch das Abflussventil »Emigration« im Keim zu ersticken. Bekanntes Beispiel ist der Verein zum Schutze deutscher Auswanderer (auch Mainzer Adelsverein oder Texasverein genannt), der 1842 von über 20 Adligen gegründet wurde, um ein anspruchsvolles Siedlungsprogramm zu organisieren.

Ländereien in Texas sollten gekauft und urbar gemacht, Schulen gebaut und medizinische Versorgung gewährleistet werden. Das überaus hochtrabend begonnene Projekt scheiterte indes kläglich an der Unwissenheit und dem Unvermögen der Initiatoren, welche die tatsächlichen Umstände in Texas vollkommen falsch eingeschätzt hatten. Das vorgesehene Land war unwirtlich, Siedler kamen an, bevor Unterkünfte errichtet werden konnten, Krankheiten begannen zu grassieren, so dass schon nach kurzer Zeit über 1000 Menschen ihr Leben und fast alle ihre Ersparnisse und Hoffnungen verloren hatten.[16]

Trotz des oftmals katastrophalen Ausgangs der Auswanderungsbemühungen ihrer Landsleute gaben die daheim in Not Lebenden ihre Hoffnung auf ein besseres Leben in der Ferne nicht auf. Immer wieder kam es zu Emigrationswellen. Im 19. Jahrhundert verließen besonders viele Arbeiter Deutschland. In Chicago etwa waren 1850 84 Prozent der deutsch-amerikanischen Haushaltsvorstände an-

oder ungelernte Arbeiter beziehungsweise Facharbeiter.[17] In ihrem Gepäck brachten sie auch die Erfahrungen der deutschen Arbeiterbewegung mit in die Neue Welt. Sie beteiligten sich am Aufbau zahlreicher Gewerkschaften und schufen mit der Sozialistischen Arbeiter-Partei ihre eigene politische Organisation. Für die politisch engagierten Emigranten gab es auch in der neuen Heimat genug zu tun: Die Lebens- und Arbeitsbedingungen in den USA unterschieden sich enttäuschend wenig von jenen in Deutschland. Weitere Hunderttausende verließen im Anschluss an den verlorenen Ersten Weltkrieg und im Zuge der Weltwirtschaftskrise der 20er Jahre vor allem aus ökonomischen Gründen das Deutsche Reich.

Ganz anders sah die Situation direkt nach dem Zweiten Weltkrieg aus, was allerdings weniger am Wunsch der Deutschen als vielmehr am Verbot der Besatzungsmächte lag: Zunächst einmal, so die Vorstellungen der Alliierten, sollte die »Entnazifizierung« abgeschlossen werden. Wie bei solchen Maßnahmen üblich, trafen sie fast vorrangig die Durchschnittsbevölkerung und griffen in den meisten »schweren Fällen« nicht. Auch unterstützt durch den Vatikan, der bereitwillig mit falschen Pässen aushalf, reisten viele der ehemals leitenden Nazis über die sogenannte »Rattenlinie« nach Südamerika aus. Auch wenn die gelegentlich geäußerte Zahl von Zehntausenden solcherart »Emigrierten« wohl etwas zu hoch gegriffen sein dürfte, lässt sich an einigen berüchtigten Namen dieser Auswandererstrom aufzeigen: Adolf Eichmann wurde 1960 vom israelischen Geheimdienst Mossad in einem Vorort der argentinischen Hauptstadt Buenos Aires gefasst, Josef Mengele verstarb 1979 in Brasilien. Der letzte in Deutschland ausführlich verfolgte Fall betraf den ehemaligen SS-Offizier und Massenmörder Erich Priebke, der, nach einigen beschaulichen Jahrzehnten im Schatten der argentinischen Anden, erst 1995 an Italien ausgeliefert wurde.

Deutsche, die nicht über derartige Beziehungen verfügten, mussten auf die Möglichkeit, das zerstörte Land zu verlassen, einige Jahre länger warten. Erst in den 50er Jahren konnten auch sie sich auf den Weg machen, um sich Tausende Kilometer entfernt ein neues Leben aufzubauen.

# Wie deutsch darf es denn sein?
## Ein statistischer Überblick

Die Frage, wie viele Deutsche denn nun derzeit im Ausland leben, ist eigentlich gar nicht zu beantworten. Schließlich stehen dem zwei gute Gründe entgegen: mangelnde Statistiken und unklare Definitionen. Beginnend mit dem zweiten Problem, sollte zunächst die Frage gestellt werden, wer überhaupt Deutscher ist. Ist ein Deutscher am Pass erkennbar oder an seiner Herkunft? Ist jemand noch Deutscher, wenn er nach seiner Auswanderung eine andere Staatsbürgerschaft angenommen hat? Sind die Kinder eines solchen »Deutschen« immer noch »Deutsche«? Und wie schaut es mit den Millionen Russlanddeutschen aus, die zwar zum großen Teil kein Deutsch sprechen, sich aber dennoch durch die Herkunft ihrer Vorfahren als Deutsche fühlen – und in ihren neuen Heimatländern dadurch im Laufe der Geschichte durchaus nicht immer Vorteile hatten?

---

Rangliste der Staaten nach Mindestzahl der Einwohner, die Deutsch als Mutter- oder Fremdsprache beherrschen

1. Rußland: min. 17 Millionen
2. Polen: min. 8 Millionen
3. Niederlande, USA: min. 6 Millionen
4. Frankreich, Ukraine: min. 4 Millionen
5. Kasachstan, Usbekistan: min. 3 Millionen
6. Belgien, Brasilien, Tschechien, Ungarn: min. 2 Millionen
7. Rumänien, Schweden, Türkei: min. 1,5 Millionen
8. Bulgarien, Dänemark, Finnland, Georgien, Griechenland, Großbritannien, Italien, Japan, Kanada, Slowakei, Südkorea, Weißrussland: min. 1 Million
9. Argentinien, Australien, Bosnien-Herzegowina, Kroatien, Lettland, Litauen, Norwegen, Slowenien: min. 0,5 Millionen
10. Ägypten, Elfenbeinküste, Irland, Kamerun, Südafrika: min. 0,3 Millionen

Quelle: Arbeitsgemeinschaft Internationale Medienhilfe (IMH)

---

Nach amtlichen Angaben gibt es etwa 100 Millionen »Deutschsprachige« weltweit. Zu ihnen werden nicht nur die Bürger der Bundesrepublik gezählt, sondern auch jene Menschen, die sich in ihren Heimatländern im Sinne des 1953 verabschiedeten Bundesvertriebenengesetzes (§ 6) zum »deutschen Volkstum« bekennen, »sofern dieses Bekenntnis durch bestimmte Merkmale wie Abstammung, Sprache, Erziehung, Kultur bestätigt wird«.

Neben diesen »Deutschsprachigen« gibt es die »Deutschstämmigen« mit fremder Staatsangehörigkeit oder sogar Sprache. Sie haben dem Gesetz nach, sofern sie aus den »Vertreibungsgebieten im Oster. Europas« kommen, Anspruch auf die deutsche Staatsangehörigkeit, obschon ihre Vorfahren zum großen Teil bereits auswanderten, als es noch gar keinen deutschen Nationalstaat gab.

Und dann wären da noch die »Bindestrich-Deutschen«, die sich selbst zum Beispiel als »Deutsch-Argentinier« bezeichnen, sehr oft Deutsch sprechen und deutsche Vorfahren haben. Den weinroten Pass mit Adler dürfen sie allerdings nicht besitzen – was ihrem Selbstverständnis als »Deutsche im Ausland« zuwider läuft.

Um die Verwirrung zu vollenden, denke man noch an Ausländer, die in Deutschland gelebt und gearbeitet haben, dann jedoch wieder in die Welt hinausziehen: Ist ein in der Türkei geborener Türke, der in Deutschland lebte und sich einbürgern ließ, im Alter dann jedoch zurück in die Türkei geht, nun ein »Deutscher im Ausland«?

Und wenn 120 000 Deutsche pro Jahr auswandern, aber 180 000 Spätaussiedler in die Bundesrepublik kommen – müssen wir dann von einer positiven Rückwanderungsbilanz sprechen?

Wobei wir auch gleich beim zweiten Problem wären: der Statistik. Unglaublich, aber wahr ist, dass selbst in Deutschland manche Sachen nicht 100 Prozent nachprüfbar und korrekt erfasst werden. Dazu gehört die Auswanderung. So kann ein Deutscher bei der Abmeldung seines Wohnsitzes in der Bundesrepublik seinen neuen Lebensmittelpunkt zwar angeben, er muss es aber nicht. Jedes Jahr machen sich so Tausende Deutscher mit Sack und Pack davon und lassen uns mit der Leere des »verzogen in unbekanntes Ausland« zurück. Es ist wie mit der »Partei der Nichtwähler«, die gelegentlich die meisten Stimmen einheimst, ohne jedoch preiszugeben, für wen sie denn gestimmt hätte, wenn sie denn stimmen würde. Ähnlich wie bei dieser werden auch die »unbekannt verzogenen« Deutschen gerne einfach den übrigen Ländern prozentual zugerechnet.

Noch schlimmer sind natürlich jene Auswanderer, die überhaupt keiner staatlichen Behörde mitteilen, dass sie gerade das Weite suchen, sondern einfach still und heimlich von dannen pirschen. Denn schließlich kann man durchaus gemütlich seit zehn Jahren am karibischen Strand sitzen, ohne dafür seinen offiziellen deutschen Wohnsitz aufgeben zu müssen. Die polizeiliche Meldung bei einem Freund oder den Eltern genügt. In so einer Situation behilft man sich dann mit Hochrechnungen. Im Falle der Auswanderung werden die offiziellen Zahlen von Experten mit der Zahl zwei oder drei multipliziert. Das wären dann circa 240 000 bis 360 000 Auswanderer pro Jahr.

Damit ist aber noch immer nicht klar, wo sie denn an Land gehen und ihre Zelte dauerhaft aufschlagen. Und in diesem Augenblick wird alles noch viel schlimmer, denn wenn schon die deutsche Bürokratie solche Lücken zulässt, wie erst soll es in manchem Ausland zugehen?! Und richtig, mancherorts gibt es gar keine Volkszählungen, zumindest nicht solche, die sich auf das Zählen ausländischer Gruppen, die das eigene Territorium bevölkern, beziehen.

Bei der Betrachtung der letztlich veröffentlichten Zahlen über »Deutsche im Ausland« können deshalb manch bemerkenswerte Differenzen erfolgen. So veröffentlicht isoplan aus Saarbrücken zum Beispiel die Zahl von 711 900 Deutschstämmigen in den USA.[18] Der Verein für Deutsche Kulturbeziehungen im Ausland e. V. (VDA) hingegen zählt deutlich großzügiger und kommt auf 34 700 000 amerikanische Teutonen.[19] Als Quelle berufen sich beide auf Botschaftsangaben und amtliche Schätzungen. Wie alles auf der Welt, scheinen also auch die »Deutschen im Ausland« eine Frage der Sichtweise zu sein. Und wirklich: Die Angaben des sich traditionell für germanischen Zusammenhalt und Kulturpflege recht stark machenden VDA entbehren nicht jeder Grundlage. Schließlich kommt es darauf an, was eine »deutsche Abstammung« ausmacht. Wer sagt denn, dass es immer gleich zwei deutsche Eltern sein müssen, wenn auch ein deutscher Ururgroßvater im Stammbaum ausreicht?

Obschon also alle Daten im Zusammenhang mit deutschen Auswanderern mit Vorsicht zu genießen sind, soll hier dennoch der Ver-

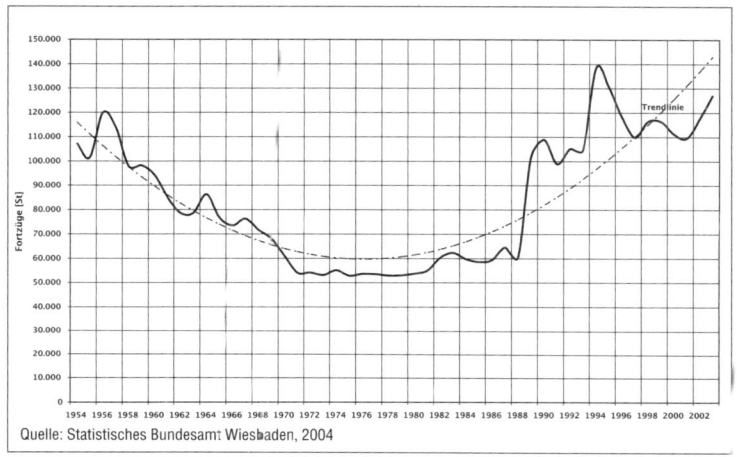

Quelle: Statistisches Bundesamt Wiesbaden, 2004

Abwanderungen aus der Bundesrepublik Deutschland in das Ausland

such gemacht werden, jedenfalls eine ungefähre Vorstellung davon zu vermitteln, wie viele »Pass-Deutsche« wo leben.

Innerhalb Europas wohnen die meisten Deutschen in den Nachbarländern Schweiz (117 664) und Österreich (74 218), gefolgt von Spanien (62 506) und den Niederlanden (55 572).[20] Außerhalb Europas ist das beliebteste Auswandererland des 19. und 20. Jahrhunderts auch weiterhin statistisch vorne: Gut 400 000 deutsche Staatsangehörige leben in den USA,[21] weitere 225 000 von ihnen findet man in Kanada.[22] Im Rest der Welt sieht es schon etwas dünner aus: In Argentinien haben immerhin noch über 100 000 Menschen einen deutschen Pass, in Australien trifft das nur noch auf circa 30 000 zu – das sind allerdings mehr als im gesamten asiatischen Raum zusammen.

Etwas sicherer und wohl auch interessanter sind indes die Zahlen über die heutige Auswanderung. Und hier liegen, zumindest was die Brutto-Auswanderung betrifft, die Vereinigten Staaten nach wie vor vorn. Über 13 000 Deutsche zieht es jedes Jahr in das Land der unbegrenzten Möglichkeiten. Nicht allen scheint es indes in den USA zu gefallen, denn immerhin 11 000 ehemals Ausgewanderte kommen Jahr für Jahr zurück. Da schneidet das zweitliebste Ziel der Deutschen, die Schweiz, schon besser ab. Etwa 10 000 wandern jährlich dorthin aus, und da im Ricola-Land offenbar wenig böse Überraschungen lauern, bleibt statistisch gesehen über die Hälfte von ihnen auch dauerhaft weg. Derselbe Wohlfühleffekt trifft den Deutschen anscheinend in Österreich, wo immerhin gut 2 500 der jährlichen über 6 000 Auswanderer auch wirklich bleiben. Anders sieht es in Spanien aus, das von knapp 7 000 Deutschen jedes Jahr zur neuen Heimat gewählt wird. Über 5 000 wandern jedoch in die Gegenrichtung.

Sieht man sich dieses hin und her der Migration an, steht fest, dass »auswandern« fürs Leben offensichtlich früher mal ein Thema war, heute zieht man eher um. Wenn der befristete Arbeitsvertrag ausgelaufen ist oder das Studium beendet, wenn die Selbständigkeit geplatzt oder die große Liebe zerbrochen ist, wenn in Deutschland überraschend doch ein Arbeitsplatz in Aussicht steht oder man die Betreuung durch ein vergleichsweise recht ordentliches Gesundheitssystem benötigt – dann kommt man eben wieder zurück nach Deutschland. Manche haben schöne Erinnerungen im Gepäck, andere haben ihren Traum platzen sehen. Sie alle sind aber auf jeden Fall um die Erfahrung reicher, wie es sich lebt, als Deutscher in der Fremde!

## Fremde Länder – gleiche Sitten?
### Auf Weltreise zu deutschen Gemeinschaften

Wie ergeht es nun den Deutschen, die nicht länger nur träumen wollten, sondern sich aufgemacht haben in ein gänzlich neues Lebensumfeld? Sind manche von ihnen vielleicht nur »ausgewandert«, nicht aber mit Kopf und Herz auch in dem neuen Land »eingewandert«? Ergreifen sie die Flucht, wenn ein anderer Deutscher ihren Weg kreuzt, wie man es selbst gelegentlich auf Auslandsreisen schon gemacht hat, um nur ja nicht von Einheimischen mit der lauten Touristengruppe voller Landsleute in Verbindung gebracht zu werden? Oder neigen Auswanderer, die sich in ihrem Alltag dauerhaft auf die fremde Umgebung einstellen müssen, eher dazu, sich mit anderen Deutschen zusammenzutun? Macht eigentlich jeder die mehr oder minder gleichen Erfahrungen, oder verhalten sich die Deutschen ganz verschieden – je nachdem, in welcher Region dieser Welt man sie antrifft? Wächst vielleicht das Bedürfnis nach Austausch und Zusammenhalt mit anderen Auswanderern proportional zum räumlichen Abstand, der einen von der alten Heimat trennt?

Ein Blick ins Internet lässt einen staunen über die weltweit Tausende deutscher Vereinigungen und Clubs. Da gibt es die Grenzinitiative in Belgien, den SPD-Ortsverein in Südafrika, das Oktoberfest in Melbourne, den deutschen Sportclub in Santiago de Chile, die deutschsprachige Damengruppe in Hongkong und eine Parade deutscher Clubs auf New Yorks Fifth Avenue. Was treiben all diese deutschen Gemeinschaften im Ausland?

Finden sich vielleicht je nach Region ganz unterschiedliche »Typen« in den deutschen Institutionen? Und wer oder was ist eigentlich »deutsch« an einem Deutschen Verein? Muss man über einen deutschen Pass verfügen, Deutsch sprechen, deutsche Eltern haben, um aufgenommen zu werden – oder reicht mancherorts vielleicht schon ein original deutsches Dirndl, verbunden mit dem Willen dazuzugehören? Und schließlich: Wie präsentieren sich solche Vereine dem frischen Neuling aus der Bundesrepublik – offen, herzlich und interessiert oder doch vielleicht als geschlossene Gesellschaft ohne Eintrittskarte?

Ich habe mich auf den Weg gemacht und die verschiedensten Gemeinschaften besucht. Viele davon weisen durchaus Parallelen auf – und dennoch sehen die deutschen Gemeinschaften von Land zu Land überraschend unterschiedlich aus.

# Argentinien

Schaut man sich heute das von Wirtschaftskrisen und Geldabwertungen gebeutelte Land im Süden Lateinamerikas an, ist kaum noch vorstellbar, dass Argentinien in den 20er Jahren des vergangenen Jahrhunderts zu den ganz Großen im internationalen Konzert der Märkte gehörte. Hier konnte jeder, der suchte, Arbeit finden, so dass die prosperierende Wirtschaft auch ihre Anziehung auf Migrationswillige nicht verfehlte: 47 000 Deutsche machten sich in den Folgejahren des Ersten Weltkrieges auf den Weg in das Land am Rio de la Plata. Sie waren nicht die ersten Deutschen in der ehemaligen spanischen Kolonie, trafen aber doch hauptsächlich auf bereits sesshaft gewordene ausgewanderte Italiener und Spanier. Neben den erfolgversprechenden Aufstiegschancen sprach auch die in Lateinamerika allgemein übliche Handhabung der Einwanderungsgesetze für Argentinien: Theoretisch äußerst streng formuliert, wurden sie in der Praxis sehr flexibel angewendet und behinderten die Einwanderung selten.[23]

Diesen Umstand machten sich auch viele der von den Nationalsozialisten Verfolgten zunutze. Zunächst kamen einige politisch Verfolgte, denen die über 10 000 km Abstand zum Deutschen Reich gerade genug erschienen. Anschließend folgten vor allem Juden, die in den späten 30er Jahren noch versuchten, Deutschland und Europa zu verlassen. Während andere Länder ihre Tore schlossen, fanden allein in Argentinien fast 40 000 deutschsprachige Juden eine neue Heimat.[24]

Das bedeutete aber keineswegs, dass der Gaucho-Staat auf Seiten der Alliierten stand. Im Gegenteil: Erst im April 1945 trat Argentinien in den Krieg ein – und nutzte so im letzten Moment noch die Chance, deutschen Besitz im Lande umfassend zu enteignen. Deutsche Schulen und Zeitungen wurden geschlossen, Unternehmen dem Staat angegliedert, das Leben der deutschen Gemeinschaft zum Erliegen gebracht. Gleichzeitig jedoch ließ die Regierung viele nun aus Deutschland flüchtende Nazis ins Land und blieb damit der Politik des entschlossenen »sowohl als auch« treu. In seiner quantitativen Größe wird dieser letzte »Einwanderungsstrom« jedoch oftmals überschätzt.

Die deutsche Gemeinschaft Argentiniens war dennoch zerrissen. Schon vor dem Zweiten Weltkrieg waren jüdische Deutsche aus den Vereinen »entfernt« worden, jetzt lebte man wie durch eine gläserne Wand getrennt Seite an Seite nebeneinander her. Heute indes gibt es kaum noch Spannungen innerhalb der deutschen Gemeinschaft. Die verschiedenen Gruppen wie »Alteingesessene«, Juden, nach dem Krieg emigrierte Nazis und jüngst Zugereiste haben sich inzwischen größtenteils so in die argentinische Gesellschaft integriert und vermischt, dass keine offenen Probleme mehr besonders hervortreten.

## »Inzwischen haben wir sogar Frauen!«
### Thomas Leonhardt, Deutscher Klub, Buenos Aires

Der Deutsche Klub befindet sich in der Avenida Corrientes, mitten im Geschäftszentrum von Buenos Aires. Mehrere Aufzüge führen hinauf in den 23. Stock, wo Thomas Leonhardt, Präsident der Vereinigung, schon im Eingangsbereich wartet. Denn ohne persönlichen Empfang kein Einlass! Schließlich will man ganz ungestört unter sich bleiben und hat einen Portier am Empfangspult aus dunkler Täfelung platziert, das staatstragend von der argentinischen und deutschen Fahne flankiert wird. Die Ungestörtheit der Mitglieder ist hier oberstes Gebot.

Leonhardt wählt einen Tisch direkt an der Fensterfront des klubeigenen Restaurants. Von hier aus hat man den in der ganzen Gemeinschaft berühmten Blick über das halbe Zentrum. Diverse Herren in Geschäftsanzügen speisen und parlieren in für argentinische Verhältnisse ungewöhnlich gedämpftem Ton. Der Herausgeber des Argentinischen Tageblattes und ehemalige Wirtschaftsstaatssekretär Roberto Alemann ist anwesend, neben ihm einige Unternehmer und sonstige Größen des deutsch-argentinischen Wirtschaftslebens. Man kennt und grüßt sich.

Während der 1944 in Schlesien geborene Leonhardt über seine ersten Jahre in Argentinien spricht, zieht unten auf der Avenida ein

Trupp Piqueteros (wörtlich: Streikposten) vorüber. Sie sind das Symbol des Argentiniens der Wirtschaftskrise, sie trommeln, protestieren laut und sperren auch mal über Stunden ganze Straßenzüge der Hauptstadt ab. Es sei nicht immer einfach, dann in Ruhe weiterzuarbeiten, wirft Leonhardt ein, der seine Kanzlei in unmittelbarer Nähe hat.

Er selbst lebt seit 1948 in Buenos Aires. Ein Verwandter seines Vaters, »das schwarze Schaf der Familie«, war in den 20er Jahren nach Argentinien ausgewandert und hatte die durch Vertreibung mittellos gewordene Familie zwei Jahrzehnte später nachgeholt. Kein Wort Spanisch sprachen die Leonhardts bei ihrer Ankunft. Was für die Eltern zeitlebens ein Problem blieb, war für den damals vierjährigen Thomas kein Hindernis: »Ich hab' Spanisch hier auf der Straße gelernt. Wenn du als Vierjähriger in ein Land kommst, kannst du auch nach China kommen und lernst Chinesisch auf der Straße.«

Abseits der Straße regierte jedoch die Mutterzunge. Leonhardt besuchte die deutsche Schule, sprach mit der Familie Deutsch und verbrachte seine Nachmittage mit deutschen Büchern. Vielleicht war es zu viel der Beeinflussung, jedenfalls heiratete der Einwanderer eine »typische Argentinierin«, was so viel heißt wie »eine Mischung aus kroatischen, spanischen und italienischen Vorfahren«. Zu Hause wählte man Spanisch als Umgangssprache, achtete aber darauf, den vier Kindern auch Deutsch beizubringen und freute sich, dass es drei von ihnen sogar zeitweise nach Deutschland oder Österreich zog.

Auch Leonhardt ging nach Abschluss der Schulzeit für ein Jahr nach Tübingen. Während er in Buenos Aires oft als »Alemán« (Deutscher) bezeichnet worden war, mutierte er hier auf einmal zum Argentinier. Er begann, sich mit anderen Lateinamerikanern zu treffen, freute sich, wenn er Spanisch hörte, und lernte die Vorzüge des argentinischen Mate und der lateinamerikanischen Musik zu schätzen. Nach dem Anfangsschrecken der ersten Monate »widmete« sich Leonhardt dann aber »den Deutschen zu 100 Prozent« und begann, sich schnell sehr wohl zu fühlen. Er überlegte sogar, in Tübingen Geschichte zu studieren, und kehrte nur aus Geldmangel nach Argentinien zurück. Dort wurde aus dem passionierten Historiker dann doch ein Jurist mit Lebensmittelpunkt Argentinien –

Thomas Leonhardt im Salon des Deutschen Klubs, Buenos Aires

zum einen, weil man »als Anwalt dazu verurteilt ist, da zu arbeiten, wo man studiert hat«. Zum anderen fühle er sich »in Deutschland sehr wohl, aber Argentinien ist Heimat für mich«.

Pässe hat Leonhardt jedoch von beiden Ländern. Da in Argentinien bestimmte Berufsgruppen wie zum Beispiel Anwälte und Lehrer dazu verpflichtet sind, die argentinische Staatsbürgerschaft anzunehmen, ermöglicht es das deutsche Gesetz in solchen Fällen ausnahmsweise, den deutschen Pass zu behalten. Auch emotional fühlt sich der Clubpräsident beiden Gruppen zugehörig. »Ich werde hier schon als typischer Deutscher betrachtet. Das ist aber auch kein Nachteil, denn die Deutschen haben ja einen guten Ruf in Argentinien. Sie gelten als effizienter, effektiver, zuverlässiger und methodischer bei der Arbeit. Ich bin auch methodischer und zuverlässiger als der Durchschnittsargentinier. Wenn ich was sage, dann mach' ich es auch. Die mittelmeerländische Eigenschaft ist ja, dass man eben mehr redet und sich danach nicht so genau daran hält.« Manchmal habe er aber auch den Eindruck, Argentinier suchten gerne »deutsche Eigenschaften« bei ihm. Er selbst hält sich nur für eine gute Mischung aus beidem.

Und so ein Mix sei auch gar nicht schlecht: Denn deutsche Einwanderer der zweiten Generation oder solche, die bei ihrer Ankunft noch Kinder waren, seien prädestiniert für eine Brückenfunktion zwischen den verschiedenen Kulturen, da sie »Eigenschaften von beiden Völkern haben«. Und eine Brücke zu sein, kann auch ganz konkrete Vorteile bringen. Für den Vertrauensanwalt der deutschen Botschaft etwa eröffneten sich so beruflich vielerlei Chancen. In seiner Kanzlei sind mehrere Deutsch-Argentinier beschäftigt, und auch die Klienten sind mehrheitlich Deutsche oder Argentinier mit deutscher Abstammung. Seine Herkunft sei da von Vorteil, »weil man die Mentalität von beiden Seiten kennt und auch gut weitergeben kann. Und man genießt das Vertrauen von beiden Parteien. Das ist sehr wichtig.«

Präsident des Deutschen Klubs ist Leonhardt geworden, »weil mir der Klub am Herzen liegt und weil es nicht so viele Kandidaten gibt, die gerne Präsident werden wollen«. Der Verein habe bedingt durch die Nachwuchssorgen erhebliche Probleme, und man müsse für das Amt schon eine Menge Zeit opfern. Präsident zu sein, mache aber »einfach Spaß«, und es sei doch schön, sich »für die Gemeinschaft zu engagieren«. Für einen »großen Clubmenschen« hält sich der Jurist aber trotzdem nicht: »Es ist jetzt nicht so, dass ich die ganze Zeit im Deutschen Klub an der Bar sitze.« Viel mehr Spaß machten ihm da schon Aktivitäten wie die Errichtung des Denkmals für den Unabhängigkeitskämpfer San Martín in Berlin.[25] Den Klubpräsidenten ohne ausgeprägten Hang zum Cocktail-Empfang zog es allerdings auch schon zu diversen anderen Vereinen. Unter anderem war er lange Zeit im Vorstand des Deutschen Hospitals und ist derzeit im Vorstand der Dachvereinigung der Deutsch-Argentinischen Vereine (FAAG). Die FAAG versucht zu Großereignissen wie dem deutschen Nationalfeiertag oder Besuchen führender deutscher Politiker die gesamte deutsche Gemeinschaft zu vereinigen.

Die Mitgliedschaft des Deutschen Klubs in der FAAG hält der doppelte Vorstand Leonhardt dennoch für sinnlos. »Das bringt nichts!« Schließlich unterhalte man sich bei den gemeinsamen Treffen immer nur über irgendwelche Probleme, die ohnehin nicht zu lösen seien. »Wir haben eben keinen Nachwuchs, egal wie oft wir darüber reden.« Buenos Aires sei eine riesige Stadt, die sich in der

Länge fast 40 Kilometer dahinziehe. »Da kann man also nicht einfach zwei Clubs ohne Nachwuchs raten, sie sollen jetzt fusionieren.«

Die heute eher dahindümpelnden Vereine seien ursprünglich mal zahlreich gegründet worden, weil »das besonders in einem fremden Land der natürliche Trieb ist, dass man mit den Leuten zusammengeht, mit denen man besser umgehen kann«. Außerdem habe man »in solchen Vereinen versucht, die deutsche Kultur und die deutsche Sprache zu pflegen«. Deshalb hätten früher oftmals nur Deutschsprachige in den Vorstand gedurft und auch unter den einfachen Mitgliedern wurde streng auf eine deutschsprachige Mehrheit geachtet. »Bei uns im Klub guckt da jetzt aber niemand mehr drauf. Das Interesse der jungen Generation unter 30 liegt ja nicht mehr auf dem Deutschtum, da hat kaum einer noch Lust, sich in einer deutschsprachigen Gemeinschaft zu engagieren.«

Der Deutsche Klub zog Konsequenzen aus der neuen Lage und schloss sich mit zehn anderen europäischen Clubs, die ebenfalls alle unter Nachwuchssorgen zu leiden haben, zum Club Europeo zusammen. »Das zieht eher bei der Jugend, nun haben wir zumindest wieder Überlebenschancen.«

An Veranstaltungen hat der Deutsche Klub ohnehin schon länger kaum etwas zu bieten. Ab und an lädt man deutsche Politiker ein, die gerade in Argentinien zu Besuch sind, oder »irgendwelche lokalen Leute halten über irgendwelche Themen Vorträge. Eigentlich«, so bringt es der Präsident auf den Punkt, »besteht der Deutsche Klub heute nur noch aus seinem Restaurant.«

Inzwischen ist mir reichlich kalt geworden, da die Klimaanlage weniger auf Sommerkleider als auf Schlips und Anzug eingestellt ist. Zum Nachtisch bestelle ich deshalb lieber Tee statt Eis und höre, dass früher auch hier im Klub vieles anders und manches besser war. 1855 gegründet, stand die Mitgliedschaft in hohem Ruf. Zwei Klubmitglieder mussten den Neuling vorschlagen, der daraufhin in einem Vorstellungsgespräch auf Herz, Nieren und deutsche Zunge geprüft wurde.

Inzwischen hat sich das Blatt gewendet. Kaum jemand tritt mehr ein, dafür gibt es umso mehr Abgänge. Etwa 500 der ehemals 1200 Mitglieder sparen sich in diesen Zeiten wirtschaftlicher Not den Jahresbeitrag und haben die Institution verlassen. Um überhaupt noch am Leben zu bleiben, wurden die Beitrittskriterien deutlich gesenkt. Der Bewerber sollte mindestens 21 Jahre alt sein und ein gewisses Interesse an Deutschland, der deutschen Sprache oder Kultur mitbringen. »Davon darf man bei einem deutschen Club wohl auch ausgehen.« Das Vorstellungsgespräch ist ersatzlos gestrichen worden. Den Aufnahmeritus hingegen rettete die Gemeinschaft über die Zeit: »Es wird gekugelt. Das heißt, jedes Mitglied bekommt eine weiße und eine schwarze Kugel und legt die dann in einen Behälter; weiß für Zustimmung, schwarz für Ablehnung. Wenn ein Neuling mehr als drei schwarze Kugeln bekommt, wird er nicht aufgenommen.« Irgendwann, so will es die Sage, soll es auch mal eine Ablehnung gegeben haben. »Heute jedoch muss jemand schon Schwerverbrecher oder Großbetrüger sein, damit wir den ablehnen.« Das Neumitglied zahlt eine Aufnahmegebühr und darf fortan das clubeigene Restaurant zum Dinieren nutzen.

Auch in einer solchen Umgebung voll alter Traditionen ist man jedoch vor revolutionären Umstürzen nicht gefeit, wie Leonhardt berichtet: Nach über 140-jährigem Bestehen wurde im sich gerade verabschiedenden 20. Jahrhundert die Zulassung von Frauen als Clubmitglieder beschlossen! Auslöserin war die forsche Vertreterin einer Bank, die der Vereinigung beitreten wollte. Man bedeutete ihr, dies sei nicht möglich, ihr Mann könne sich aber gerne einschreiben und sie dann mitbringen. Offenbar reagierte die Dame ungehalten auf diesen Vorschlag. Als Lösung übergab man ihr zunächst eine Gästekarte, stellte aber bald darauf fest, dass es noch mehr als diese eine Geschäftsfrau in der 16-Millionen-Metropole Buenos Aires gab und entschloss sich daraufhin zu einer Statutenänderung. Inzwischen blickt man nach wie vor etwas verwundert auf etwa ein Dutzend weibliche Mitglieder, deren Anwesenheit immer wieder scheinbar unlösbare Fragen aufwirft: »Wir pflegen die Tradition des ›Kurzel-Essens.‹ Der 1928 verstorbene und zuvor erfolgreiche Geschäftsmann Herr Kurzel vermachte dem Klub ein Legat von 200 000 Goldpesos, verbunden mit der Auflage, die Mitglieder jedes Jahr zu seinem Geburtstag am 3. November zu einem Essen einzuladen. Zu diesem Essen trägt Mann selbstverständlich Smoking. Leonhardt: »Da stehen wir jetzt auch vor einer schrecklichen Gewissensfrage, was machen wir mit unseren Frauen, wenn die keinen Smoking anziehen?«

Heute werden die nach Buenos Aires entsandten Mitarbeiter deutscher Firmen nicht mehr zwangsläufig Mitglied im Deutschen Klub. Inzwischen, so der Präsident, gibt es auch viele andere Anlaufstellen, die bei der sozialen Integration helfen können. »Früher war der Klub für viele Leute ein ›must‹ und heute gibt es wahrscheinlich niemanden mehr, der sagt, ›ich muss da unbedingt Mitglied werden‹. Du kannst eben Mitglied werden, wenn es dir Spaß macht.«

Wenn ein deutscher Neueinwanderer heutzutage auch nicht unbedingt Klubmitglied werden muss, so rät Leonhardt doch dringend, sich vor Ort gut beraten zu lassen. Das Land wirke auf den ersten Blick sehr europäisch, was viele zu dem Irrtum verleite anzunehmen, alles sei beinahe wie in Deutschland. Dieses »beinahe« reiche aus, um heftig auf die Nase zu fallen, denn in Wirklichkeit sei Argentinien eben doch Südamerika und vieles anders als von zu Hause gewohnt: »Ich halte das für ganz wichtig, dass man sich einen Fremdenführer nimmt am Anfang. Wenn man in einem ganz fremden Land ist, fühlt man sich wahrscheinlich so fremd, dass man unwillkürlich nichts tut, ohne vorher jemanden zu fragen. Aber hier meint man: Was brauch' ich jemanden zu fragen, ich komm schon ganz gut alleine zurecht. Und dann fällt man auf die Nase. Das habe ich bei vielen Leuten erlebt. Um sich Ärger zu ersparen, ist es hilfreich, zum Beispiel im Deutschen Klub zu sein, wo man Leute kennenlernt, die man fragen kann.«

Grundsätzliche Schwierigkeiten sieht der Klubpräsident für eine Eingliederung jedoch nicht. Vorteilhaft für deutsche Einwanderer sei das aufgeschlossene Verhalten der Argentinier Europäern gegenüber. »Der Argentinier wäre selbst gerne Europäer und achtet deshalb alles, was aus Europa kommt, sehr. Durch die Mischung, die wir hier haben, fällt man als Deutscher auch nicht so sehr auf. In Paraguay oder Brasilien fällt man viel leichter aus dem Rahmen, hier ist man gleich verschwunden, und das Land hat einen aufgenommen.«

# Deutschsein auf Widerruf

Hertha Christina Glöggler, Deutsche Schule, Temperley

Der Fahrer bittet mich, den Sicherungsknopf an der Tür herunterzudrücken. Schon beim Losfahren hat er mehrfach nachgefragt, ob ich auch wirklich zur angegebenen Adresse wolle.

Argentinien hat gelitten in den letzten Jahren, das ist nicht zu übersehen, wenn man das nach wie vor recht schicke Zentrum der Hauptstadt verlässt. Hier, in den Außenbezirken, sieht man sie: Die schnell zusammengezimmerten Wellblechhütten, an schlammigen Wegen gelegen. Die Kabel der Strommasten hängen in wilden Knoten in der Gegend herum, wer Strom braucht, bezieht ihn hier meist illegal. Anders ist es auch gar nicht mehr zu machen, eine Inflation von 300 Prozent innerhalb weniger Monate, dazu gesperrte Konten, gleichbleibende Gehälter bei steigenden Preisen, extrem hohe Arbeitslosigkeit – das Land erholt sich nur langsam vom dramatischen Crash des Jahreswechsels 2001/2002.

Mit gesicherten Türen passieren wir einige Gestalten, die zumindest um diese frühe Nachmittagszeit sogar zu hoffnungslos für einen Überfall scheinen und mit leerem Blick an den Straßenecken herumstehen. Eine deutsche Schule kennt hier niemand, mehrfach müssen wir fragen, werden in falsche Richtungen geschickt, bis wir endlich vor einem unscheinbaren Gebäude in einer Seitenstraße Halt machen.

Durch unsere abenteuerliche Fahrt komme ich eine dreiviertel Stunde zu spät zum abgesprochenen Termin. Der Schuldirektor ist nicht mehr da, sonst weiß keiner von meinem Anliegen. Zum Glück ist hier Argentinien, man ist gewöhnt, flexibel zu sein. Hertha Christina Glöggler nimmt sich meiner an. Sie ist sechzig Jahre alt, Lehrerin an der Schule und hat ihr ganzes Leben im Südgürtel der Stadt verbracht. Dass sie seit Jahrzehnten Kinder unterrichtet, fällt schnell auf. Zwischen dem Pausenhof voller kreischender Schüler und dem stark frequentierten Flur sitzend, beantwortet sie meine Fragen mit aller Gelassenheit. Nach etwa 20 Minuten ist die Pause vorbei, so dass ich jetzt sogar ihre Antworten problemlos verstehen kann.

Sechzehn Deutschlehrer unterrichten hier, das Gehalt ist miserabel, auch wenn sie das so nie sagen würde und im Gegenteil be-

Hertha Glöggler in einem Klassenzimmer der Deutschen Schule,
Temperley

müht ist, einen möglichst überzeugenden Eindruck von der Schule
zu vermitteln. Mit 300 Pesos Monatsgehalt startet man hier in die
Vollzeitstelle, das entspricht 100 Euro und reicht zum Leben nicht
oder, wie die Lehrerin es formuliert: »Viel ist das nicht.« Das Engagement scheint dennoch hoch. Neben der Schule, die 1931 gegründet wurde und 1945 wie so viele deutsche Schulen für mehrere
Jahre schließen musste, hat man sogar noch eine Sprachakademie
errichtet. Hier bekommen unter anderem die Eltern der unterrich-
teten Schüler die Chance, in den Abendstunden und am Wochenende ebenfalls etwas Deutsch zu lernen, um ihren Nachwuchs ge-
gebenenfalls zumindest motivierend unterstützen zu können. Die
Sprachakademie, deren Name zunächst mehr vermuten lässt als die
beiden dahinter verborgenen schlecht bestuhlten Räume, wird mit
einem geringen Betrag vom Goethe-Institut unterstützt. Auch der
ist jedoch vor den immer wiederkehrenden Sparwellen der deutschen Kulturpolitik nicht sicher.

Dabei wäre eine Förderung an Orten wie diesem vermutlich gut
angelegt: Glöggler berichtet, die Kolleginnen von der Akademie
hätten nach dem Währungszusammenbruch auf die Hälfte ihres

Gehaltes verzichtet, um den Betrieb überhaupt noch am Laufen halten zu können. Nur so konnten Klassen angeboten werden, die sich heute auch gerade unter Studenten und jungen Leuten größter Beliebtheit erfreuen: Im eigenen Land sehen sie kaum noch eine Zukunft und hoffen, durch Sprachkenntnisse entweder bei einer deutschen Firma eine Anstellung zu finden oder gar eine Ausbildung direkt in der Bundesrepublik absolvieren zu können. Deutsch wird hier in der Gegend nachgefragt, obschon das Prüfungsniveau am Ende der Kurse hoch ist: Sowohl die etwa 100 Teilnehmer der Sprachakademiekurse als auch die etwa 400 Schüler der Deutschen Schule in Temperley müssen sich zentralen Prüfungen nach vom Goethe-Institut festgelegten Standards unterziehen.

Deutschstämmige wie Glöggler, deren Eltern als Jugendliche nach Argentinien kamen, sind hier nur noch etwa zehn Prozent der Schüler. »Auch die meisten unserer Deutschlehrer sind inzwischen im Lande ausgebildete Argentinier.« Allerdings kommen regelmäßig Praktikanten aus Deutschland, die hier gern gesehen werden. »Wir freuen uns immer, wenn jemand aus Deutschland kommt, damit wir auf dem aktuellen Stand bei der Sprachentwicklung bleiben.«

Von einer deutschen Gemeinschaft ist hier am südlichen Stadtrand kaum etwas zu spüren. Vor dem Krieg sei das noch anders gewesen, dann allerdings habe man aufpassen müssen, wo man Deutsch sprach. Glöggler erinnert sich noch heute genau an ihren italienischen Nachbarsjungen, der sie immer wieder laut vor allen beschimpft habe: »Wegen deiner Onkels leben meine Onkels nun nicht mehr.« Überhaupt sei das ihr Problem, so die Lehrerin, deren Deutsch druckreif klingt, man gehöre nirgends dazu: »Für die Argentinier bin ich immer eine Deutsche geblieben, für die Deutschen hingegen bin ich eine Argentinierin.«

Das habe sich jetzt erst wieder auf der Botschaft gezeigt. Vor 30 Jahren habe sie wegen einer Reise ein Visum für Deutschland haben wollen. Damals hieß es, das brauche sie doch nicht: »Sie können einen deutschen Pass beantragen.« Schließlich gebe es da eine Sonderregelung für Lehrer, Anwälte und andere Berufsstände, welche die argentinische Staatsbürgerschaft annehmen müssen, um ihrer Arbeit in dem südamerikanischen Land nachgehen zu dürfen. Ein paar Jahre konnte Glöggler sich dann am Bundesadler freuen.

Da man als Lehrerin aus dem Südgürtel von Buenos Aires jedoch nicht jeden Tag eine Reise in die Welt macht, verlängerte sie den Pass nicht sofort nach dem eingestanzten Verfallsdatum. Vor wenigen Monaten dann, nach der Krise und den parallel entstandenen langen Schlangen vor den Botschaften der Hauptstadt, kam die Überraschung: »Man sagte mir, ich könne den Pass nun nicht mehr verlängern.« Wer oder was deutsch ist, wird offenbar auch von Konsulatsangehörigen von Fall zu Fall neu entschieden.

Glöggler selbst sieht sich als eine Mischung aus beidem. Ihren Kindern hat sie Deutsch beigebracht und ihnen den Besuch der deutschen Schule ermöglicht. Dennoch ist sie, natürlich, Argentinierin. Wobei die Vorstellung, in Deutschland zu wohnen, sie wiederum nicht gerade erschreckt. Wen wundert es inmitten des alltäglichen politischen und wirtschaftlichen Chaos des Landes? Die Realität sieht indes nicht nach Deutschland aus. Aber freuen würde man sich schon, wenn der Putz nicht mehr in allzu großen Placken von den Wänden fiele, die Wasserrohre in den Toiletten funktionstüchtig gehalten werden könnten und ab und an ein Scheck aus Deutschland den Kauf von Schulbüchern ermöglichte. Um wenigstens die Sprache nicht zu verlieren.

## Ein Altenheim im Aufwind
### Arno Hinckeldeyn, Deutsche Wohltätigkeitsgesellschaft, El Talar

In der letzten Nacht hat es geregnet. Wenn es in Buenos Aires regnet, dann richtig. Die Hauptstadt steht unter Wasser und im Stau. Nach einer Stunde Stop-and-go auf der Panamericana passieren wir endlich einen LKW, dessen Vorderräder über den Brückenrand frei in Richtung 20 Meter tiefem Abgrund hängen. Ringsherum regeln etwa zwanzig Polizisten den Verkehr. Das heißt, sie winken wild und versuchen, Bewegung in die Masse zu bekommen, die bei Betrachtung der Unfallstelle immerhin aufhört, in den ortsüblichen vielstimmigen Melodien zu hupen. Endlich kann das Taxi beschleunigen und erreicht nach einer Weile den Sitz der Deutschen Wohltätigkeitsgesellschaft (DWG) in El Talar, einem Vorort der Hauptstadt. Der Fahrer entschuldigt sich auf dem Parkplatz noch einmal eindringlich bei mir: Es ist ihm sichtlich peinlich, eine Deutsche zu einem Treffen bei einer deutschen Gemeinschaft unpünktlich abgeliefert zu haben.

In der weitläufigen Anlage werde ich bereits seit einer Weile von Arno Hinckeldeyn, dem hauptamtlichen Geschäftsführer der DWG, und ihrem ehrenamtlichen Vorstandspräsidenten Heribert Nolte erwartet. Der Bundesdeutsche Hinckeldeyn kam 1964 nach Argentinien, wo er zunächst bei verschiedenen Firmen angestellt war und nun seit sechzehn Jahren die Wohltätigkeitsgesellschaft leitet. Auch Nolte stammt aus Deutschland, ging von dort nach Guatemala, wurde dann mehrfach von seinem Arbeitgeber Bayer nach Argentinien versetzt und entschloss sich nach seiner Pensionierung, den Lebensabend in Buenos Aires zu verbringen. Seine offenkundige Begeisterung für Management und Organisation setzt er nun seit sechs Jahren für die Belange der Deutschen Wohltätigkeitsgesellschaft ein, in deren Vorstand »auch noch andere namhafte Leute der deutschen Gemeinschaft sitzen«.

Das Team aus dem hintergründig arbeitenden Geschäftsführer und dem offensiv auftretenden Präsidenten scheint zu funktionieren: Obschon die deutsche Gemeinschaft mangels Zuzugs in fast allen anderen Institutionen ums Überleben zu kämpfen hat, gehen die Aktivitäten ausgerechnet hier inmitten einer Altenpflegeanlage stetig voran. Drei Veranstaltungen führe man jedes Jahr durch und habe mit ständig steigendem Interesse zu tun, das schließlich »organisiert werden will«, so Nolte. Da gäbe es zunächst ein Benefizkonzert in den Räumen der Deutschen Botschaft, das sich an das zahlungskräftigere Publikum wendet, um Spenden in die Kassen der DWG zu spielen. Daneben organisiere man den Weihnachtsbasar, der ebenfalls auf dem Gelände der Botschaft stattfindet und »auch älteren Leuten mal die Möglichkeit gibt, da reinzukommen«. Die größte Veranstaltung finde jedoch hier im Garten des Altersheims statt: »Da werden wir nicht mehr Herr der Masse und müssen aufpassen, dass wir nicht etwa das Ziel verfehlen, die Leute zu einem gemütlichen Nachmittag zusammenzuführen. Wenn zu viele Menschen kommen, dann ist die Gemütlichkeit in Frage gestellt.« Fast 2000 Leute seien das letzte Mal angereist.

Auch die Mitgliederzahl hat die DWG bei etwa 1000 halten können. Inzwischen sei man, so Nolte, allerdings nicht mehr »reindeutsch«. Es könne jeder Mitglied werden, auch ein Argentinier, so-

Arno Hinckeldeyn im Garten des Altenheims der DWG, El Talar

lange er mit den Zielen der Gesellschaft übereinstimme. Wie der
Name bereits vermuten lässt, liegen diese im gemeinnützigen Be-
reich und lassen sich in drei Wirkungsfelder aufteilen: Sozialarbeit,
Lepra- und Tuberkulosehilfe sowie Kinderbetreuung in einem
Heim.

Das Marie-Luisen-Kinderheim – ich erinnere mich sofort. 1997
während meines Praktikums beim Argentinischen Tageblatt bekam
ich eine kleine Wohnung in Villa Ballester vermittelt, einem der
Vororte im Norden der Hauptstadt. Die Wohnung war Teil des Kin-
derheimes und diente normalerweise dortigen Praktikantinnen als
Unterkunft. Anstatt zur Hand zu gehen, wurde ich aber erst einmal
krank, lag mit 40 Grad Fieber im Bett und wurde von den Erziehe-
rinnen dreimal täglich zur Tür gerufen. Dort erwartete mich dann
jedes Mal ein mitfühlendes Gesicht, dessen Trägerin mir in Mund-
höhe einen bereits mit Medizin gefüllten Löffel entgegenstreckte.
Zum Nachspülen gab es frisches Wasser und ermunternde Worte.
Nach kurzer Zeit wurde ich wieder gesund, hatte zehn schöne Wochen im Lande und wollte am Abreisetag meine Unterkunft bezahlen – das brauche ich nicht, so der Heimleiter, schließlich beruhe die
deutsche Gemeinschaft auf gegenseitiger Hilfe.

Nicht in Anspruch nehmen musste ich zum Glück die Unterstützung der Lepra- und Tuberkulosehilfe. In diesem Bereich arbeitet die DWG mit dem Aussätzigenhilfswerk in Würzburg zusammen. Denn schließlich sind durch die verschlechterten wirtschaftlichen Bedingungen Argentiniens auch Krankheiten wie Tuberkulose wieder auf dem Vormarsch. Die Wohltätigkeitsgesellschaft kann hier als Mittler zwischen der deutschen Institution und den Kranken in Argentinien dienen: »Die Würzburger schicken uns Medikamente und Geräte. Wir verteilen die dann und haben auch einen eigenen Arzt, der die Versorgung der Kranken kontrolliert.«

Auf dem Gebiet der Sozialarbeit ist die Kooperation einem persönlichen Kontakt zwischen zwei Sudetendeutschen zu verdanken. So finden Hilfsgüter aus Deutschland ihren Weg in argentinische Haushalte. »Dr. Patenius aus Minden ist ein unglaublich aktiver Mann, der dort die ganze Stadt mobilisiert, Straßen- und Kirchensammlungen organisiert und auch die umliegende Industrie einbindet. Der hat sich dann hier mit einem sudetendeutschen Mitglied aus unserer Gemeinschaft in Verbindung gesetzt, und so ist das zustande gekommen. Wir bekommen im Schnitt jeden Monat einen Container aus Deutschland mit Waren – Lebensmittel, Wäsche und so weiter.« Regelmäßig kämen auch größere Spenden, gerade heute solle die Übergabe eines Analysegerätes für den Operationssaal eines Kinderkrankenhauses in Resistencia, der Hauptstadt der nördlichen Provinz Chaco, stattfinden. Die DWG erfreue sich bei den deutschen Spendern so großer Beliebtheit, weil man sicher sein könne, dass hier die Dinge auch wirklich ankämen und nicht »auf irgendwelchen Schwarzmärkten wieder auftauchen oder von politischen Menschen zu irgendwelchen Zielen eingesetzt werden«. Während die Geldgeber also fast ausschließlich aus der Bundesrepublik oder der deutschen Gemeinschaft Argentiniens kommen, finden sich unter den Begünstigten der Gemeinschaft bei weitem nicht nur Deutsche.

Probleme gibt es nur mit der Sprache. Schließlich wird die Gemeinschaft mangels Nachwuchs nicht jünger und kann sich sprachlich nicht mehr auf dem neuesten Stand halten. Gefragt wären deshalb Praktikanten aus Deutschland auch hier für das Altenheim. »Im Marie-Luisen-Kinderheim gibt es junge Leute, die ihren Freiwilligen Sozialen Dienst machen. Das haben wir hier nicht, weil es sehr schwierig ist, junge Leute zu finden, die sich hier außerhalb

der Stadt ansiedeln, gerade auch noch im Ambiente eines Altenheims. Da müssten wir eine Gruppe bilden von zwei und drei, denn
einer alleine wird sich hier nicht wohl fühlen. Wenn aber zwei, drei
Freunde bereit wären, einen solchen Dienst zusammen hier zu absolvieren, dann übernehmen wir die gerne!«

Unter den Bewohnern des Altenheimes finden sich inzwischen
auch Menschen nichtdeutscher Herkunft. Man habe eben einen
besseren Standard als andernorts üblich, weshalb die Nachfrage
auch unter Argentiniern wachse. Bei der Besichtigung der Anlage,
in der weit über die Hälfte der Bewohner pflegebedürftig sind, wird
deutlich, dass in Argentinien unter »Standard« etwas anderes verstanden wird als in Deutschland. In jedem Zimmer stehen viele Betten, technische Geräte und moderne Elektronik sucht man hier ver-
gebens. Stattdessen ein Eckchen mit einem kleinen Fernseher, auf
dem eine Marienfigur und ein mickriger Trockenstrauß platziert
sind. Hinckeldeyn will mich zum »Erfolgsfall« des Altenheimes
führen – einer 106-jährigen Bewohnerin. Er lugt hinter die Tür und
entschuldigt sich: »Es geht leider grad nicht, sie wird gewaschen.«
Das ist es, was hier den Unterschied, den »hohen Standard« ausmacht: Auf 130 Heimbewohner kommen 56 hauptberufliche Pflege-
kräfte und 50 ehrenamtliche Helferinnen. Wer noch irgendwie feste
Nahrung verträgt, wird aufgesetzt, in den Essenssaal geschoben
und zur Not eben Löffel für Löffel gefüttert. Die Menschen sollen
hier leben, solange sie noch atmen. Deshalb ist die ganze Anlage
komplett ebenerdig gebaut und liegt in einem intensiv bepflanzten
Garten. Manch Heimbewohner hat hier sogar sein eigenes Beet, das
eifrig bestellt wird. Das Sommerfest kann man sich in diesem Ambiente gut vorstellen. »Wenn wir hier mal eine neue Aktivität ein-
führen wollen, kriegen wir immer Terminprobleme, weil es schon
so ein großes Angebot gibt. Hier kommen katholische und evangelische Pfarrer her und halten Gottesdienste, es gibt Sport und
Vorlesestunden, ein Frühlingsfest, Gesprächskreise, Basteln und so
weiter.« In Gedanken bei den vergleichbaren Anlagen in Deutschland, muss ich mich bei unserem Rundgang vor einem Sturz in die
Sozialromantik retten, da sich die Vorstellung, wo wenig Geld sei,
finde man stets mehr menschliche Wärme, aufdrängen will.

Wir verlassen die Wohnbereiche, wo an jeder Tür, säuberlich an-
gebracht, Namensschilder erkennbar sind, und gehen hinüber zum

Speisesaal. Ob er vielleicht wieder einmal zurückkehren wolle nach Deutschland, frage ich den Geschäftsführer. Eigentlich nicht, er habe hier Kinder und inzwischen auch ein Enkelkind, seinen Beruf und seine Freunde. Aber natürlich würde einem immer etwas fehlen: »Wenn ich hier im Radio mal ein deutsches Lied höre, dreh' ich gleich lauter. Auf der anderen Seite mache ich das genauso, wenn ich mal zu Besuch in Deutschland bin und die spielen da was Latein-amerikanisches.« Es sei eben eine doppelte Art der Zugehörigkeit, die er auch seinen Kindern versucht habe zu vermitteln: »Wir haben immer deutsche Weihnachten gefeiert mit Tannenbaum und fest-licher Kleidung. Aber irgendwann habe ich da auch nachgegeben, und nun sitzen wir eben ohne Anzug da.« Doch das Osterfest feiert Hinckeldeyn bis heute noch gern mit dem traditionellen Ostereier-Suchen. »Das kennen die Argentinier gar nicht.« Bei Hinckeldeyn ist ansonsten die typisch deutsch-argentinische Anpassung zu spü-ren: Was Spaß macht und klimatisch passt, wird übernommen – was aufgesetzt und künstlich wirkt, schafft man eben ab. Druck von außen, also von der argentinischen Gesellschaft, sich anpassen zu müssen, haben er und Nolte nie erfahren: »Die Argentinier ha-ben von den Deutschen ein äußerst gutes Bild. Und ich glaube, die überbewerten uns auch zum Teil«, so der Präsident.

# Brasilien

Innerhalb Lateinamerikas zog es die meisten deutschen Auswanderer nach Brasilien. Manch Tourist, der sich heute an Copacabana und Zuckerhut erfreut, mag das leicht nachvollziehen können! Im Gegensatz zu den heutigen Hauptzielen ließen sich die ersten deutschen Auswanderer jedoch fernab der Küsten im Süden des Landes nieder. Der wohl bekannteste so entstandene Ort ist das 1852 von lediglich siebzehn deutschen Einwanderer gegründete Blumenau. Heute auf immerhin 150 000 Einwohner angewachsen, gilt die ehemalige deutsche Kolonie mit ihren Fachwerkhäusern und dem alljährlich rauschend gefeierten Oktoberfest vielen als ein Synonym für deutsche Gemeinschaften Südamerikas. Deutsch spricht auch hier kaum noch jemand, und die Bundesrepublik mit eigenen Augen gesehen haben die allerwenigsten. Dass sich dennoch über mehr als 150 Jahre ein so prägend deutsches Abbild inmitten Südamerikas bilden konnte, hängt mit der Besiedlungsgeschichte des Landes zusammen.

So gehörten zu den ersten Deutschen, die Brasilien im 19. Jahrhundert als Auswanderungsland entdeckten, bei weitem nicht nur Kleinbauern. Auch Handwerker, Ärzte, Lehrer und Pfarrer machten sich auf zu neuen Ufern, so dass in den deutschen Kolonien gar keine Notwendigkeit zum Kontakt mit der fremdsprachigen Umwelt bestand – die man zudem auch für reichlich unzivilisiert hielt und zu der man deshalb gern Abstand wahrte. Dass Brasilien nicht zu einem deutschen Auswanderungsland wurde, hängt stark mit den widrigen äußeren Umständen zusammen. Die klimatischen Bedingungen in den subtropischen Landstrichen entsprachen nicht den Idealvorstellungen der Deutschen, die eher Nieselregen und Kälte erprobt waren. Auch ließ die Infrastruktur über Jahrzehnte zu wünschen übrig. Die erst 1953 ausgewanderte Stuttgarterin Helga Ebeling gelangte noch in ein brasilianisches Dorf nahe der Stadt Larazinho, »wo es kein elektrisches Licht und kein fließendes Wasser gab. Für mich als damals 14-Jährige war das ganz schlimm.«[26]

Auch die brasilianischen Behörden machten es den deutschen Einwanderern nicht immer leicht. So stellte sich das vor der Abreise versprochene Land oftmals als reines Luftgespinst heraus. Statt als Bauer auf eigener Scholle arbeiten zu können, wurden viele Einwanderer stattdessen in Arbeitsverhältnisse gezwungen, die nur bedingt als »frei« zu bezeichnen sind. Nach der weltweiten Ächtung der Sklaverei Mitte des 19. Jahrhunderts gab es auf Brasiliens Kaffeeplantagen erhöhten Bedarf an billigen Arbeitskräften, welche zumeist schlecht bezahlt und schlecht behandelt wurden. Die zwischen der extrem harten Pflückarbeit geschriebenen Briefe lösten in der Heimat verständlicherweise kein rechtes Brasilienfieber aus – die Auswanderungswilligen steuerten lieber ein anderes Ziel an.

In den »deutschen Kolonien« im Süden des Landes blieb man derweil gern unter sich und führte über Jahrzehnte ein relativ abgeschottetes Leben. So konnte sich denn auch ein Meinungsbild erhalten, das mit dem heutigen Deutschland und den hier mehrheitsfähigen Einstellungen wenig gemein hat. Ein Gedicht, das die Reiseerlebnisse einer Auswanderin von Hamburg nach Novo Hamburgo im Jahr 1959 zusammenfasst, reimt exemplarisch wie folgt:

»Ab Lissabon war alles aus: / Man sah nur Spanier und Portugiesen, o Graus! / Mit ihren Sitten sind wir nicht vertraut, / In ihrer Nähe einem wirklich graut.

Jedoch sehr tierlieb sie alle sind, / Denn stets lausen sich Vater, Mutter und Kind. / An Sauberkeit liegt ihnen nicht viel, / Einen Deutschen dazwischen zu finden war ein selten Gefühl.

Senhora im Morgenrock, Pantoffeln, die Haare lose, / Senhor trägt das Hemd nur über die Hose. / Mit Zahnstocher, Sonnenbrille und Dudelsack, / Beleben sie die Decks von unserem Wrack.«[27]

Eine andere Migrantin reimte zwar nicht, antwortete jedoch auf die Frage, ob es etwas an Brasilien gebe, das ihr nicht gefalle: »Was mir nicht in Brasilien gefällt, ist, dass die Mischlinge Neger + Indianer + Portugiesen so faul sind und nicht sparen können.«[28]

Ohne den Zwang, sich anpassen zu müssen, wurden die eigenen alten deutschen Werte oft zum allgemein gültigen Maßstab erhoben und die Umwelt entsprechend abwertend beurteilt. Erst in jüngster

Zeit haben sich die deutschen Siedlungsgemeinschaften etwas geöffnet, seitdem auch der brasilianische Staat die kulturellen Minderheiten stärker berücksichtigt und aktiv ins gesellschaftliche Leben einbezieht. Inzwischen gibt es regionale deutsche Rundfunkprogramme bei mehreren brasilianischen Sendern und einen regen Austausch über vielfältige Kulturgesellschaften.

Abseits der ländlichen Kolonien finden sich heute vor allem in den großen Städten des Landes deutsche Gemeinschaften. Sie verbindet die 1950 in São Paulo gegründete Brasil-Post. Die einzig verbliebene überregionale deutschsprachige Wochenzeitung Brasiliens wurde aus der Erkenntnis heraus gegründet, »dass es unbedingt notwendig sei, ein Sprachrohr für alle Deutschsprachigen in Brasilien zu schaffen, dem die Aufgabe zukommt, den Brasilianern deutscher Herkunft die Pflege, Erhaltung und Verbreitung der Sprache und Kultur ihrer Ahnen zu vermitteln«[29]. Dieses geschehe »ganz im Einvernehmen mit der brasilianischen Regierung, die den zweisprachigen Brasilianer bejaht, der seinem Vaterland dadurch bessere Dienste leisten kann, sagt doch der bekannte brasilianische Soziologe Gylberto Freire: ›Der ideale Brasilianer ist der zweisprachige Brasilianer.‹«[30]
Diese Einstellung ist es denn auch, die es den Deutschen in Südamerika im Allgemeinen und in Brasilien im Speziellen ermöglicht, keinen Widerspruch zu sehen in der gleichzeitigen Betonung der Zugehörigkeit zur überlieferten wie zur aktuell gelebten Heimat. Man betrachtet sich als Brücke zwischen den Kontinenten und Kulturen oder, wie es der Leitspruch der Brasil-Post etwas altertümlich ausdrückt, man lebt und arbeitet »Unseren Vätern zum Gedächtnis, Uns zur Lehre, Unserem Vaterland Brasilien zum Heil!«[31] Von einer »Leitkultur« redet hier niemand. Während in Deutschland Angst vor einer »Ghettoisierung« der ausländischen Bevölkerung besteht, nahm man in Brasilien über Jahrzehnte die geschlossenen Siedlungsräume der Deutschen hin. Angst vor einem »zuviel« an Ausländern brauchte dennoch niemand zu haben, schließlich wurde und wird jedes von Einwanderern im Lande zur Welt gebrachte Kind automatisch zum Brasilianer. Und was ein Brasilianer tut, gehört auch zum Land! Nur so ist zu erklären, dass die Oktober- und Bierfeste in den ehemaligen »deutschen Kolonien« innerhalb des

Landes als »typisch brasilianisch« gelten und Hunderttausende von nichtdeutschstämmigen Besuchern anlocken.

Sorge vor einer »Spaltung der Nation durch Überfremdung« lernte das Land nur in einer kurzen Phase innerhalb der ersten Hälfte des 20. Jahrhunderts kennen. Allerdings richtete sich diese Furcht damals nicht gegen Araber oder Moslems, sondern gegen den »Pangermanismus«. Gewalttätige Nazi-Milizen junger Deutscher, die in ihrer Mehrheit die hochgehaltene alte Heimat nie gesehen hatten, schlossen sich zusammen und beriefen sich auf einen »Nationalismus des Blutes«. Die konsequente Antwort Brasiliens auf diese Herausforderung war das Pochen auf den »Nationalismus der Geburt«: »Wer in Brasilien geboren ist, ist entweder Brasilianer oder ein Verräter!«[32]

## Zivildienst im Pfahlhaus
Manuel Hartmann, Santarén

»Anderer Dienst im Ausland« nennt sich Zivildienst, der außerhalb der Bundesrepublik geleistet wird. Und in der Tat – was Manuel Hartmann in Brasilien erlebte, war »anders«! Im Sommer 2000 landete er in der Amazonas-Stadt Manaus und hatte von dort noch einmal zweieinhalb Bootstage vor sich. »Eigentlich gibt es auch eine Straße von Manaus nach Santarén, aber die ist zur Regenzeit nicht passierbar.« Nach insgesamt vier vollen Reisetagen kam der damals Zwanzigjährige schließlich an seinem neuen Arbeitsplatz an. »Ich habe dort bei einer Familie in einem Pfahlhaus direkt am beziehungsweise im Fluss gewohnt. Es gab nur einen Raum mit einem großen Schrank und einem Bett. Wir haben dann nachts die Holzfenster zugeklappt, unsere Hängematten aufgespannt und zu siebt dort geschlafen.« Zu essen gab es jeden Tag Maniok und Fisch. Der überzeugte Vegetarier änderte daraufhin lieber vorübergehend seine Einstellung: »Ich hab dann auch nach kurzer Zeit Fisch gegessen, das wäre sonst doch zu eintönig gewesen.«

Da täglicher Maniok auch in Verbindung mit Fisch noch nicht gerade eine ausgewogene Ernährung darstellt, konnte sich Hartmann über zu wenig Arbeit nicht beklagen. »Die Organisation, mit der ich nach Brasilien gekommen bin, betreibt in Santarén einen

Manuel Hartmann auf dem Steg zu seiner Unterkunft in Santarén

Kindergarten für mangelernährte Kinder.« Wobei eigentlich eher von einem »Elterngarten« zu sprechen wäre. Schließlich werden zwar die derzeit 140 Kinder versorgt, vor allem aber Kurse für die Erwachsenen gegeben: »Im Amazonas-Gebiet hungern die Leute nicht, aber sie nehmen alle viel zu wenige Vitamine und Mineralien zu sich, sind anfällig für Krankheiten und sterben früh.« Nach einem Jahr im »Kindergarten« wissen sie dann, wie man einen Gemüsegarten anlegt, was der umgebende Wald für Früchte anbietet und wie man selbst Nahrungsergänzungsmittel herstellen kann.

»Anfangs habe ich mich schon manchmal gefragt, was ich hier eigentlich zu suchen habe, aber zum Schluss wollte ich gar nicht wieder zurück nach Deutschland. Ich habe nach dem Ende des eigentlichen Zivildienstes noch eine ganze Weile dort weitergearbeitet und bin in der Gegend herumgefahren.« Unter anderem mit einem deutschen Pfarrer, der fast 70-jährig auf einem kleinen Boot den Fluß hinauf und hinunter fuhr, um die Dorfgemeinden am Ufer zu betreuen. »Normalerweise wird dort die Messe immer nur von einer Aushilfskraft gehalten, aber zu besonderen Anlässen möchten die Bewohner natürlich gerne einen richtigen Pfarrer sehen.« Pfarrer Josef steuert in seinem Holzkahn jeden Tag eine andere Siedlung an, spannt nachts seine Hängematte auf, hält morgens einen Gottesdienst und fährt am Nachmittag wieder weiter. »Seine Predigten fand ich sogar ganz interessant, er sprach sich da für die Bewahrung der traditionellen Werte in der Region aus, aber wahrscheinlich glaubt er selber nicht mehr daran.« Demnächst wolle sich der deutsche Pfarrer zur Ruhe setzen, allerdings in Brasilien bleiben. »Ich kann mir auch gar nicht vorstellen«, so Hartmann, »dass man sich nach dreißig Jahren im Urwald wieder in Deutschland einleben könnte.«

Die deutsche Sprache habe der Geistliche aber trotz der langen Zeit im Boot immer noch fließend gesprochen – im Gegensatz zu manch Deutschstämmigen, denen Hartmann unterwegs begegnete. »Ich habe in Boa Esperanza einige Nachkommen deutscher Einwanderer getroffen, die da mit ihren blauen Augen und blonden Haaren inmitten der ganzen Indigenas saßen. Natürlich wollte ich ihre Geschichte hören, aber die waren erst ganz ängstlich, als sie hörten, dass da jemand aus Deutschland ist, weil sie sich für ihr Deutsch schämten.« Tatsächlich habe er einige Mühe gehabt, dem altertümlichen Slang der Siedler zu folgen, die noch heute gern ihre Trachten anlegen, aber in der Enkelgeneration kein Interesse mehr für das überlieferte Brauchtum finden.

Auch Hartmann selbst merkte schon nach zwei Jahren, wie sehr ihn die neue Umgebung von Deutschland entfremdet hatte. »Ich habe dann Besuch von Berliner Freunden bekommen und bin durch die an Dinge erinnert worden, welche mir früher einmal extrem wichtig waren. In der Zwischenzeit hatte ich sogar vergessen, jemals so gedacht zu haben.« Auf der anderen Seite habe es aber auch manches gegeben, was er im satten Grün des Urwaldes vermisste. »Mir hat die Ehrlichkeit im Umgang miteinander gefehlt. Ich mag es, wenn man sich über Worte wirklich nah kommen kann und Vertrauen entwickelt. Wenn man sich Wahrheiten sagt und nicht nur irgendetwas erzählt, weil es gerade lustig ist oder die Wahrheit peinlich wäre.«

Folglich bestieg der Berliner schließlich doch Boot und Flugzeug, um einige Tage später in der Heimatstadt zunächst mal einen Kulturschock zu bekommen. »Mir kam Berlin auf einmal so quadratisch und grau vor. Alle diese dunklen Hinterhöfe und grauen Altbauten. Und dann die Menschen!! Schon am Flughafen ist mir aufgefallen, dass alle nur Grau oder Schwarz trugen. Ich habe dann richtig gesucht, ob nicht irgendwer auch mal was Buntes anhat, aber Fehlanzeige: Grau und Schwarz, Grau und Schwarz!« Eine Weile habe er deshalb überlegt, wieder nach Brasilien zurückzukehren. »Aber inzwischen denke ich, dass mein Platz eben hier ist und in Deutschland ja viel mehr im Argen liegt als dort. Also kann ich auch hier Projekte aufbauen.« Für die nötigen Grundlagen ist Hartmann nach Kassel gezogen und studiert dort biologische Landwirtschaft. »Inzwischen bin ich auch wieder in Deutschland verwurzelt, hier gibt es mehr Menschen, die Dinge bewusst machen und sich für ein gesundes körperliches und geistiges Leben interessieren.« In Brasilien sei die einzige Möglichkeit, sich »spirituell weiterzuentwickeln, immer noch katholischer zu werden. Alternative Wege gibt es da kaum«.

Dennoch würde er jedem »unbedingt empfehlen«, so eine Zeit im Ausland zu verbringen und einmal »ganz in eine andere Kultur einzutauchen«. Schon allein, um nach der Rückkehr »zu spüren, was für eine Kraft in so einem richtigen Herbststurm liegt und wie schön es ist, beim Blick auf die heimische Landschaft eine Gänsehaut zu bekommen«.

# Chile

Anders als in Argentinien, wo die meisten Auswanderer direkt in der Hafen- und Hauptstadt blieben, gründeten die Deutschen in Chile eine Reihe landwirtschaftlicher Kolonien im bis dahin noch unerschlossenen Süden des Landes. Fernab jeder staatlichen Kontrolle konnte sich hier zwischen Bergen und Meer die bis heute noch spürbare ganz eigene Identität der Deutsch-Chilenen ausprägen: Ihrem Deutschtum verhaftet, lehnten sie zunächst alles Chilenische ab und versuchten, die alte Heimat an neuem Ort wieder zu errichten – Häuser, Kleider, Alltagsgewohnheiten und die Untergliederung der Ortschaften in Landsmannschaften und Konfessionen entsprachen der getreuen Nachbildung eines »Kleindeutschlands«. Unzählige Organisationen wie Turn- und Schützenvereine, Schulen und Kirchen wurden gegründet.

Einige Tausend Kilometer entfernt entwickelte sich Deutschland jedoch weiter und entfernte sich immer mehr von dem zu Identitätszwecken konservierten Heimatbild der Auswanderer. Heraus kam mit den »Deutsch-Chilenen« eine ganz eigene Gruppe. Unterstützt wurde diese Abkoppelung noch durch Deutschlands verlorene Kriege, die bei der Auslandsgemeinschaft das Gefühl der Verbundenheit mit der Heimat nicht eben stärkten (im Gegensatz zum Nationalsozialismus übrigens, der in der deutsch-chilenischen Gemeinschaft auf ein positives Echo traf).

Die durch den Militärputsch 1973 eingeleitete Diktatur in Chile wurde von der Mehrheit der Deutschen im Lande begrüßt. So berichtet Reiner Schirmer, der 1956 nach Chile einwanderte und in den 70er Jahren ein Gut für die Quelle-Besitzer Schickedanz in Osorno leitete, am Tag des Putsches jedoch gerade zu Besuch in Deutschland weilte, seine Rückkehr sei erfreulich verlaufen: »Auf jeden Fall war von der Anarchie der letzten Wochen nichts mehr zu spüren. An gewissen strategischen Punkten sah man bewaffnete Militärs, aber allgemein herrschte Ruhe, und man sah nichts Unge-

wöhnliches. Auch von meinen Freunden hörte ich nur Positives.«[33]
Die kritische Haltung der Bundesdeutschen gegenüber dem Sturz
Allendes und den anschließenden Jahren der Diktatur, die etwa
3000 Menschen das Leben kostete, konnten viele Deutsch-Chilenen nicht billigen: »In Gesprächen mit Bekannten in Deutschland
teilte man unsere Sichtweise, die durch das selber Erlebte geprägt
war, nicht immer. Hier, fern vom Geschehen, wurde Allende nicht
selten als ein sogenannter Held der Freiheit gesehen. Ich konnte
meine Landsleute nicht verstehen. Sie brauchten doch nur einen
Blick über die innerdeutsche Grenze zu werfen! Doch die Botschaft
der hiesigen Zeitungsberichte und Fernsehsendungen wurde als
selbstverständliche Wahrheit betrachtet und ohne jegliche Kritik
hingenommen.«[34]

Nicht nur in der Bundesrepublik gab es eine starke Solidaritäts-
bewegung für ein »Freies Chile« ohne Pinochet und seine Scher-
gen. Auch jenseits der innerdeutschen Grenze formierte sich Rück-
halt für die gestürzte chilenische Regierung und ihre geflohenen
Anhänger. Manche der südamerikanischen Flüchtlinge gingen ins
politische Exil nach Ostdeutschland und wurden dort mehrheitlich
gut empfangen. Einige fanden hier sogar die große Liebe und heirateten. So berichtet die Ostberlinerin Ute Rehfeld, sie habe als Dol-
metscherin für Spanisch und Englisch beim Festival des politischen
Liedes gearbeitet. Hier lernte sie ihren damals vor allem in Dänemark lebenden Mann kennen. Nachdem ein Volksentscheid 1988
den Rücktritt Pinochets vom Präsidentenamt festgelegt hatte und
1989 durch den Mauerfall auch Rehfelds Handlungsspielräume erheblich gewachsen waren, beschloss die Familie, gemeinsam nach
Chile zu ziehen. Ein Sprung ins gänzlich kalte Wasser wurde der
Umzug für die Deutsche dennoch nicht, da ihr Mann zunächst vor-
ausging, um Haus und Arbeit zu suchen, bevor die Berlinerin mit
der gemeinsamen Tochter 1990 nachkam. Kontakt zu anderen Deutschen suchte Rehfeld in der ersten Zeit nicht, da sie die bestehenden Institutionen nicht besonders ansprachen. Ein Freundeskreis
entwickelte sich jedoch schnell aus den »Landsleuten, die oft erst
Ende der 80er, Anfang der 90er Jahre nach Chile kamen, aus der
DDR stammten und oft aufgrund familiärer Bindungen übersie-
delten. Dieser gemeinsame Hintergrund verbindet. Wir versuchen,
uns zu integrieren und haben keinen Hang zu Vereinsbindungen

oder Clubmitgliedschaften.« Die 46-Jährige selbst hat inzwischen jedoch aufgrund ihrer Tätigkeit für den Deutschen Entwicklungsdienst vielfältige Kontakte zu Deutschen und besucht auch die offiziellen Empfänge der Botschaft. An Deutschland vermisst sie vor allem einzelne Menschen: »Mir fehlen meine Eltern und einige meiner alten Freunde, die ich aufgrund der großen Entfernung nun nur noch selten sehen kann. Und manchmal wäre so ein typisch deutsches Weihnachts- oder Osterfest schön.«

Ein ganz anderes Verhältnis zur chilenischen Diktatur entwickelte die berüchtigte Colonia Dignidad. Hier leben auf einer umzäunten Fläche von 15 000 Hektar Größe seit 1961 etwa 300 Deutschstämmige sektenartig zusammen, die dem wegen sexuellem Missbrauch in der Bundesrepublik gesuchten Laienprediger Paul Schäfer nach Chile gefolgt sind. Viele Größen der Militärdiktatur, unter ihnen auch Augusto Pinochet, gaben sich hier die Klinke in die Hand, zeitweilig soll es dort sogar ein Folterzentrum gegeben haben. Mit eiserner Disziplin und drakonischen Strafen gegen alle Kritiker gelang es Schäfer, ein Wirtschaftsimperium zu errichten, das nicht nur Agrarprodukte von Gemüse bis Geflügel in ganz Chile verkauft, sondern auch über ein eigenes Krankenhaus, ein Kraftwerk und einen kleinen Flughafen verfügt.[35] Seine Unterdrückungsmethoden gaben wiederholt Anlass zu internationaler Kritik, so dass es in jüngster Zeit zu mehreren Durchsuchungen gekommen ist. Auch die offiziellen Vertreter der Bundesrepublik distanzierten sich von den Vorgängen in der Kolonie, die keineswegs typisch sind für das Leben der Deutschen im Land.


## »Die fanden sonst niemand.«

Birgit Tuerksch, Cóndor, Santiago de Chile

Im Zentrum der chilenischen Hauptstadt Santiago pulsiert das Leben. Touristen eilen zum berühmten Palacio Quemado, in dem Präsident Allende den Tod fand und Pinochets Diktatur ihren Anfang nahm. Die Fußgängerzone quillt über von Geschäftsleuten, Einkaufsbummlern und fliegenden Händlern, die beim Anblick eines Polizisten in Sekundenschnelle ihre Waren sicher verstaut haben – und sie ebenso schnell im Rücken des Uniformierten wieder ausbreiten. Nur eine gute halbe Stunde Fußweg davon entfernt liegt der Sitz des Cóndor, der deutschsprachigen Zeitung Chiles. Hierhin jedoch verschlägt es kaum einen Touristen, die Gegend ist merklich ruhiger und das zweistöckige Haus mit dem groß angebrachten Zeitungsnamen leicht zu finden. Drinnen erwarten mich Birgit Tuerksch, 35, und Tina Sattler, 22, beide hellblonde und gebürtige Deutsche.

Tuerksch lebt seit sieben Jahren in Chile. In Deutschland hatte sie unter anderem spanische und lateinamerikanische Literatur studiert und konnte zumindest die Sprache bei ihrer Ankunft fließend. Ansonsten hatte sie sich aber nicht speziell mit dem schmalen Land in Südamerika beschäftigt und eigentlich auch keine Auswanderung dorthin geplant. Das änderte sich mit einem chilenischem Mann, dem sie in sein Heimatland folgte – die Stimme des Herzens trog nicht, die beiden sind bis heute ein Paar.

Eine Arbeit im neuen Land zu finden, war schon schwieriger. Tuerksch erfuhr, dass der Deutsch-Chilenische Bund (DCB) bei der Vermittlung von Arbeitsplätzen bei deutschen Unternehmen und Institutionen hilft. Also bewarb sie sich dort als Deutschlehrerin. »Aber Deutschlehrer hatten die schon.« Tuerkschs Anfrage wurde in die Kartei sortiert und Jahre später herausgekramt, als man jemanden zum Korrekturlesen für den Cóndor suchte. Die Deutsche sagte zu – und wurde kurze Zeit später zur Redakteurin befördert. Noch nicht ganz warm geworden auf ihrem neuen Platz, sah Tuerksch dann die alte Chefredakteurin gehen und den DCB vor einem Nachfolgeproblem stehen – denn allzu viele Deutsch-Chilenen, die fließend Deutsch schreiben können und das journalistische Handwerkszeug beherrschen, gibt es nicht. »Die hätten sicher gern jemanden aus ihrer alteingesessenen deutsch-chilenischen Gemeinschaft gehabt, weil sie sich dann auch besser verstanden fühlen, haben aber eben keinen gefunden.« Infolgedessen machte die Bundesdeutsche in Chile eine amerikanische Karriere und stieg binnen kürzester Zeit von der Korrektorin zur Chefredakteurin auf. Seit nunmehr drei Jahren leitet Tuerksch das 1938 gegründete Blatt. Inzwischen ist auch die zweite feste Stelle in der Redaktion neu besetzt. Tina Sattler, seit einem Jahr in Chile und fest überzeugt, nie wieder nach Deutschland zurückzukehren, verdient nun ebenfalls ihren Lebensunterhalt mit dem Blatt und in der Gemeinschaft.

»Wir sind aber beide Deutsche, keine Deutsch-Chilenen. Das muss man unterscheiden, und die deutsch-chilenische Gemeinschaft macht das auch sehr. Für die sind wir Ausländer. Da gibt es auch erhebliche Unterschiede in der Mentalität. Die Deutsch-Chilenen halten noch an einem Deutschlandbild fest, das nicht dem heutigen Deutschland entspricht. Sie halten auch die deutschen Traditionen sehr hoch. Wenn ich hier noch zwanzig Jahre lebe, mache ich das vielleicht auch irgendwann, aber wenn man hier neu ankommt, ist natürlich erst mal das Ausland für einen interessant, da will man nun nicht gerade an deutschen Traditionen und Bräuchen festhalten, im Gegenteil. Wenn also in Chile die deutsche Feuerwehr ein Jubiläum feiert, wird die deutsche Nationalhymne gespielt, auf die Idee würde in Deutschland überhaupt niemand kommen.« Die Frage, inwieweit sich diese Unterschiede denn in Vorgaben für ihre Arbeit widerspiegeln, beantwortet Tuersch klar: »Wir machen hier nicht unsere Zeitung, sondern die Zeitung der deutsch-chilenischen Gemeinschaft. Alles was wir schreiben, schreiben wir eben in Gedanken an diese Gemeinschaft, ob wir das nun immer gut finden oder nicht.« Folglich liegt der Fokus der Berichterstattung auch auf den Aktivitäten der Gemeinschaft, »und die sind hier ja sehr vielfältig, da gibt es immer irgendwelche kulturellen oder sportlichen Veranstaltungen«. Aufgabe der Zeitung sei es eben, der Brückenfunktion zwischen diesen Vereinen ebenso gerecht zu werden wie ein Sprachrohr der Gemeinschaft zu sein. »All diese Leute, die hier in irgendwelchen Vereinen aktiv oder eben Teil der Gemeinschaft sind, lesen den Cóndor.«

Die chilenische Bevölkerung habe ein sehr positives Bild von den Deutschen im Lande: »Die gelten hier als erfolgreich, denn es gibt ja mehrere bekannte und sehr große Unternehmen, die Deutsch-Chilenen gehören.« Auch die deutsche Klinik in Santiago und die deutschen Schulen erfreuten sich hohen Ansehens, ferner sei eben »der ganze Süden von den Deutschen aufgebaut worden. Da war ja vorher nur Urwald und jetzt stehen da erfolgreiche Industriebetriebe.«

Die Zukunft der Gemeinschaft sieht Tuersch aufgrund der Vielzahl von Unternehmen und Vereinen in naher Zukunft nicht gefährdet. Allerdings ginge die Sprachbeherrschung inzwischen stark zurück. Die Schulen bemühten sich zwar – aber der Abstand von

Birgit Tuerksch (l.) und Tina Sattler in der Redaktion des Cóndor, Santiago de Chile

mittlerweile zum Teil schon vier Generationen zur ursprünglichen Heimat mache sich eben doch bemerkbar. »Manche der Deutsch-Chilenen waren noch nie in der Bundesrepublik. Die kennen das nur aus Erzählungen.« Auch die Leserschaft des Cóndor sei inzwischen überaltert, über 70 Prozent zählten 60 Jahre und mehr. Für die Jüngeren gibt es inzwischen schon spanischsprachige Seiten in der Zeitung – ein immer wiederkehrendes Phänomen deutschsprachiger Zeitungen im Ausland, die mit Leserschwund zu kämpfen haben: Man beginnt, Teile des jeweiligen Blattes in der Landessprache zu halten, und hofft, damit neue Leser zu gewinnen, die dann vielleicht auch den Rest lesen wollen und ihr Deutsch so üben.

Die Deutschen, die heute noch in Chile einwandern, würden offiziell von den deutsch-chilenischen Institutionen herzlich willkommen geheißen. Im Hintergrund sei die Freude aber oftmals nicht so groß, so Sattler: »Das sind eben deren Vereine, und man wird da als Fremder behandelt. In den Statuten des DCB steht sogar drin, dass im Vorstand nur Deutsch-Chilenen sitzen dürfen, keine Bundesdeutschen.« Nun ja, schränkt Tuerksch ein und macht den Unterschied zwischen einem frischen Deutschland-Flüchtling und einem schon ziemlich alteingesessenen Auswanderer deutlich, indem sie die Institutionen in Schutz nimmt: Diese Regelung gehe auf den Zweiten Weltkrieg und die Sorge vor Enteignungen zurück. Man wolle hier eben Institutionen und Organisationen unterhalten können, ohne ständig von Erschütterungen im fernen Deutschland betroffen zu werden. Während also in Argentinien viele deutsche Institutionen geschlossen worden seien, hätten es die Deutsch-Chilenen durch diesen Hinweis auf ihre Verankerung in Chile eben geschafft, auch in den dreißiger und vierziger Jahren normal weiterarbeiten zu können.

Privat besucht Sattler nie eine Veranstaltung der deutsch-chilenischen Gemeinschaft. Dafür trifft sie sich regelmäßig zu einem »Stammtisch«. Der wurde ursprünglich mal vom Goethe-Institut ins Leben gerufen und wird heute von einer Sprachenschule weitergeführt. »Und da trifft man eben sehr viele Deutsche, die es hierhin verschlagen hat. Die alle hier nur mal Urlaub oder ein Praktikum machen wollten, und dann wiedergekommen sind, um ganz zu bleiben.« Auch Sattler selbst hält eine Rückkehr nach Deutschland für ausgeschlossen. Dort gelte das Prinzip, dass jeder »sein Ding durchzieht, während hier einer dem anderen hilft«. Auch die Grundstimmung sei in Deutschland unerklärlich schlecht. Wenn man sich die realen Verhältnisse aus der Distanz aber mal anschaue, werde klar, dass es den Deutschen doch eigentlich sehr gut gehe. Die Deutschen seien einfach zu negativ.

Und, so fügt Tuerksch hinzu, »sehr perfektionistisch. Man hat hier eine viel größere Freiheit, in Deutschland ist alles so geordnet, da gibt es für alles ein Gesetz.« Auch sonst müsse man hier immer damit rechnen, dass etwas nicht klappt, was Tuerksch offenbar sympathisch ist: »Während der Deutsche sich dann darüber aufregt, zieht der Chilene eben ganz ruhig seinen Plan B oder C aus der Tasche.« Gerade in Arbeitszusammenhängen sei das aber manchmal auch anstrengend: »Wir Deutschen sind letztlich doch ernsthafter und zuverlässiger. Wenn ich was sage, dann meine ich das auch so. Und wenn ein Chilene sagt, ›Sie bekommen den Artikel morgen‹, dann kann man sicher sein, dass man den Artikel eben nicht am nächsten Tag bekommt. Aber man fällt da trotzdem immer wieder drauf rein und wartet dann.«

Ausschließlich positiv kann Tuerksch die 15 000 Kilometer Distanz zur alten Heimat nicht sehen. Sie war seit vier Jahren nicht mehr dort, denn sie hat nur vierzehn Tage Urlaub im Jahr und ein kleines Gehalt. In Chile liegt das Durchschnittseinkommen eines Angestellten bei 500 Euro – mit 1500 Euro im Monat gilt man schon als Spitzenverdiener. Ihr Gesichtsausdruck verrät, dass sie eindeutig nicht dazugehört. Ein regelmäßiger Besuch bei Familie und alten Freunden ist also für sie nicht machbar. Auch die Gegenbesuche sind selten. Tuerksch, die vorher in Italien und Spanien gelebt hat, stellt fest: »Damals kamen die Freunde mal übers Wochenende vorbei – aber Chile ist eben schon sehr weit weg.«

## Lopéz auf der schwarz-rot-goldenen Feuerleiter
Tassilo Reisenegger, Das deutsche Viertel, Santiago de Chile

Tassilo Reisenegger ist Unternehmer und deutschstämmiger Chilene. Das merke ich schnell. Zuverlässigkeit, Pünktlichkeit und Ordnung haben sich hier noch in Reinkultur weitervererbt und kommen schlecht mit meiner ungenau ausgeführten Routenplanung zurecht. »In der zweiten Novemberhälfte« wolle ich nach Santiago kommen, schrieb ich ihm, genauer könne ich das noch nicht sagen, schließlich stünden vorher noch Uruguay und Argentinien mit allerlei unsicheren Terminen auf dem Plan – und meine Mitreisenden würden vielleicht auch noch spontane Wünsche anmelden. Mit so ungenauen Angaben kann ein richtiger Deutsch-Chilene indes nichts anfangen, er beginnt, sich genauer zu informieren. Es gelingt Reisenegger, die Telefonnummern meiner Familienangehörigen in Argentinien sowie einiger Freunde herauszufinden, dort anzurufen, sich nach meinem jeweils aktuellen Aufenthaltsort zu erkundigen sowie nebenher noch auszuloten, ob sich vielleicht geschäftliche Verbindungen knüpfen ließen: »Wo ich Sie gerade am Telefon habe ...« Am 19. November 2003 hat das Warten schließlich ein Ende. Wir sind um 16.00 Uhr vor meinem Hotel im Zentrum von Santiago verabredet. Um 15.35 Uhr meldet sich die Rezeption: Ein Herr warte schon seit geraumer Zeit auf mich. »Puntualidad alemana« – deutsche Pünktlichkeit in Reinkultur. Zehn Minuten später hechte ich aus dem Hotel und sehe mich einem standesgemäßen Mercedes gegenüber. Die Fahrt kann losgehen.

Reisenegger ist bereits in Chile geboren und kennt hier alle und alles. Sein Vater kam 1921 als Professor für Biochemie nach Chile. Die Mutter war ebenfalls Deutsche, Hausfrau und Mutter von sieben Kindern. Nachdem der Vater 1945 »wie so viele Deutsche« auf die schwarze Liste gesetzt worden war, verlor er seine Arbeit und die Familie damit ihr Einkommen. 1947 waren die Ersparnisse dahin und der damals dreizehnjährige Tassilo musste die Schule verlassen und beginnen zu arbeiten. »Mein Vater hat mir dann eine Anstellung besorgt bei einem Deutschen, der auch auf der schwarzen Liste war und der landwirtschaftliche Maschinen reparierte. Da hab ich dann zehn Monate gearbeitet.« Anschließend ging er zu Mercedes Benz und zu einer anderen, kleineren Autofirma, »da mir der Chef dort erlaubte, fünfzehn Minuten eher von der Arbeit wegzugehen, damit ich noch zur Abendschule konnte«. Reisenegger machte auf diese Weise doch noch das Abitur, lernte später etwas Englisch und Französisch und belegte einige Jahre an der Universität Wirtschaftswissenschaften. »Das, was mich daran am meisten interessierte, war Kostenrechnung. Und das hat mir bis heute geholfen.«

1962 heiratet er eine Deutsch-Chilenin und gründet mit ihr ein Unternehmen. Sie stellen Kunststoffteile für Bau und Industrie her, über 50 Prozent der Produktion gehen in den Export. »Ich hab' begonnen mit nichts in der Hand. Ich weiß bis heute noch nicht, wie ich das geschafft habe, die Firma so hoch zu bringen, aber na ja, es ist gelungen.« Offenbar – Reisenegger zeigt mir sein Anwesen in einem der deutlich besseren Viertel der Stadt, »wo es jetzt aber auch nicht mehr so schön ist zu leben. Es wurde schon bei mehreren Nachbarn eingebrochen.« Also bezahlt man inzwischen private Sicherheitsdienste, eine Serviceleistung, die in Lateinamerika durchaus nichts Unübliches an sich hat.

Zum deutschen Viertel ist es nicht weit von hier. Die BMW-, Mercedes- und Geländewagen-Dichte steigt von Meter zu Meter. Deutsch-Chilenen gelten als erfolgreich, hier sind sie zu besichtigen. Das Deutsche Hospital, in dessen Trägerverein Reisenegger Mitglied ist, wird zu den besten ganz Lateinamerikas gezählt. In direkter Nachbarschaft befindet sich ein deutsches Altenheim, das wie eine gepflegte Hotelanlage eines Clubs am Meer aussieht. Der Eindruck wird noch durch den angrenzenden Deutschen Club verstärkt, der Golf- an Tennisplatz reiht, daneben Schwimmbecken, Erholungswiesen und mehrere Restaurants und Bars sein eigen nennt.

Die Gesichtskontrolle an der Eingangsschranke passieren wir problemlos. Reisenegger ist Mitglied, geht hier jede Woche kegeln und alljährlich zum Oktoberfest. »Der Club Manquehue ist für Leute, die Deutschkenntnisse haben. Das finde ich auch gut, dass da nicht jeder so einfach reinkommt. Als Gast natürlich schon, wenn da jemand zum Beispiel einen Franzosen mitbringt als Gast, dann darf der mitkommen. Aber Mitglied werden nur Leute, die auch Deutsch können.« Warum heißt ein deutscher Club Manquehue? Ganz einfach, nachdem die deutschen Institutionen im Zuge des Zweiten Weltkrieges alle enteignet worden waren, dachte man sich, es könne von Vorteil sein, wenn einen nicht gleich der Name verriete.

Wir machen einen Rundgang auf dem Gelände. Am Schwimmbecken kontrolliert Reisenegger die Duschköpfe und ist zufrieden. »Die kommen auch aus meiner Firma.« Bei 32 Grad im Schatten würde ich mich am liebsten sofort darunter stellen. Stattdessen gehen wir in das clubeigene Restaurant und trinken ein Bier. Reisenegger möchte mich zum Essen einladen und ist überhaupt enttäuscht, dass ich am nächsten Tag schon wieder abfahren will. »In den paar Tagen hier in der Stadt hast du doch nichts gesehen. Chile ist so schön, es gibt herrliche Landschaften. Du musst unbedingt wiederkommen!« Zumindest als Gast aus Deutschland wird man von den Deutsch-Chilenen sehr herzlich empfangen. Von Ausgren-

Tassilo Reisenegger vor seinem Wagen der Deutschen Feuerwehr
Santiago de Chiles

zung keine Spur. Im Gebäude des Deutsch-Chilenischen Bundes, das auf dem Gelände des Clubs liegt, werden wir selbst ohne Anmeldung sofort freundlich empfangen. Reisenegger ist auch hier Mitglied und kommt zu allen Veranstaltungen. Er stellt mich den Mitarbeitern vor. Alle lassen sofort ihre Arbeit liegen und möchten mir zeigen, was ich sehen will, erklären, was ich wissen möchte. Mit Peter Schmid Anwandter geht es hinunter in den Keller, wo das Archiv des Bundes lagert. Wer etwas zu Deutschen in Chile wissen will, findet hier reichlich Material. Gelegentlich kommen auch Studenten aus der Bundesrepublik, die für ihre Abschlussarbeiten recherchieren.

Wir verabschieden uns, schließlich will ich heute noch eine weitere deutsche Institution sehen: die deutsche Feuerwehr. Reisenegger ist selbstverständlich auch hier Mitglied: »Ich war in der Feuerwehr fünfzehn Jahre ganz aktiv tätig und wurde dann ›bombero honorario‹, Ehren-Feuerwehrmann, habe also nicht mehr die Verpflichtung hinzugehen.« Meine Verwunderung über die Feuerwehrwagen mit den schwarz-rot-gold gestrichenen Leitern kann er nicht recht nachvollziehen: »Das ist nur so ein Erkennungsmerkmal, damit bei einem Einsatz die Leitern nicht vertauscht werden. Die anderen machen das auch so.« Besonders deutsch ist die Deutsche Feuerwehr heute aber nur noch bei den Wimpeln auf den Wagen, die den Fahrern »Gott mit uns« versprechen. Ansonsten heißen die meisten Aktiven inzwischen Goméz oder Lopéz, nicht Schmidt oder Müller.

Keine Zeit finden wir heute mehr, noch die Deutsche Schule zu besuchen, in deren Elternbeirat Reisenegger, wie nicht anders zu erwarten, Mitglied ist. Nur den Andenverein hat er inzwischen verlassen. »Da war ich mal früher Mitglied, hatte dann aber nicht mehr die Zeit dazu. Die besteigen Berge und markieren Wege, wie der Alpenverein eben. Der Andenverein hat auch zwei eigene Hütten. Eine in Valdéz, die ist sehr hübsch gelegen, und die andere hier oben in La Valle, da liegen verschiedene Skiorte nebeneinander.« Auf die Frage, warum er sich so in der deutschen Gemeinschaft engagiert, antwortet Reisenegger schlicht: »Ich bin Sohn von deutschen Eltern, war in einer deutschen Schule, und da kam das eben dazu. Das wurde angeboten, und dann macht man eben mit. Meine Kinder machen auch mit und meine Enkel genauso.« Als geborener

Deutsch-Chilene ist man eben in der deutsch-chilenischen Gemeinschaft. Ganz einfach. Die Institutionen werden auch gar nicht als Abgrenzung zum Rest der Gesellschaft empfunden: »Meiner Ansicht nach sind das Brücken zwischen Deutschen und Chilenen.«

Medial vernetzt sind die Deutsch-Chilenen über die Zeitung Cóndor und drei Fernsehkanäle, die ab und zu deutsche Sendungen bringen. Gern gesehen wird aber auch die Deutsche Welle, obschon es einen herben Kritikpunkt an deren Programm gibt: »Ich weiß nicht, auf welchem Kanal ich hier die deutschen Fußballspiele sehen kann. Bei der Deutschen Welle gibt es nur die Tore, aber nicht das ganze Spiel. Das wäre furchtbar lieb, wenn du dich darum kümmern würdest! Wir würden viel mehr deutsche Kanäle sehen, wenn es da richtigen Fußball gäbe.«

Die Heimatfrage beantwortet Reisenegger ganz klar: »Natürlich Chile! Aber wie mein jüngster Sohn das mal ausgedrückt hat, stimmt das auch: Man kann seine Vorfahren nicht verleugnen und nicht vergessen. Wir sind eben Deutschstämmige, und ich habe das deutsche Wesen in mir. Also ich bin auch nicht immer pünktlich, aber im großen Ganzen folgen wir doch diesem ›schlechten‹ Ruf, den die Deutschen haben. Auch jenem, etwas zu schaffen. Ich habe ja mit nichts angefangen.«

Nach Deutschland zu fahren, mache ihm Spaß, »ich war schon zwölf Mal dort, die Ordnung und die Sauberkeit gefallen mir sehr. Aber leben könnte ich da nicht. Schon wegen des schlechten Wetters, das vertrage ich einfach nicht.« Nur einmal überlegte der Doppelstaatsbürger, dessen jüngster Sohn inzwischen in Deutschland lebt, in die Bundesrepublik umzusiedeln. »1971, als wir die kommunistische Regierung hatten, da wäre ich schon in Deutschland geblieben. Ich hätte mich da auch sicher eingewöhnt. Aber ich hatte eben keinen richtigen Studienabschluss oder irgendeinen Titel. Da habe ich dann bei mehreren meiner Geschäftskollegen nachgefragt, ob ich bei denen anfangen könnte oder sie irgendetwas für mich wüssten, aber da war ohne Zeugnisse nirgendwo etwas zu machen. Bei einem hab ich dann mal auf den Türken gezeigt, der dem den Hof gefegt hat und hab gefragt, wie viel der denn verdient. Und der hat dann 2000 DM oder so was geantwortet, und dann hab ich gesagt, ›gut, wenn du mir 2000 DM gibst, mach ich das auch.‹ Aber das wollte der dann nicht, ›nein, das kann man doch nicht machen‹.

Na, und dann haben meine Frau und ich gesagt, solange sie uns hier nicht die Matratze unterm Hintern wegziehen, bleiben wir hier. Und es ist dann ja auch wirklich später anders gekommen.«

Denn später, später kam Pinochet und brachte das Leben der Deutsch-Chilenen wieder in gewohnte Bahnen. Die Anzahl der Allende-Anhänger ist jedenfalls klein in der Gemeinschaft, ein Thema also, das prädestiniert ist, Deutsch-Chilenen von Bundesdeutschen zu unterscheiden. Mit der Rückkehr der Pinochet-Flüchtlinge verbanden sich aber für die deutsche Gemeinschaft positive Assoziationen: »In Chile hat es einen neuen Aufschwung in der deutschen Sprache mit der Rückkehr der Pinochet-Flüchtlinge gegeben. Da kamen viele wieder zurück aus Deutschland und sind dann auch hier zum Beispiel in den Sportclub gekommen, die mochten das Deutsche ja auch.« Überhaupt erkennen die Chilenen laut Reisenegger »die Leistung der Deutschen hier im Lande an. Die Deutschen gelten ja als ehrlich und zuverlässig.« Und das ist es eben, was die deutsche Gemeinschaft Chiles wünscht: Anerkennung für die Leistung, mit nichts ins Land gekommen zu sein und es dann durch Tüchtigkeit zu Wohlstand gebracht zu haben.

# Peru

Die deutsche Gemeinschaft Perus war schon immer vor allem eines: klein. Von den Millionen Auswanderern des 19. Jahrhunderts verschlug es nur einige Hundert in das Andenland. Das lag unter anderem an der schweren Erreichbarkeit des Landes. Starben schon auf den beschwerlichen Reisen über den Atlantik zu den großen Einwanderungsländern Argentinien, Brasilien und den USA bereits Tausende Menschen, war der Weg nach Peru, das auf der Europa abgewandten Seite des amerikanischen Kontinents liegt, noch viel schwieriger. Den Einwanderern blieb in der Zeit vor dem Panama-Kanal nichts anderes übrig, als die gefährliche Umschiffung Feuerlands zu wagen und anschließend die ganze südamerikanische Pazifikküste wieder hinaufzufahren.

Zumeist hatte ökonomische Not die beschwerliche Reise erzwungen. Statt in deutschen Ländern zu darben, wollte man lieber Neuland erschließen. Doch das versprochene Land entsprach nicht gerade den Vorstellungen der europäischen Vieh- und Ackerbauern: Als die ersten 156 Deutschen und Österreicher 1859 Peru erreichten, schickte die Regierung sie nach Pozuzu. 450 Kilometer entfernt von der Hauptstadt und an der Ostseite der Anden gelegen, war die Region nicht nur äußerst schwer erreichbar, sondern bestand zudem aus Urwald. Doch das Experiment glückte. Unterstützt von einer gut 200-köpfigen zweiten Emigrantengruppe, die 1867 das neu gegründete Dorf erreichte, gelang es tatsächlich, den Urwald urbar zu machen und eine deutschsprachige Gemeinschaft inmitten des Dschungels zu etablieren. Aufgrund der isolierten Lage werden in dieser inzwischen auf 5000 Bewohner angewachsenen Kolonie auch heute noch deutsche Traditionen und Bräuche gepflegt – wenn auch mit einigen angemessenen Abstrichen: Wo Äpfel Mangelware sind, aber einem Bananen förmlich in den Mund wachsen, gibt es zum Nachmittagskaffee eben Bananen- anstatt Apfelstrudel!

Etwa gleichzeitig mit der Gründung Pozuzus entstand in Lima die Asociación de Beneficiencia Peruano-Aleman, ein örtlicher deutscher Hilfsverein. In seinen besten Zeiten kurz vor dem Ausbruch des Zweiten Weltkrieges konnte dieser Club immerhin 500 Mitglieder zählen. Inzwischen ist allerdings auch hier der Rückgang eines verbindenden Gemeinschaftsgefühls spürbar, und in der Kartei des 1859 ins Leben gerufenen Vereins finden sich nur noch 170 Adressen.

Trotz der überschaubaren Anzahl der Deutschen im Lande gibt es auch in Peru eine deutschsprachige Monatszeitschrift. Der Peru-Spiegel ist ein kleines Familienunternehmen und versucht, »nicht nur das Leben der deutschsprachigen Gruppen in Peru, sondern auch all die vielfältigen Beziehungen zwischen Peru und der ›deutschsprachigen Welt‹ widerzuspiegeln«[36].

Die Auswanderung nach Peru hält sich heute in sehr engen Grenzen. Nicht einmal 200 Deutsche gehen pro Jahr in das südamerikanische Land. Die meisten werden von deutschen Firmen dorthin versetzt und verlassen Peru nach wenigen Jahren wieder. Dauerhafte Auswanderer, die dennoch den Bezug zu ihrer deutschen Herkunft aufrechterhalten, sind hingegen selten.

## Lauter liebe, nette Menschen
Diana Millies, Alexander-von-Humboldt-Schule, Lima

Einer von ihnen begegne ich im November 2003 auf dem ersten Treffen deutscher Gemeinschaften Lateinamerikas in Uruguays Hauptstadt Montevideo. Die Veranstaltung wird von einigen ehemaligen uruguayischen Studienkollegen um Pietro Sandri Poli organisiert. Pro-Uruguay, wie sich die Politologen-Gruppe nennt, hat zuvor schon Treffen der italienischen und englischen Einwanderer abgehalten. Beide seien erheblich stärker nachgefragt worden, erklären die Veranstalter beim Blick auf die lediglich gut sechzig Teilnehmer. »Die Deutschen hingegen wollten immer gleich wissen, wer denn noch kommt, ob ihre Gegner wegbleiben und ihre Freunde auch eingeladen sind. Außerdem gab es da ein riesiges Misstrauen, wieso jemand, der nicht Deutscher ist, so ein Treffen organisiert.«

Nun, ein wenig verwunderlich mutet die Zusammenkunft auch aus bundesdeutscher Perspektive an. Aus acht verschiedenen Ländern sind ausgewanderte Deutsche angereist, um sich über den Stand der Integration und »Aufbauarbeit« in den verschiedenen lateinamerikanischen Staaten auszutauschen. Gehalten werden die Vorträge jedoch nicht auf Deutsch, sondern in der jeweiligen Landessprache, also Spanisch und Portugiesisch, beziehungsweise »Portuñol«, der etwas »eingespanischten« Variante der brasilianischen Landessprache.

Die sich durch die Vorträge ziehenden Themen der Konferenz sind die Geschichte und der heutige Zustand der deutschen Gemeinschaften Südamerikas. Die Vortragenden sind selbst in den überwiegenden Fällen Repräsentanten ihrer Gemeinschaften oder Wissenschaftler, die sich mit der Immigrationsgeschichte ihrer Länder beschäftigen.

Immer wieder werden die heutigen Probleme der deutschen Institutionen angesprochen. Und diese beruhen vor allem auf einer Tatsache: Die Kinder und Enkel der Immigranten interessieren sich nicht für die Clubs ihrer Altvordern. Sie finden es zwar durchaus in Ordnung, deutsche Vorfahren zu haben. Warum man deshalb aber gleich einer Organisation beitreten muss, ist ihnen schleierhaft.

Eine der wenigen Teilnehmerinnen unter 60 treffe ich am Nachmittag des dritten Tages zu einem gemeinsamen Spaziergang an der Flusspromenade La Rambla. Die Sonne scheint, und vereinzelt fahren Schiffe auf dem Rio de la Plata vorbei, der hier kurz vor seiner Mündung in den Atlantik so breit ist, dass man nicht einmal mehr sein gegenüberliegendes Ufer erkennen kann.

Diana Millies ist aus Peru zu dem Treffen angereist. Die Lehrerin ist in Deutschland geboren und hat dort während ihres Studiums der Geschichte und Geographie mehrere Deutsch-Peruaner kennen gelernt. »Ich war auch mehrfach auf Reisen in Peru. 1991 bin ich dann nach Lima gezogen. Ich wollte zunächst mal für ein Jahr hin, um die Stadt und das Land richtig kennen zu lernen. Und dann hat es mir halt gefallen, und ich bin geblieben.«

Zuerst unterrichtete sie an einer katholischen Privatschule. »Ich bin dann vor fünf Jahren aber zur Humboldt-Schule gewechselt, weil ich keine Lust auf diese mehrstündigen religiösen Vorträge hatte, mit denen die uns dort traktierten. Da hatte ich doch was Besseres zu tun, als mir das anzutun.« Davon abgesehen sei ihr neuer Arbeitgeber auch deutlich seriöser in der Bezahlung. Mit »seriös« ist die Kopplung der Gehälter an den Dollar gemeint – das

Diana Millies beim Ersten Kongress Deutscher Gemeinschaften
Lateinamerikas in Montevideo

kann schnell sehr wichtig werden, wenn die Landeswährung, wie
in Lateinamerika durchaus gelegentlich üblich, über Nacht plötzlich abstürzt.

Von den ungefähr 1500 Kindern, die auf die Humboldt-Schule
gehen, seien etwa ein Drittel Deutsche. Die anderen hätten deutschstämmige Eltern oder seien eben Peruaner. »Deren Eltern sind dann
manchmal ganz frustriert, wenn sie mitbekommen, dass wir keine
Schuluniformen haben und nicht mal morgens die Hymne singen,
wie das in anderen Schulen üblich ist. Die denken, dass ihre Kinder
auf einer deutschen Schule ordentlich getrimmt werden. Dabei ist
das ja gar nicht unser Ziel. Im Gegenteil, wir wollen eigentlich, dass
die Schüler sich auch mal eine eigene Meinung bilden und die dann
äußern. Aber das finden diese dann eher anstrengend.«

Millies hält es für leichter, peruanische Schüler zu unterrichten
als deutsche. Schließlich stünden in Peru Höflichkeit und Respekt
ganz oben auf der Werteskala. Folglich habe man keine Probleme,

71

sich durchzusetzen, wie das inzwischen in Deutschland der Fall sei. »Es gibt auch kaum Probleme mit Drogen oder Alkohol, selbst die Sexualität setzt später ein.« Außerdem seien peruanische Schüler emotional viel ausgeglichener als die deutschen. »Es gibt ja keine ›Schlüsselkinder‹, sondern alle wachsen in Großfamilien auf. Die Schüler gehen davon aus, dass sie von den Erwachsenen schon in die richtige Richtung geleitet werden. Die haben ein echtes Urvertrauen, dass es schon richtig sein wird, was man mit ihnen macht.«

Auch abgesehen von der Lehrtätigkeit fühlt sich Millies in Peru sehr wohl. Das liegt nicht zuletzt an den anderen finanziellen und sozialen Rahmenbedingungen in dem südamerikanischen Land: »Für mich als Mitglied der Mittelschicht ist das Leben hier viel angenehmer und einfacher als in Deutschland. Ich will deshalb auch gar nicht mehr zurück.« Inzwischen fahre sie allerdings besuchsweise jedes Jahr nach Deutschland, weil ihr Vater erkrankt sei. Unabhängig von diesem erschwerenden Umstand kann sie ihren »Heimaturlaub« jedoch auch sonst nicht richtig genießen. »Die Deutschen sind wirklich sehr unhöflich. Ich kenne das von hier gar nicht mehr und bin dann oft richtig überrascht, stehe da mit offenem Mund und weiß nicht, wie ich reagieren soll.«

Aus Deutschland vermisse sie so gut wie nichts. Nur manchmal würde sie sich gern einfach mal so mit einem Freund am Wochenende treffen. »Und deutsche Bücher fehlen mir. Manchmal würd' ich gerne mal so richtig in Ruhe durch eine deutsche Buchhandlung stöbern.« Aber inzwischen kaufe die Humboldt-Schule ja auch moderne deutsche Bücher ein »und nicht mehr nur die ganz schweren, großartigen Bücher Marke Goethe und Schiller. Seitdem fehlt mir hier eigentlich überhaupt nichts mehr.«

Die Lehrerin glaubt, sich ohnehin im Laufe der Jahre immer mehr von Deutschland und der dortigen Entwicklung zu lösen. »Früher war ich immer in einer Spiegel-Lesergruppe, da musste ich das jede Woche haben und habe mich richtig auf die neueste Ausgabe gefreut. Irgendwann reichten dann aber alle drei Wochen, dann alle drei Monate – und jetzt les' ich ab und an mal die Zeit, wenn sie in der Schule grad' rumliegt.« Stattdessen seien die Entwicklungen in ihrem direkten Umfeld wichtiger geworden. »Ich sehe auch kaum Deutsche Welle-TV. Das sind mehr die sozial durchaus einflussreichen Eliten, die hier für drei Jahre herkommen und mir dann aufgeregt erzählen, dass die SPD die Landtagswahlen in Schleswig-Holstein gewonnen hat. Ja toll. Und was interessiert *mich* das *hier*? Das sind oft dieselben Leute, die gar nicht mitbekommen, dass hier gerade Ausnahmezustand herrscht, denen man das erst mal erzählen muss. Die bekommen dann ganz große Augen und fragen: ›Was sollen wir denn jetzt machen, sollen wir uns an die Botschaft wenden?‹ Das sind nette Leute, aber die leben nicht wirklich hier, weil sie wissen, dass sie nur sehr kurz bleiben.«

Manchmal fühlt sich aber auch Millies noch sehr deutsch in ihrer neuen Heimat. »Wenn ich zum Beispiel um 20.00 Uhr eingeladen werde, schaffe ich es inzwischen schon oft, erst um 20.30 Uhr zu kommen – aber nur, weil ich mir auch extra vorgenommen habe, um 20.30 Uhr zu kommen. Ich bin immer pünktlich, auch wenn ich die eigentlich unzuverlässigen Busse dorthin nehme, es ist immer das Gleiche, auf die Minute bin ich dort.«

Zu anderen Deutschen hat die Lehrerin viel Kontakt und sieht auch an deren Gemeinschaftsleben durchaus nichts Negatives: »Die deutschen Vereine hier sind für das Sozialleben zuständig. Da trifft man sich, hat in den üppigen Anlagen viel Grünes um sich, ist sicher, und die Kinder können in Ruhe spielen.« Außerhalb abgesperrter Gebiete seien eben die Gefahren durch Kriminalität und Verkehr zu groß, um sich wirklich entspannen zu können. Auch zum Deutschen Klub hat sie Kontakt. Persönlich sind ihr dessen Mitglieder durchaus angenehm, für sonderlich engagiert hält sie die jedoch nicht. »Das sind alles lauter liebe, offene, nette Menschen. Aber kulturell oder politisch passiert da gar nichts. Wenn die mal was veröffentlichen, dann sind es die Ergebnisse von Skatabenden.« Als Millies vorschlug, doch ein Buch mit peruanisch-deutschen Lebensläufen herauszugeben, war die Reaktion dann auch völlige Überraschung: »Die waren ganz begeistert und meinten, das sei aber mal etwas ganz Neues und Originelles.« Das Eintrittskriterium in den Deutschen Klub ist inzwischen weniger die Nationalität als vielmehr das Geld. »Da trifft sich eben die gehobene soziale Klasse. Der Club spiegelt etwas die Einwanderung wider, denn die meisten Deutschen, die nach Lima gekommen sind, gehören ja der gehobenen Mittelschicht an.« Inzwischen ist das Buch »Deutsch-Peruanisches Kaleidoskop«, herausgegeben von Anette Krächan-Jochum und Diana Millies, in Lima erschienen.

Außerhalb der Hauptstadt finden sich nur noch in zwei abgelegenen Bergdörfern einige Deutsche. Denen habe man bei ihrer Ansiedlung den Bau einer Straße versprochen, »und dann ist erst mal 100 Jahre lang nichts passiert«. Seit ein paar Jahren gebe es zumindest eine Schotterpiste, so dass die Dörfer nicht mehr völlig abgeschnitten von der Umwelt seien. »Aber auch auf der braucht man fünfzehn Stunden bis Lima. Der Bürgermeister des Ortes ist dann die ganze Strecke gefahren, als er gehört hat, dass ich zu dem Kongress gehe, nur um mir ein paar Karten und Infomaterial mitzugeben, damit sein Dorf hier auch vertreten ist.« Bezüglich der politischen Ausrichtung gebe es aber auch in diesen entfernten Regionen keine »Ewiggestrigen«: »Das sind keine Nazis, sondern einfache, nette Bauern.«

Anders als viele Deutsche, die ihren Landsleuten in Lateinamerika immer gerne rechte Einstellungen nachsagten, hätten die Peruaner viele positive Vorurteile gegenüber Deutschland. »In meinen Augen sehen sie uns sogar zu positiv. Wir sind pünktlich, fleißig, ordentlich, zuverlässig und überhaupt ganz toll.« Es gehöre aber auch zum peruanischen Naturell, nie etwas Negatives über eine andere Nationalität zu äußern. Schließlich sei das Land für die Südamerikaner eine erweiterte Form der Familie, »und da gehört es sich einfach nicht, darüber irgendetwas Abfälliges zu sagen«.

Den Deutschen, die nach Peru auswandern wollen, würde Millies raten, »in den ersten sechs Monaten erst mal zuzuhören«. Die Neueinwanderer sollten sich Zeit nehmen, um zu lernen, »wie hier die Kommunikation und Interaktion verläuft«. Dafür sei es empfehlenswert, selbst erst mal nicht so viel zu sagen, »vor allem keine Hinweise zu geben, wie man was besser machen könnte!« Sie selbst sei wenig überrascht vom Leben in Lima gewesen, da sie schon mehrfach zuvor mit offenen Augen durch das Land gereist war. »Aber dennoch habe ich nicht alle Brücken hinter mir abgerissen, hatte ein Rückflugticket und meine Wohnung zunächst nur untervermietet. Ich wollte erst mal in Ruhe sehen, wie es mir hier so gefällt.« Danach könne man aus dem Auslandsaufenthalt schließlich immer noch eine Auswanderung machen.

# USA

»Going to America!« Dieser Songtitel könnte als eine Art Schlacht-
ruf über der Geschichte der deutschen Auswanderung prangen.
Millionen Deutsche suchten im drittgrößten Land der Welt ihr
Glück, und viele fanden es tatsächlich, wenn auch oftmals erst in
zweiter oder dritter Generation. Auch heute noch lassen die USA
kaum einen Deutschen kalt. Während die einen für amerikanische
Bands, Cola, Jeans und »Freiheit« schwärmen, wettern die anderen
gegen Fastfood, Waffenbesitz, allgemeine »Beschränktheit« und
aktuelle Weltpolitik. Und manches Mal vermischt sich beides, wobei wohl niemand dem Staatenbund mit der Freiheitsstatue eine gewisse Reizwirkung absprechen kann.

Die Begeisterung für »das Land der unbegrenzten Möglichkei-
ten« entwickelte sich in Deutschland allerdings erst nach der Un-
abhängigkeitserklärung der Vereinigten Staaten 1776 und der eigen-
staatlichen Entwicklung nach 1789. Zuvor waren in die britische
Kolonie auf der anderen Seite des Atlantiks lediglich etwa 200 000
Deutsche ausgewandert. Die erste geschlossene Ansiedlung von
Deutschen in Nordamerika wurde dabei 1683 von Quäkern und
Mennoniten gebildet. Wegen ihrer Religion verfolgt, hatten sie ihre
Heimat im Raum Frankfurt/Main verlassen und gründeten Germantown, einen heutigen Vorort Philadelphias. Es dauerte jedoch noch
eine ganze Weile, bis die Neue Welt zum Magneten für Auswande-
rer wurde. So lebten um 1775 nur etwa 225 000 Deutsche in den
englischen Kolonien, das entsprach 8,6 Prozent der Bevölkerung.
In manchen Gegenden, wie etwa in Pennsylvania, war der Anteil
jedoch weit höher. Hier waren über ein Drittel der Einwohner Deutsche, weshalb im Kongress Pennsylvanias Ende des 19. und Anfang
des 20. Jahrhunderts Deutsch als zweite Sprache anerkannt wurde.
Eine Legende hingegen ist die berühmte Geschichte, zur Zeit der
Verfassungsgebung in den USA habe es eine Abstimmung über die
Landessprache gegeben, bei der das Deutsche dem Englischen nur

um eine einzige Stimme unterlegen gewesen sei. Leider hat es aber eine solch knappe Entscheidung nie gegeben, Old Shatterhand sprach Englisch![37]

Nach den Unabhängigkeitskriegen (1775–1783) wuchs dann die Zahl der deutschen Einwanderer sprunghaft an. Ihr Bild von Nordamerika als möglicher neuer Heimat wurde entscheidend von zwei Faktoren geprägt: Zum einen von den Briefen der bereits Ausgewanderten, denen eine hohe Glaubwürdigkeit attestiert wurde, zum anderen von den heimgekehrten deutschen Soldaten, die von deutschen Herrscherhäusern an die britische Krone verkauft worden waren. Insgesamt 29 875 deutsche Soldaten hatten im amerikanischen Unabhängigkeitskampf auf Seiten Englands kämpfen müssen.[38] Am Ende des Krieges waren etwa 7500 von ihnen im Kampf oder an Krankheiten gestorben. Von den übrigen nahmen 5000 das Angebot der Amerikaner an, im Land zu bleiben. Viele schrieben Briefe mit positiven Schilderungen der neuen Freiheiten nach Hause oder holten gar ihre Familien nach. Die 17 300 Soldaten wiederum, die in ihre Heimat zurückkehrten, nahmen das Bild eines Landes mit nach Hause, das die Möglichkeit eines deutlich freieren und selbstbestimmteren Lebens bot als die deutschen Obrigkeitsstaaten.

Die Vereinigten Staaten entwickelten sich so zum Hauptzielland der deutschen Massenauswanderung des 19. Jahrhunderts. Etwa 5,9 Millionen Deutsche gelangten zwischen 1820 und 1930 in die USA,[39] was oft im Familienverband geschah. Man zog nach Möglichkeit in die Siedlungsgebiete bereits ausgewanderter Deutscher. Diese »Kettenwanderung« führte in den ländlichen Gebieten des mittleren Westens zur regionalen Konzentration von Einwanderern, die jeweils aus der gleichen Gegend stammten, derselben Konfession angehörten und den gleichen Dialekt sprachen. Da gleichzeitig auch der aktuelle Architekturstil aus der Heimat mitgenommen wurde und die Siedlungen Namen deutscher Orte erhielten, entstand vielerorts ein Little Germany. Den Einwanderern boten diese ethnischen Gemeinschaften ein vertrautes Umfeld, das sich von seiner englischsprachigen Umgebung stark abgrenzte und über mehrere Generationen fortbestand. Erst die Enkel wurden mitunter zu »richtigen Amerikanern«.

Dieses Bedürfnis nach einem geschützten Raum fand sich im ausgehenden 19. Jahrhundert jedoch nicht nur im ländlichen Gebiet, wo etwa ein Viertel der Deutschen in Amerika lebte, sondern auch in den Städten, in denen sich »ethnische Nachbarschaften« (»ethnic neighborhoods«) bildeten. Man lebte in der »community« – einem Geflecht aus verschiedensten Institutionen von der Kirche über die Schule und den Sportverein bis hin zur Presse. Der Zusammenhalt innerhalb dieser Gemeinschaft wurde durch die gemeinsame Herkunft und Sprache geprägt, fand seine Grenzen jedoch in der manchmal unterschiedlichen Konfession und sozialen Stellung. Wichtig war den Mitgliedern dieser Gemeinschaft vor allem der Erhalt der Muttersprache – auch um der drohenden »Amerikanisierung« der Jugend entgegenzuwirken.[40] (Aus heutiger Sicht klingen die Diskussionen um eine Durchsetzung der deutschen Sprache mit amerikanischen Begriffen und den Abschied von alten Werten doch seltsam bekannt!)

Eine bedeutende Funktion im Eingliederungsprozess spielten damals die Wohltätigkeitsvereine, welche vielfältige Informationen anboten und Armenunterstützung gewährten. Daneben gab es ein breites Angebot an Freizeit- und Vergnügungsvereinen, deren Veranstaltungen nicht nur dazu dienten, sich miteinander zu treffen und Kontakte zu pflegen, sondern sich auch nach außen in die amerikanische Gesellschaft hinein zu präsentieren. Letzteres dürfte inzwischen gelungen sein. Denn auch wenn sich dem heutigen Besucher aus der Bundesrepublik der tiefere Sinn verschließen mag, üben deutsche Clubs und ihre Atmosphäre der »Gemütlichkeit« noch heute eine starke Anziehungskraft auf Amerikaner aus. Diese finden es lustig, zur Blasmusikkapelle zu schunkeln, deutsche Trinksprüche zu brüllen und den Zuckungen von Schuhplattlergruppen zuzusehen. »Germany is great!« verraten sie einem dann und freuen sich an der Bratwurst.

Weniger Einfluss auf das amerikanische Verständnis von Deutschland hat naturgemäß die deutsche Presse im Lande, schließlich spricht und sprach kaum ein Amerikaner Deutsch. Für die Einwanderer selbst hatten die diversen Zeitungen und Mitteilungsblätter hingegen eine enorme Bedeutung. Das deutsche Pressewesen war lange Zeit denn auch das größte und älteste in den USA. Im Laufe der 300-jährigen deutschen Geschichte in Nordamerika erschienen etwa 5000 Publikationen, unter ihnen bürgerliche Tageszeitungen, Vereinsnachrichten, satirische Blätter und Arbeiterzeitungen.[41] Sie alle dienten nicht nur wie Zeitungen im Allgemeinen der Informationsübermittlung und Meinungsbildung, sondern bildeten gleichzeitig auch eine Art Brücke und Verbindungsglied innerhalb der deutschen Gemeinschaft des Landes. Mit dem Rückgang der Einwanderung aus Deutschland während des 20. Jahrhunderts gingen indes auch Größe und Einfluss der Presse zurück.

Das amerikanische Umfeld war nicht immer begeistert von den Bräuchen der deutschen Einwanderer. Besonderes Missfallen erregten ihre Sonntagsvergnügen, die unter anderem in geselligen Runden, Festen und Treffen in Biergärten bestanden. Diese Form der »Gemütlichkeit«, die inzwischen sogar als Lehnwort ins Amerikanische Einzug gehalten hat (»gemutlichkeit«), war den puritanischen Amerikanern ein geradezu gotteslästerlicher Dorn im Auge. Anstatt zu trinken, sollten die Zugereisten den Sonntag lieber zum Gebet nutzen. Überhaupt störte man sich auch an den ethnisch geprägten Vierteln. Hier werde dauerhafte Abschottung betrieben, hieß es, die Einwanderer hätten sich gefälligst zu integrieren und an den Werten des amerikanischen Volkes zu orientieren. (Wie seltsam bekannt klingen einem diese Forderungen heute in den Ohren!) Dass Gemeinschaftsleben und ethnisch geprägte Viertel durchaus auch einen Wert als Eingliederungshilfe haben können, wurde schon damals übersehen …

Schließlich bildete sich das ethnisch geprägte Zusammenleben der Deutschen in den Vereinigten Staaten jedoch ganz von selbst zurück. Das Ende der »Bindestrichamerikaner« (»Deutsch-Amerikaner«) erfolgte mit dem Ersten Weltkrieg.

Die USA traten im April 1917 aktiv ins Kriegsgeschehen ein. Von der Bevölkerung wurde unbedingter Patriotismus verlangt und jede deutsche Regung in Vereinen, Schulen oder Zeitungen mit Argwohn bedacht. Es kam zu deutschenfeindlichen Auseinandersetzungen, bei denen mehrere Menschen starben. Viele Deutsche zogen sich aus dem Gemeinschaftsleben zurück, amerikanisierten ihre Namen und leugneten zum Teil sogar ihre deutsche Abstammung.

Zur Zeit des Zweiten Weltkrieges schließlich war »Nazi-Germany« auch für die Amerikaner mit deutschen Vorfahren der erklärte Feind. Für viele der in Deutschland Verfolgten wurden die USA zur neuen Heimat – andere erhielten jedoch kein Visum und konnten sich nicht in das Land der Demokratie und Menschenrechte retten. Nach dem Krieg blieben die Grenzen für Deutsche zunächst gänzlich verschlossen, da zunächst eine Entnazifizierung stattfinden sollte. Angehörige besonderer Gruppen, wie zum Beispiel technische Spezialisten, durften allerdings einreisen. In den 50er Jahren setzte dann eine erneute Einwanderungswelle ein, die jedoch in ihrem Ausmaß nicht an die Massenbewegung des 19. Jahrhunderts heranreichte.[42] So wanderten in den 50er Jahren jährlich knapp 30 000 Deutsche Richtung USA aus. In den 60er Jahren sank diese Zahl noch einmal und erreichte 1975 mit nur 7343 Auswanderern ihren Tiefpunkt.

Viele der deutschen Männer oder Ehepaare, die in den 40er oder 50er Jahren in die USA auswanderten, machten eher gute Erfahrungen in der neuen Heimat. Dieses hing neben den damals noch vielfältigen wirtschaftlichen Möglichkeiten sicher auch mit der realistischen Einschätzung des Neuanfangs zusammen. Von vornherein war ihnen klar, dass es alles andere als einfach werden würde. Die Hoffnung aber, durch harte Arbeit einen gehobenen Lebensstandard erreichen zu können, scheint sich in sehr vielen Fällen erfüllt zu haben. So berichtet Walter Euler aus Wisconsin: »1955 arbeitete ich als Friseur in Kassel und verdiente netto umgerechnet 11,30 Dollar in der ganzen Woche. Dann ging ich in die USA und verdiente 82,00 Dollar pro Woche! Außerdem war der ganze Unterhalt in den USA viel billiger.«[43] Heute gehört ein Großteil der in den 50er und frühen 60er Jahren Ausgewanderten zum gehobenen Mittelstand Nordamerikas. Sie sind »dem Schicksal dankbar, dass wir uns in der Neuen Welt erfolgreich durchgesetzt haben. Wir fühlen uns hier als Botschafter der alten Heimat und Pioniere einer neuen Generation im Schmelztiegel Amerikas«, schrieben mir, stellvertretend für viele andere, Kathi und Heinrich Walz aus Ohio.[44]

Auch heute noch gibt es eine rege Auswanderung in Richtung USA. Etwa 13 000 Deutsche siedeln sich jährlich in den Vereinigten Staaten neu an. Von einem eigenen »Deutsch-Amerika« kann heute jedoch nicht mehr gesprochen werden. Die neu entstandenen Vereine bieten eher etwas für die gehobene Freizeit. So kugelte sich bis vor kurzem auf der Homepage des German American Club of Marion County, Florida[45] ein Globus, auf dem sich lediglich ein stark vergrößertes und in den Nationalfarben gehaltenes Deutschland dreht. Der Präsident des erst 1997 gegründeten Clubs, Robert J. »Bob« Schaetzl, erklärt hier: »The aim as stated in our club constitution is primarily social and dedicated to preserve German customs, traditions, history, music and sports. Gemuetlichkeit.«[46] Finanziell geht es gut, man hat viel Spaß miteinander und musste schon einen Aufnahmestopp verhängen, weil die Räumlichkeiten nicht mehr als die derzeitigen 165 Mitglieder fassen. Was »deutsch« ist, wird in solchem Ambiente eher großzügig bestimmt: »My wife is Irish and I call her meine Deutsche fraulein. She owns three dirndls dresses.«[47]

## »Geburtsort New York – das ist doch was!«
Jens Lippman und Andrea Heyde, New York

»It's autum in New York« bedeutet zumindest am 17. September 2004 sintflutartige Niederschläge. Klatschnass erreiche ich das Haus von Andrea Heyde und Jens Lippmann im New Yorker Stadtteil Brooklyn. Die beiden aus Chemnitz Stammenden leben seit 1997 hier und sind ehrlich überrascht bei der Frage, ob sie einem deutschen Verein angehören. Natürlich nicht – schließlich ginge man doch aus Deutschland auch deshalb weg, um mal ein bisschen Abstand zu bekommen. Zwar treffe man sich ab und an mit deutschen Freunden, aber »von Vereinen hatten wir bis 1989 genug, das brauchen wir jetzt nicht mehr«. Lippmann hat in Berlin Meteorologie studiert und wurde dann von einer amerikanischen Firma nach Boulder in Colorado angeworben. Landschaftlich sei es dort zwar ganz schön gewesen, auf die Dauer aber gerade für Heyde, die in Rostock Germanistik und Musikwissenschaften studiert hat und in Berlin für einen Verlag arbeitete, nicht allzu spannend, da es dort einfach keine Stelle für sie gab. Also entschlossen sich beide, nach New York zu ziehen. Lippmann schreibt hier für Banken Computerprogramme, während Heyde zunächst beim German Book Office anfing. »Das ist so eine Art Mittler zwischen amerikanischen und deutschen Verlagen. Ziel ist es, deutsche Bücher hier stärker auf den Markt zu bringen und amerikanische Verlage zu finden, die das dann auch übersetzen. Das ist ungefähr genauso einfach, wie Kühlschränke in Alaska zu verkaufen.«

Danach war sie für einen amerikanischen Verlag tätig, seit einigen Monaten arbeitet sie nicht mehr, da sie ihr erstes Kind bekommen hat, hier in der Stadt. »Geburtsort New York, das ist schon was für einen DDR-Bürger«, lacht die Mutter. Mit einigen Tausend Kilometern Abstand spiele der in Deutschland immer noch so wichtige Unterschied zwischen Ost und West jedoch eigentlich kaum noch eine Rolle. Schließlich seien hier derzeit alle Deutschen gleich schlecht angesehen, seit die Bundesregierung sich gegen den Irakkrieg ausgesprochen hat. »Noch schlimmer sind die Franzosen dran«, so Lippmann. »Wenn man sich hier mit Deutschen trifft, sagen derzeit manche, dass sie gehen, wenn Bush wieder gewählt wird.« Immerhin dürfe man nicht vergessen, dass die Amerikaner während des Zweiten Weltkrieges auch Internierungslager für amerikanische Japaner eingerichtet hätten. Wirklich sicher könne man sich letztlich also nicht fühlen, trotz Greencard, Haus und originalamerikanischem Kind. Von einer Rückwanderungswelle nach der Wiederwahl von Bush ist allerdings nichts zu spüren gewesen, und allmählich entspannt sich das deutsch-amerikanische Verhältnis auch wieder.

## Oom Pah Pah und Weltverschwörung
Steuben-Parade, New York

Auch am frühen Morgen noch trommeln die Ausläufer von Hurrican Ivan an die Fensterscheiben. Eher ist an einen Wikinger-Aufzug samt Boot zu denken als an eine Steuben-Parade, bei der sich Deutsch-Amerika in Erinnerung an den deutschen General Friedrich Wilhelm von Steuben (1730–1794), der an der Seite George Washingtons für die Unabhängigkeit der Vereinigten Staaten kämpfte, auf der Fifth Avenue präsentieren will. Einige U-Bahnen verkehren unregelmäßig, andere sind ganz ausgefallen – Big Apple zeigt sich wetterfühlig. Macht nichts, denke ich, keine Parade beginnt pünktlich, als ich mich gegen 12.20 Uhr und damit 20 Minuten zu spät dem Startplatz in der 61. Straße nähere. Weit gefehlt! Hier zeigt sich Deutsch-Amerika von seiner pünktlichsten Seite. Gerade marschiert der Brooklyn Schützen Corps samt Standarte und viel Lametta auf der Brust vorbei, vernehmbar begleitet von einer »Oom Pah Pah Band«, der unschlagbar passenden amerikanischen Bezeichnung für deutsche »Blasmusi«. Den diesjährigen Grand Marshall der Parade, den in New York allseits bekannten TV-Sprecher John Roland, habe ich leider verpasst. Wie seine Vorgänger Donald Trump und Siegfried & Roy repräsentiert er das erfolgreiche Deutsch-Amerika und bezeichnet seine Ernennung zum Grand Marshall laut Anzeige in der deutschsprachigen Amerika Woche als »one of my greatest honors ever«[48].

In der Sorge, etwas Entscheidendes zu verpassen, eile ich an verstreut am Straßenrand stehenden Grüppchen vorbei, die tapfer deutsche Fähnchen schwenken. Das Auswandererhaus Bremerhaven verteilt Klappkärtchen, die darüber informieren, wo man Informationen zu »Opas Opa« bekommen kann. Auf der Strecke ist allerdings vor allem Opa selbst anzutreffen. Jüngere zieht es erkennbar weniger zu einer Parade, auf der »Deutsch und Stolz« marschiert wird, wie ein T-Shirt verrät. Deutsche Kultur besteht hier vor allem aus Trachten- und Volkstanzgruppen, Gesangs- und Schützenvereinen, Becks-Bier und etwas Karnevalsatmosphäre.

Wie es sich für einen ordentlichen Aufzug gehört, gibt es dabei auch eine Königin, eine Prinzessin und Juniorprinzessinnen, die, mit blauen Schärpen dekoriert, den Marschierenden zuwinken und diese mit Bonbons bewerfen, schließlich muss das Zeug weg, denn es ziehen schon wieder neue Wolken auf, und wer kann, eilt Richtung Bierzelt im Central Park, Höhe 72. Straße.

Ein solch klares Ziel vor Augen, wundert es nicht, dass sich alle »Züge« der insgesamt neun »Divisionen« am Endpunkt der Parade, der 86. Straße und dem ehemaligen Zentrum des deutschen Viertels in New York, sofort atomisieren. Auf dem Rückweg wird noch ein wenig den Kameraden von The Bronx Bayern 1933 und den Repräsentanten von The Wurstfest in New Braunfels, Texas zugewinkt, dann kann es zünftig werden.

Auch Karl, mit seinen 43 Jahren Mitglied bei den Young German Americans, macht sich auf den Weg. Aus Zeitgründen musste er lei-

Miss German American 2004 stehen auf der Steuben-Parade in New York gleich mehrere Prinzessinnen zur Seite.

Der Wagen der Föhrer Musik-Freunde erfreut sich der Unterstützung durch eine deutsche Bierfirma.

der das Schuhplatteln einstellen, kennt aber durch jahrzehntelange Vereinserfahrung fast jeden der Marschierenden unter 50 Jahren. Als ich ihn frage, ob immer so wenig Zuschauer am Rande stehen, erhalte ich eine kurze Zusammenfassung der New Yorker und allgemeinpolitischen Lage: »Die Zeitungen, das Radio, überhaupt die ganzen Medien sind in jüdischer Hand. Die berichten einfach nicht über die Parade, weil die nicht wollen, dass Deutschland mal gut dasteht, dass es etwas Positives macht. Alle haben hier ihre Paraden, die Spanier, Polacken, Italiener – aber von der deutschen Parade weiß vorher immer fast niemand etwas, das geht nur so von Mund zu Mund unter den Deutschen. Und deshalb kommen die Amerikaner auch gar nicht.«

Überhaupt, so erklärt mir Karl, sei das World Trade Center zusammengestürzt, weil »die Amerikaner jedes Jahr Milliarden und Abermilliarden an Israel verschenken, und Flugzeuge und Raketen noch dazu«. Die Regierung wolle der Bevölkerung zwar weismachen, dass »die Araber so furchtbar arm sind und deshalb neidisch auf uns«, aber »in Wirklichkeit hassen sie uns, weil wir immer alles den Juden geben und die Juden hier alles bestimmen«. Karl meint, es wäre schön, wenn »mal jemand schreiben würde, wie das hier ist«. Anschließend fragt er mich nach meiner E-Mail-Adresse und starrt auf den Nachnamen: »Bist du auch Jude?« Nein, sage ich, aber ob es sein könne, dass von all den angeschriebenen Vereinen hier in New York mir keiner geantwortet habe, weil ich einen doch recht jüdisch anmutenden Namen hätte? »Das ist gut möglich, das kann sehr leicht sein.« Immerhin würden die meisten Deutsch-Amerikaner denken wie er.

Schließlich erreichen wir den Festplatz im Central Park. Die Schlange Richtung »echt importiertes Löwenbräu« ist zehn Meter lang. Vor mir steht ein Schwarzhaariger, der feststellt, ich sei doch Deutsche, ob ich ihm nicht die Trachten der Gruppen rechts und links erklären könne. Ich muss passen und frage zurück, was er hier mache: Er sei Argentinier mit spanischen Vorfahren und lebe nun in New York, wo er zu jeder europäischen Parade gehe, »wegen der Wurzeln«.

Ganz vorne in der Schlange fragt jemand den schwarzen Zapfer, ob er den Unterschied zwischen den verschiedenen Biersorten erklären könne. »Kann ich nicht, ich zapfe es nur«, antwortet der.

Wir anderen trinken es nur, und das vorzugsweise im Zelt, da es schon wieder stärker regnet.

Zum Glück findet sich noch ein freier Plastikstuhl. Die Musik ist ohrenbetäubend. Die Gespräche mit den Nachbarn finden via Brüllen ins Gegenohr statt. Links neben mir sitzt ein in New York lebender Lichtensteiner, der äußerlich problemlos als kleiner Bruder von Friedrich Merz durchgehen könnte. Er liest demonstrativ im Time Magazin und erklärt mir auf Nachfrage, nur auf dringenden Wunsch seiner Freundin hier zu sein, die fände solche Feste toll. Ihm gegenüber sitzt diese mit deutlich vergnügterem Gesichtsausdruck als er. Ihre Eltern stammen aus der Schweiz, wo vieles so ähnlich sei wie hier, erklärt sie. Sie mag Heino und fordert uns auf, doch endlich zu schunkeln, schließlich schmettere es grade so schön »Heidi, Heidiii«.

Direkt gegenüber platziert sich Bill. Er beißt begeistert in seine Weißwurst und erzählt mit vollen Backen, seine Großmutter käme aus Deutschland. Nächste Woche fahre er auch über den Großen Teich, um in Berlin ein Konzert zu geben: »Germany is great!« Neben ihm sitzt eine Dame, in deren Gesicht schon viele Tausend Dollar gewandert sind. Jetzt hat sie leichte Ähnlichkeit mit einem blondgefärbten Michael Jackson. Sie erzählt, dass sie aus Deutschland stammt, was mich nicht weiter überrascht. »Wann«, frage ich, »sind Sie ausgewandert?« und kriege »1940« zur Antwort. Das passt nun wieder überhaupt nicht, weshalb ich nach dem Warum frage. »Because we were jewish.«[49]

»Oans, zwoa, g'suffa!« Wir müssen kurz unterbrechen, um uns zuzuprosten. Ich stelle mich per Nachnamen vor, und wieder funktioniert er – nur dieses Mal in die andere Richtung: Ich ernte ein sehr freundliches Lächeln. Sie beginnt zu erzählen, dass auch sie nur halb freiwillig hier sei: Ihre Freundin daneben habe unbedingt hingehen wollen. Die Freundin ist zwar auch Jüdin, hat aber ukrainische Vorfahren, die schon seit ewigen Zeiten in New York leben. Vor fünf Jahren war sie in München zu Besuch und liebt seitdem Deutschland und solche Feste. Strahlend berichtet sie irgendetwas aus ihrem Urlaub, das wegen des Lärms kaum zu verstehen ist.

Ich beginne, in das Ohr rechts neben mir zu schreien. Es gehört zu einer Griechin, die zehn Jahre lang in Deutschland gelebt hat, bevor sie mit ihrem deutschen Freund in die USA zog. Sie ist begeistert vom Fest und erklärt, es gefiele ihr zwar schon in New York, aber »die Amerikaner haben einfach keine Kultur, da ist es schön, mal hierher zu kommen, und außerdem gibt es endlich mal was Richtiges zu essen«. Begeistert löffelt sie ihr Sauerkraut vom Pappteller.

Ich nutze die Regenpause, um mich vor dem Zelt umzusehen. Ein Grüppchen deutscher Polizisten ganz in Grün fotografiert sich und die amerikanischen Kollegen gegenseitig. Eine Dame mit mehrfach dekoriertem Jackenaufschlag erklärt mir, sie seien von der New Yorker Polizei zu einem Lehrgang eingeladen worden. Sie habe sofort mitgewollt – allerdings weniger wegen der Steuben-Parade als wegen »der schrecklichen Bilder vom World Trade Center. Da hab ich gewusst, dass ich da einfach mal hinmuss.« Sie erzählt, die New Yorker Kollegen seien heute noch in psychologischer Behandlung, und ist offenbar auch selbst mitgenommen vom Anblick des großen, klaffenden Loches am Ground Zero. Ein aus Baden-Württemberg angereister Akkordeonspieler stellt sich zu uns. Auf meine Frage, wie er es denn als Deutscher hier so finde, schließlich würden rundherum doch Meinungen vertreten, die man so in der Bundesrepublik nicht mehr unbedingt hören würde, erklärt er: »Man hört so was selten in Deutschland, aber das bedeutet ja nicht, dass es nicht gedacht wird.« Und aus dem Zelt brüllt es: »Ein Prosit, ein Pro-ho-sit der Gemüüt-lich-keit.«

## Äppelwoi am Hudson River
Anabel Pickett, Loreley, Manhattan

Der Weg zur Loreley führt mich direkt durch China Town. Inmitten der Menschenmengen auf der Canal Street höre ich Deutsch – und erkenne, wenn auch mit einigen Mühen, sogar die Gesichter wieder: Gestern steckten die sechs jungen Männer und Frauen noch in aufwendigen Rittertrachten bei der Steuben-Parade, jetzt laufen sie in schwarzen Jeans mit Pullover durch die Schnäppchenläden. Einer erzählt mir, dass sie eine Einladung vom Steuben-Paraden-Komitee bekommen hätten. »Die wollten ein bisschen was Historisches haben, und wir sind ja vom deutschen Ritterorden.« Mit Kaugummi im Mund und unrasiert, käme man da im ersten Augen-

Anabel Pickett am Tresen der Loreley, Manhattan

blick nicht drauf. Aber immerhin – es gibt Hobbys, die einen bis nach New York bringen.

Ein paar Blocks weiter, in der Rivington Street Ecke Bowery, liegt die Loreley, ein deutsches Gasthaus mit Biergarten. Hier, so meinten meine Gastgeber, könne man auch »als normaler Deutscher hingehen, da ist es ganz schön«. Und wirklich: keine Trachten und kein »Oom Pah Pah«, stattdessen eine junge deutsche Bedienung, mit Jeans und Norweger. Anabel Pickett ist 23 Jahre alt, stammt aus einem kleinen Kaff bei Frankfurt/Main und hat in Deutschland ihren amerikanischen Mann kennen gelernt. Der war dort beim Militär und wollte dann zum Studium nach New York zurückgehen. Da Pickett selbst ihre Ausbildung fertig hatte, aber nicht wirklich wusste, was sie studieren sollte, ging sie mit und suchte hier zunächst Arbeit. Dass ausgerechnet ein deutsches Restaurant dabei herauskam, war eher Zufall. »Ich hab mir halt überlegt, was ich wirklich gut kann, was hier nicht jeder auch anzubieten hat, und das war eben Deutsch. Also habe ich das in die Suchmaschine bei der Jobbörse eingegeben. Eigentlich wollten die hier einen deutschsprachigen Koch haben, aber ich hab es halt versucht, und es klappte.« Die Loreley wurde vor einem Jahr eröffnet, serviert alles vom Wiener Schnitzel bis zum Apfelstrudel unter Sonnenschirmen deutscher Biermarken. »Inzwischen haben wir sogar Äppelwoi, den hat Michael extra wegen mir bestellt.«

Michael Momm ist der Besitzer des Ladens, er ist in den USA geboren, aber in Deutschland aufgewachsen. In seinem Lokal treffen sich auch regelmäßig deutsche Stammtische. »Die Leute, die zu solchen Runden kommen, sind aber oft selbst keine Deutschen. Die wollen meist nur die Sprache üben.« Alle zwei Wochen träfe sich hier so eine Runde von etwa 40 bis 45 Leuten, die ein Faible für die deutsche Sprache und Kultur hätten. Denen, so ist herauszuhören, wäre eine zusätzliche Begeisterung für deutsches Essen und deutsches Bier zu wünschen – offenbar wird aus gastronomischer Perspektive deutlich zu viel Mineralwasser an solchen Abenden getrunken.

Einmal die Woche käme aber auch noch ein anderer, kleinerer Stammtisch. Da träfen sich »Expats«, also Deutsche, die nach New York entsandt worden sind, mit amerikanischen Juden deutscher Herkunft. Die Verabredung dieser Stammtische gleich welcher Art, findet meistens übers Internet statt.[50]

Die Gäste der Loreley seien durchmischt. Viele Deutsche kämen her, die im Urlaub in New York seien, aber auch viele Amerikaner oder Auswanderer. Die Angestellten stammen aus beiden Ländern: fünf Deutsche und fünf Amerikaner. Pickett selbst hat sich zwar um die amerikanische Staatsbürgerschaft beworben, sieht sich aber nicht als dauerhaft »ausgewandert«. Beide Länder hätten ihre Vor- und Nachteile, für immer und ausschließlich hier leben wolle sie jedenfalls nicht. Es sei denn, es klappt trotz der hohen Gebühren mit einem Studium als Special-Effect-Maskenbildnerin – denn dafür seien die Arbeitsmöglichkeiten in der viel größeren amerikanischen Filmindustrie eben besser.

## Als Kriegsbraut nach Übersee
Grete Mindermann, Alabama

Etwa 100 000 Frauen verließen wie Anabel Pickett während der gesamten Dauer der amerikanischen Besatzungszeit als »Kriegsbräute« Deutschland in Richtung USA. Viele von ihnen fanden in den Vereinigten Staaten jedoch nicht das große Glück, sondern sahen sich einem einzigen Albtraum gegenüber.

Gerade Ende der 40er und Anfang der 50er Jahre hatte sich der amerikanische Soldat im zerstörten Nachkriegsdeutschland noch als charmante, weltläufige und finanziell potente Alternative zum deutschen Mann dargestellt – der zudem aufgrund der vielen Gefallenen, Vermissten und Gefangenen noch eine Art Mangelware darstellte. In Deutschland stand dem uniformierten Glück aus Übersee zunächst jedoch das »Fraternisierungsverbot« entgegen, das amerikanischen Soldaten privaten Kontakt mit Deutschen gleich welchen Geschlechts untersagte. Über die Jahre ließ sich dies aber nicht aufrechterhalten. Anfang Oktober 1945 wurde das Gesetz stufenweise aufgehoben, und viele der bereits bestehenden Verbindungen konnten legalisiert werden.

Bei weitem nicht immer traf die Entscheidung einer deutschen Frau, auf einmal den ehemaligen »Feind« in die Familie zu holen, auf Begeisterung. Irma Ryan etwa erzählt, ihr Vater habe immer mit Verachtung von ihrem Mann als »einem Amerikaner in Uniform« gesprochen. »Als ich mich nach zweieinhalb Jahren schweren Herzens entschloss, ihm nach Amerika zu folgen, geschah dies nicht ohne große Einwände – nicht nur von meiner Familie, sondern auch von Freunden, Verwandten und gutmeinenden Leuten in meinem Dorf von nur 350 Einwohnern. Mein Vater versuchte mir verständlich zu machen, dass er vor ein paar Jahren ›die Kerle erschießen musste‹ und ich wolle heute einen davon heiraten. Meine Eltern erhielten sogar ein anonymes Schreiben, sehr wahrscheinlich von besonders religiöser Verwandtschaft, mich von meiner Ausreise abzuhalten, zudem mein Mann noch anderen Glaubens war.«[51] Ryan sowie die allermeisten deutschen Frauen zogen ihren amerikanischen Männern nach deren Dienstende in die USA hinterher und erlebten dort, wie Wilfriede Stiles, manch böse Überraschung:

»Als ich mit dem Schiff ankam in New York, wollte ich erst gar nicht runter. Es gefiel mir gar nicht, und ich wollte gleich wieder umkehren.«[52] Auch die Liebe zum einstmals angesehenen Sieger geriet manches Mal ob der veränderten Vorzeichen ins Wanken. »Im November 1952 erreichte ich übernächtigt und erschöpft New York. Fast erkannte ich in der wartenden Menschenmenge meinen Göttergatten Bob nicht mehr – er hatte in der Zwischenzeit 30 Pfund zugenommen«, erinnert sich Irma Ryan.[53] Viele der Frauen wussten sich nicht anders zu helfen, als den Rest ihres Lebens eben »durchzuhalten«. Schließlich war an Scheidung oder gar Rückkehr in jenen Zeiten kaum zu denken. »1948 habe ich im Alter von 17 Jahren einen amerikanischen Soldaten kennen gelernt und bin seit November 1948 in Amerika. Das war nicht so einfach, aber bis jetzt habe ich alles überstanden.«[54]

Ein besonderes Desaster erlebte die 1921 geborene Grete Mindermann. Als Halbwaise unter schwierigsten Bedingungen aufgewachsen, musste sie nach acht Jahren die Schule aufgeben und sich als Dienstmädchen verdingen. Mit der Aussicht, zur Fernsprecherin ausgebildet zu werden, meldete sie sich freiwillig zur Wehrmacht und wurde nach Russland geschickt. Nach Flucht und kurzer Kriegsgefangenschaft kehrte sie zurück zu den verbliebenen Familienangehörigen. »Kein Mensch schien erfreut zu sein, dass ich zu Hause ankam, und so suchte ich mir eine Arbeit in der nahen Stadt Cuxhaven. Ich arbeitete für eine Weile in einem englischen Transit Camp und später im Cuxhavener Krankenhaus – bis ich meinen zukünftigen amerikanischen Mann kennen lernte, der mich auf Händen trug.«[55]

Zwar durften die beiden aufgrund des Fraternisierungsverbotes zunächst nicht heiraten, bekamen aber einen Sohn. »Es waren gute Zeiten für uns. Wir hatten nicht viel, aber wir waren glücklich. Nach einem Jahr durften wir endlich heiraten.« Da ihre Familie mit der Verbindung wenig einverstanden war, fand die Hochzeitsfeier in sehr kleinem Kreise statt: »Es war kein Familienmitglied dabei, nur wir beide und Zeugen vom Standesamt.« Zwei Monate später machte sich die junge Familie auf den Weg nach Amerika. »Am 13. Dezember 1948 fing unsere Reise an, auf dem Schiff William O'Darkey. Denselben Morgen hatte ich eine Fehlgeburt, aber wir hielten es geheim.« Schließlich war klar, dass im Hafen von New York nur gesunde und frische Einwanderer erwünscht waren.

»Nachdem wir in New York angekommen waren, ging es in einem Bus weiter nach Bay-Minette, Alabama. Wir fuhren drei Tage und zwei Nächte. Ich war total erschöpft. Unser Geld war alle. Wir aßen nichts, bis eine Frau darauf bestand, dass ich Frühstück esse, und sie bezahlte dafür.« Nach der langen Reise kam die junge Frau dann endlich in ihrer neuen Heimat an:

»Bald danach erreichten wir unser Ziel. Oh Schreck! Das Haus meines Mannes Eltern war das ärmste in der Nachbarschaft. Die Fußböden hatten Löcher, man konnte die Erde darunter sehen. Das Haus hatte keinen Keller, es stand nur so auf dem Boden, was hier üblich war. Die Möbel waren sehr ärmlich.« Zu allem Unglück gesellte sich noch die Schwiegermutter, die wenig von der neuen deutschen Frau ihres Jungen begeistert war. »Ich half seiner Mutter im Haus, aber es war eine unfreundliche Atmosphäre, sie machte mein und Klein Rolfs Leben zur Hölle, bis die Männer nach Hause kamen, dann tat sie, als sei alles o. k.« Schließlich gelang es ihr, durch eigene Arbeit etwas Geld anzusparen und den Ehemann vom Auszug zu überzeugen. Wirklich besser wurde dadurch jedoch nichts.

»Es dauerte dann nicht lange, und seine Eltern zogen wieder bei uns ein. Unser Haus war nicht unser eigenes Haus mehr.« Daneben sah auch die materielle Seite des Lebens wenig rosig aus: »Unsere Mahlzeiten bestanden meistens aus Bohnen.« Als sie nach mehrfachem Hin und Her endlich die Familie des Ehemannes abgeschüttelt und sich auch die finanzielle Lage etwas entspannt hatte, traten der mittlerweile fünffachen Mutter und »Kriegsbraut« neue Probleme entgegen: »Dann mit einem Mal wurde er sehr unfreundlich mit mir, und ich war verdutzt. Einen Tag brachte er seine Sekretärin mit nach Hause zum Mittagessen. Ich machte alles schön fertig. Bald danach aber fand ich heraus, dass er ein Verhältnis mit ihr hatte. Er vernachlässigte seine Arbeit, kam oft nachts nicht nach Hause und wurde immer hässlicher zu mir. Wir verloren unser Haus und zogen in eine billige Wohnung. Wir hatten wieder kaum etwas zu essen. Ich sammelte wilde Zwiebeln im Park, damit die Kinder etwas mehr zu essen hatten. Er verlor seine Arbeit.«

Auch das Ende der Affäre machte nichts besser. Jetzt begann ihr Mann, sie zu schlagen. Nachdem er sie die Treppe hinuntergestoßen hatte, »schrie er mich an, dass ich aufstehen sollte, aber ich konnte nicht. Er nahm mich beim Arm und schleppte mich ins Haus, mein rechtes Bein war verletzt. Er steckte mein Bein in einen Eimer Wasser und ging zur Arbeit. Ich war hilflos mit meinem Kind. Mein rechtes Bein war gebrochen. Den nächsten Tag fuhr er mich zum Arzt.«

Schließlich gelang es Mindermann, sich zumindest aus der Ehe zu befreien: »Nachdem er mich dann noch vergewaltigte, reichte ich die Scheidung ein. Danach war mein Leben besser.« Lakonisch beendet sie ihren Bericht: »Es ging vielen von uns so.«

Offenbar stimmt das. Die meisten der »War Brides«, die sich inzwischen auch zu einem eigenen Verein zusammengeschlossen haben, antworten auf die Frage, was sie anderen Deutschen raten würden, die mit dem Gedanken spielen, in die Vereinigten Staaten auszuwandern: »Bleib daheim!!!«

## Eine Schneekanone im Sonnenstaat
### German American Business Association (GABA), Los Angeles

Los Angeles – das verbindet man mit Hollywood, Disneyland und den Universal Studios. Hier gibt es alles – außer einem funktionierenden öffentlichen Nahverkehr. Nach knapp zwei Stunden habe ich mich endlich mit einem Taxi vom nördlich gelegenen Flughafen bis zum südlichen Newport Beach gestaut. Dort lebt Boris von Bormann, ein 32-jähriger gebürtiger Hamburger, der vor sieben Jahren in die USA ausgewandert ist. »In Deutschland kann man einfach als Unternehmer nichts werden, da wird man bestraft, wenn man sich selbständig macht«, erklärt er energisch. Also beschloss von Bormann, in Kalifornien Wirtschaftswissenschaften zu studieren, und gründete 2001 seine Firma accessio. Hier berät er mit inzwischen vier Mitarbeitern deutsche Unternehmer, die in den USA Geld verdienen möchten.

Offenbar laufen Geschäfte und Integration bestens: Von Bormann holt mich mit seinem Sportcabriolet am Eingang einer großzügigen, aber umzäunten Wohnanlage ab. Hier hat er ein richtiges Zuhause gefunden. An von Bormann scheint kaum noch etwas deutsch, Gestik und Habitus lassen den kalifornischen Geschäftsmann erkennen, und lediglich die Geschäfte haben ihn schließlich auch zur Mitarbeit in einer deutschen Vereinigung gebracht.

Nachdem die deutsch-amerikanische Handelskammer nicht mehr in Los Angeles präsent war, beschlossen von Bormann und einige Kollegen, selbst ein Gegenstück zu gründen, und schlossen sich zur

German-American Business Association (GABA) zusammen. Ziel ist es, »regelmäßige Events zu veranstalten, auf denen dann nicht irgendwelche Topmanager Kugelschreiber mitgehen lassen, sondern wirklich etwas passiert«. Treffen sollen sich da nicht nur deutsche Unternehmer, sondern auch »Amerikaner, also Leute, die immer schon hier waren und wissen, was läuft«. Die GABA ist in San Francisco und Los Angeles aktiv, hier im größeren L. A. ist von Bormann Präsident und arbeitet aktiv am Ausbau der Vereinigung. Andere Deutsche trifft er ansonsten selten: »Ich hab' schon ein paar deutsche Freunde, aber die meisten sind Amerikaner.« Er sucht sie auch gar nicht: »Ich war auch mal bei so einem deutschen Stammtisch, aber die sind nur für soziale Kontakte gut, das hat wenig mit Geschäften zu tun.« Die amerikanische Staatsbürgerschaft will er dennoch nicht beantragen, obwohl er sich nicht vorstellen kann, jemals wieder nach Deutschland zurückzugehen: »Da wird man ja nach zwei Wochen schon depressiv, so schlecht ist die Stimmung.« Die US-Staatsbürgerschaft brächte, abgesehen vom Wahlrecht, gar keine Vorteile, jedoch den Nachteil, eventuell als Geschworener zum Gericht zu müssen und da viel Zeit zu verlieren.

Und Zeit zu verschenken hat von Bormann nicht: Erst vorgestern kam er von einer Dienstreise aus Deutschland zurück, nächste Woche geht es geschäftlich nach Florida, und heute will er mit einem Kunden für zwei Tage nach Las Vegas.

Da ein Interviewtermin mit dem Unternehmensberater schwer zu bekommen ist und der Kunde laut von Bormann auch für mich interessant sein könnte, lädt er mich ein, mit ihnen gemeinsam in die Spielautomatenstadt zu fahren und unterwegs alle Fragen zu beantworten. So steigen wir also zusammen mit Mirko Fiedelmeier ins Auto. Der 32-Jährige stammt ursprünglich aus Plauen. In Deutschland betrieb er schon diverse Geschäfte vom Computerhandel bis zur Autowerkstatt, immer aber habe es Probleme mit Behörden und Ämtern gegeben, vor lauter Papierkram wäre man dort gar nicht mehr zum eigentlichen Arbeiten gekommen. Also ging der gelernte Baufacharbeiter ins Ausland. Die Idee, was dort zu tun wäre, war ihm bei seinen deprimierenden Versuchen, als Händler auf deutschen Weihnachtsmärkten zu arbeiten, gekommen. Die Veranstalter dort hätten oft Dinge versprochen, die dann nicht eingehalten wurden, und seien insgesamt oftmals nicht gut organisiert gewesen. Also beschlossen Fiedelmeier und sein Geschäftspartner Tobias König von der Glasbläserei König in Lauscha, künftig nicht mehr nur ihre Produkte auf Weihnachtsmärkten anzubieten, sondern diese einfach selbst zu organisieren.

Während in Frankreich die Resonanz auf diese Idee eher bescheiden war, hatten sie in England Erfolg: Die Märkte sind gut besucht, die Händler machen ordentlichen Umsatz, und inzwischen haben König und Fiedelmeier sogar mit der deutschen Bratwurst noch eine weitere Marktlücke entdeckt: In der Umgebung von London betreiben sie mehrere Stände und hatten lediglich bei der Anmeldung des Firmennamens einige Probleme zu überwinden: »King Sausage« (König Wurst) war den Briten gleich doppelt peinlich, immerhin gibt es dort noch ein Königshaus, und »Sausage« ist die eindeutige Bezeichnung für ein Körperteil, das mancher Mann gerne in königlicher Ausstattung mit sich führen würde ... Nach einigem Hin und Her einigte man sich auf »Bratwurst König«: Das kann zwar keiner aussprechen, aber jeder problemlos essen.

Nachdem die Resonanz auf Wurst und Weihnachtsmarkt in England so gut gewesen war, beschlossen Fiedelmeier und sein Partner, es auch in den USA zu versuchen. 2004 kommt Las Vegas so zu seinem ersten Weihnachtsmarkt inklusive Schneekanone und dreißig Meter hoher Tanne. Die Aussteller werden allerdings nur zum Teil aus Deutschland kommen: »Wir sind da sehr international, Hauptsache, die Qualität stimmt.« Einen reinen Fressmarkt, wie man ihn inzwischen in Deutschland oft erleben kann, will er hingegen verhindern. Nur knapp zwanzig Prozent der Buden dürfen Essbares verkaufen – dazu gehören allerdings selbstverständlich auch richtiges deutsches Bier und dunkles Brot, das bei einem deutschen Bäcker vor Ort geordert wird.

Seine Zeit verbringt der Unternehmer inzwischen zu gut drei Vierteln im Ausland, vor allem in England. Den endgültigen Umzug nach London hat er trotzdem noch nicht unternommen. Schließlich ist er verheiratet und hat drei Kinder in schulpflichtigem Alter, die hier alle auf eine nicht ganz billige deutsche Privatschule gehen müssten, »damit sie im deutschen System bleiben und nicht durch die Sprache ein ganzes Schuljahr verlieren«. Einige seiner eigenen ehemaligen Schulkollegen leben allerdings bereits in der britischen

Hauptstadt – sie waren in Deutschland arbeitslos geworden und sind nun von Fiedelmeier eingestellt worden, der sogar ein eigenes Haus für die Neuauswanderer in London angemietet hat: »Schließlich sind die Mieten so teuer und Wohnungen schwer zu bekommen. So haben die erst mal einen Anlaufpunkt und können sich dann selbst vor Ort orientieren.«

Dass ein Start im Ausland nicht gerade leicht ist, hat Fiedelmeier in Los Angeles selbst erleben müssen. »Ich hatte während der Schulzeit leider Besseres zu tun, als Englisch zu lernen, und konnte kein Wort, als ich das erste Mal in die USA kam. Also hab' ich mir ein kleines Wörterbuch besorgt, bin damit hier in Los Angeles gelandet und wollte der Frau an der Touristeninformation klar machen, dass ich ein Hotel suche. Nach einer guten Viertelstunde hatte sie mich dann auch schon verstanden und zeigte aber nur auf die Wand hinter mir. Da würden Adressen von Hotels stehen, und wenn mir eines gefiele, könne ich mit dem Telefon darunter dort anrufen. Da war ich dann so weit wie zuvor, denn am Telefon haben sie mich natürlich auch nicht verstanden. Zum Glück habe ich dann eine Deutsche gefunden, die für mich dort angerufen hat.«

Inzwischen klappe es aber schon deutlich besser. »Ich war nun schon so oft hier, dass Kalifornien fast eine zweite Heimat für mich ist.« Vor allem an das Wetter könne man sich schnell durchaus gewöhnen. »Und die Leute sind freundlicher und machen auch mal was. In Deutschland heißt es immer nur ›ehhh, alles so schrecklich hier‹, aber keiner tut was.«

An die deutschen Clubs und sonstigen organisierten Deutschen richtet sich Fiedelmeier nicht speziell. »Um dort Kunden zu gewinnen, braucht man keine spezielle Werbung. Da muss nur einer hören, dass es etwas Deutsches gibt, und dann geht das ohnehin von selbst sofort rum.« Wichtig seien vor allem die Einheimischen und die Touristen als Zielgruppen.

Die beiden Geschäftspartner von Bormann und Fiedelmeier sind sich auf dem langen Trip nach Las Vegas schnell einig, was in Deutschland besser ist – die ewig gerade Straße mitten durch die Wüste Nevadas macht es ihnen noch einmal bewusst: Dass man dort richtig schnell Auto fahren kann. Mit etwas Geschick lässt sich das allerdings auch importieren. »Man muss nur in beiden Ländern einen Führerschein haben. Dann fährt man eben hier nur mit dem deutschen und drüben mit dem amerikanischen. Dann gibt es höchstens mal ein Bußgeld, aber keinen Entzug.«

Folglich landen wir früher als gedacht in Las Vegas. Das riesige Hotel New York ist schon von weitem zu sehen, Venezia grüßt direkt von nebenan. Hier fahren amerikanische Gondoliere durch die Einkaufspassagen und singen laut und falsch Lieder, die sie für italienisch halten. Siegfried und Roy haben zwar nach einem Unfall ihre Tiger-Show einstellen müssen – die Tiere selbst sind aber nach wie vor auch im nächtlichen Neonlicht zu bestaunen. Hier in Las Vegas gibt es alles, von viertelstündlich ausbrechenden Vulkanen über sich bekämpfende Piratenschiffe bis zum Hochzeits-Drive-In, wo man zum »Jawort fürs Leben« nicht mal mehr das Auto verlassen muss. Zu den neuesten Attraktionen gehört auch etwas zutiefst Deutsches, oder Bayerisches, was im Ausland meistens auf dasselbe hinausläuft: Seit dem 31. Januar 2004 verfügt die Stadt über ein eigenes Hofbräuhaus.

## Echtes Bier im falschen Garten
### Hofbräuhaus, Las Vegas

Vom Hotel aus mache ich mich sofort auf den Weg. Zu Fuß, wie es in einer amerikanischen Stadt gar nicht untypischer geht. Abgesehen von der berühmt-berüchtigten Casinomeile im Zentrum, sieht man hier kaum jemanden auf den Straßen, die bestenfalls einen schmalen Streifen am Rand für unmotorisierte Fossile wie mich bereithalten. Eine halbe Stunde später erreiche ich skeptisch beäugt mein Ziel: Direkt gegenüber dem Hard-Rock-Café, das schon von weitem an der blinkenden Neonschrift zu erkennen ist, liegt das Hofbräuhaus. Man muss es schon gezielt suchen, durch Zufall gelangt niemand in diese Gegend.

Gleich am Empfang lädt ein Giftshop ein, verschiedenste Mitbringsel »Made by Hofbräuhaus Las Vegas« zu erwerben: T-Shirts liegen hier neben Bierkrügen, es gibt Badetücher, Seppelhosen und sogar passende »temporarie tatoos«. Auch hier heißt es jedoch bei den Damen im Dirndl am Empfangsdesk: »Please wait to be seated.« Ich bekomme vor der Sitzplatzanweisung aber erst noch eine Lokalbesichtigung von Klaus Gastager, einem der vier Betreiber der

Gaststätte: Angefangen von den Abmessungen des (original bayerisch) als »Schwemme« bezeichneten Lokals über die Deckenbemalung bis hin zum Gestühl ist hier alles originalgetreu dem Münchener Hofbräuhaus nachempfunden.

Vorbei an der eigens aus Graz eingeflogenen »Oom Pah Pah Band« geht es hinaus in den »Biergarten«. Der wirkt im ersten Augenblick tatsächlich echt, Bäume stehen herum, ein Springbrunnen plätschert, der Himmel strahlt blau mit wenigen Wolken, alles ist angenehm kühl. Genau deshalb, so Gastager, musste man hier auch die einzige Fälschung anwenden: Ein wirklicher Biergarten unter freiem Himmel wäre in Las Vegas eine heiße Angelegenheit. 45 Grad sind hier im Sommer keine Seltenheit, da wird auch das kühlste Bier schnell zur abgestandenen Plörre. Also wurde ein sehr hoher Raum errichtet, die Decke himmelblau angemalt und die Temperatur auf »angenehm« geregelt. Auch hier, so betont Gastager, sei sonst aber alles »original«: Vom Gestühl bis zur Brezel, vom Maßkrug bis zum Senf. Ganz billig sei das ganze Unternehmen deshalb natürlich nicht, so der Gastronom. Der deutsche Steuerzahler habe aber keinen Cent davon bezahlt, obschon das Hofbräuhaus in München staatlich betrieben werde. Deshalb seien sie auch die Ersten gewesen, die außerhalb Deutschlands ein Gegenstück errichten durften: Es habe zwar schon viele Anfragen an die Münchener Leitung gegeben, doch wollte keiner dauerhaft ins Ausland gehen, und die Bewerber konnten meist auch keine abgesicherte Finanzierung vorlegen. Gastager selbst, der mit seinem Bruder einen Gemüsegroßhandel in München betrieb, vermochte die zwölf Millionen Dollar Baukapital natürlich auch nicht aus der Portokasse zu bezahlen. Also taten sie sich mit der Beratungs-, Verwaltungs- und Treuhandgesellschaft (BVT) zusammen, die insgesamt 35 deutsche Investoren auftrieb.

Zumindest der erste Eindruck lässt vermuten, dass sie ihr Geld gut angelegt haben: Der Laden ist voll, und die Leute scheinen wirklichen Spaß an diesem Little Germany in Las Vegas zu haben. »60 Prozent unserer Gäste sind ›locals‹. Die muss man auch erreichen, wenn man hier Erfolg haben will. Schließlich haben die Amerikaner zwar alle riesige Küchen, kochen aber nicht selbst, sondern gehen mindestens einmal, meistens zweimal am Tag essen.« Hier würde es ihnen gefallen, schließlich sei in Las Vegas sonst fast alles

Der amerikanische Zwilling des Münchener Originals: das Hofbräuhaus in Las Vegas gefälscht, das Hofbräuhaus aber echt. »Von den Einheimischen geht keiner jemals an die Vergnügungsmeile, das meiden die. Aber hier merken sie eben, dass alles authentisch ist. Wir fliegen sogar alle vier Wochen eine neue Band aus Deutschland oder Österreich ein. Das kostet zwar viel Geld, hält aber die Kunden.«

Zu denen gehören auch viele der Deutschstämmigen in Las Vegas. »Hier gibt es eine große Szene von ungefähr 30 000 Deutschen, die haben auch eigene Clubs und Stammtische, manche treffen sich inzwischen sogar hier.« Er selbst sei aber in keinem Club Mitglied. »Da fehlt mir einfach die Zeit zu, das ist hier ein sehr anspruchsvoller Job.«

Die restlichen 40 Prozent der Gäste des Hofbräuhauses sind Touristen. »Da geben wir viel Geld für Werbung aus. Die Hotels sind ja so angelegt, dass man da die ganze Zeit gar nicht rausgehen soll. Da gibt es ja alles an Geschäften, Restaurants und vor allem Casinos unter einem Dach. Die Hoteliers wollen ja ihre Gäste an den Spieltischen halten.« Las Vegas sei eben eine Welt für sich, wo man vom sonstigen Geschehen auf diesem Planeten nicht viel mitbekomme. »Außer es passiert etwas wirklich Gravierendes wie der 11. September. Das hat uns in unserer Planung um acht Monate zurückgeworfen, weil keiner mehr in den USA investieren wollte.«

Begonnen hatten die Planungen schon 2000, eröffnet wurde das Hofbräuhaus aber erst Anfang 2004. Für Gastager selbst ist mit dem Leben in den USA ein Traum in Erfüllung gegangen: »Ich habe schon immer meine Urlaube hier verbracht und habe gern Englisch gesprochen. München ist nach wie vor meine Heimat und eine wunderschöne Stadt. Aber da habe ich 42 Jahre meines Lebens verbracht, nun kann auch mal was anderes kommen.« Seine drei deutschen Kollegen in der Geschäftsführung und ihre Frauen sähen das ähnlich. Nur mit den Kindern hätte es anfangs Schwierigkeiten gegeben. »Wir haben das unserer Tochter erst drei Monate vor der Abreise gesagt, schließlich musste das ja alles geheim bleiben, bis wirklich sicher war, ob es klappt. Und die war anfangs nicht so begeistert. Ich sage ihr immer, dass sie hier in einem Jahr so viel Englisch lernt, wie drüben in zehn Jahren nicht. Die spricht ja schon wie die Einheimischen. Und schließlich gibt es in Deutschland ja auch keine Zukunft mehr. Da ist es gut, wenn sie rauskommt.«

Sehnsucht hat der Gastwirt nicht nach Deutschland. »Ich halte es da so wie der Spruch über unserem Eingang«, lacht er: »›Durst ist schlimmer als Heimweh.‹ Und Durst müssen wir hier ja nicht leiden.« Insgesamt sind von den 100 Angestellten des Hofbräuhauses zwanzig aus Deutschland. Zusammen bewirten sie zwischen 800 und 1800 Gästen am Tag. »Wir sind das einzige Lokal weit und breit, wo man unangemeldet reingehen und auch mit vierzig Mann à la Carte essen kann. Spätestens nach 20 Minuten steht alles auf dem Tisch.«

Überhaupt sei hier die Einstellung der Bedienung ganz anders als in Deutschland. »Die Leute kriegen nur ein ganz kleines Grundgehalt von mir, der Rest kommt über das Trinkgeld rein. Das ist in den USA üblich so. Und da müssen die sich halt Mühe geben.« Beschwerden gibt es laut Gastager nur von einer ganz bestimmten Klientel: »Wer, meinen Sie, ist das? Natürlich die deutschen Touristen! Denen kann man dreimal sagen, dass die Bedienung hier nicht im Preis inbegriffen ist und dass man das eben noch draufrechnen muss. Die kommen dann an und sagen, dass fünfzehn aber furchtbar viel sei, dabei ist das in Deutschland einfach nur immer schon in den Preis reingerechnet, nur merkt das da keiner.«

Gastager unterbricht kurz und geht hinüber zur »Oom Pah Pah«-Truppe. Die haben sich gerade so richtig eingespielt und nicken wenig begeistert nach den Ausführungen des Wirtes: »Nun«, sagt der, »die spielen sich immer gegenseitig hoch, und dann wird es so laut, dass man sein eigenes Wort nicht mehr verstehen kann.« In der anderen Ecke der Schwemme setzt sich eine Polonaise in Gang. Das ist der »Club der Damen mit den roten Hüten«. Ich frage eine der Damen mit den blinkenden lila Herzen in der Hand, was denn das Ziel ihres Clubs sei: »Ladies over the age of 50, just having fun.«[56] Der Gastwirt ist begeistert, dass sein Haus auch von diesem Publikum angenommen wird: »Wenn Sie noch ein bisschen bleiben, werden Sie die Leute hier auf den Tischen tanzen sehen. Da sorgt die Band dann für die entsprechende Stimmung, und schon geht es los. Das ist ja das Schöne an den Amerikanern: Denen ist nichts peinlich.«

Ich habe heute keine rechte Lust, auf dem Tisch zu tanzen, verabschiede mich stattdessen und bekomme noch eine Original-

Klaus Gastager (l.) und seine Vorstandskollegen in der Schwemme des Hofbräuhauses, Las Vegas

Brezel, dampfend frisch aus dem Ofen, als Wegzehrung für unterwegs mit. An einem in der Mitte des Saales tanzenden Pärchen vorbei geht es zum Ausgang, wo eine Amerikanerin staunend ihren Gatten auf den Giftshop aufmerksam macht: »That's interesting stuff.«[57] Zurück zum Hotel nehme ich den Shuttle-Bus des Bräuhauses – hier ist man in Amerika, und dieser Service gehört einfach dazu.

# Neuseeland

Neuseeland – ein Traum deutscher Auswanderer? Das war durchaus nicht immer so. Zu Beginn nämlich erschien das heute für grüne Wiesen und große Schafherden bekannte Land deutlich weniger idyllisch. So konnte man in einem 1846 erschienenen »Rathgeber für Auswanderungslustige« erfahren, dass für Neuseeland werbende Agenten »willenlose Werkzeuge in der Hand britischer Spekulanten« seien, die das Land in Wirklichkeit nicht kennen: Mit Neuseeland solle »durch deutschen Fleiß und deutsche Ausdauer ein Land in Aufnahme« gebracht werden, wo »Menschenleben keinen Werth hat, Menschfleisch aber desto mehr geschätzt wird«[58]. Solcherart in Verruf geraten war das heute als so friedlich geltende Land durch seine Bewohner. Schließlich sind die Maoris bis heute für ihren durchaus furchteinflößenden Kriegstanz berühmt. Damals jedoch beließen sie es von Fall zu Fall nicht bei dem Herausstrecken der Zunge und wehrten sich gegen die 1840 errichtete britische Kolonialherrschaft.

Einige wenige Einwanderer ließen sich von solchen Geschichten jedoch nicht abschrecken und gründeten zunächst mehrere kleine Siedlungen. Die Goldfunde in den 60er Jahren des 19. Jahrhunderts taten schließlich ihr Übriges, um einen ganzen Strom von Auswanderern in das Land auf der anderen Seite der Welt zu locken. Eine zweite Welle deutscher Einwanderer erreichte Neuseeland nach dem Ende der Maorikriege (1872). Für den beginnenden Ausbau von Straßen und Schienen wurden Arbeiter und Siedler aus dem Norden Europas angeworben und auf Kosten der britischen Regierung nach Neuseeland gebracht. Mit über 5000 Neulingen erreichte 1886 die vermutlich größte Zahl von Deutschen die neue Heimat. Seitdem ist die Auswanderung in dieses am weitesten von Europa entfernte Land für viele nur noch ein Traum. Denn heutzutage erreichen aufgrund der sehr restriktiven Einwanderungsbedingungen nur noch etwa 500 Deutsche jährlich das Ziel eines dauerhaften Lebens in Neuseeland.

# Der Marzipan-Schmuggel
Viviane Vagt, Piha

Auf dem Flughafen in Auckland stürzt sich der Spürhund auf mein Gepäck. Ob ich irgendwelche Nahrungsmittel mit mir führen würde, fragt die Zollinspektorin scharf. »Nein«, sage ich und freue mich, dass der Hund den starken Geruch aus meinem Handgepäck umwedelt. »Darf ich da mal reinschauen?« »Aber sicher«, antworte ich und setze schnell meinen großen Rucksack auf die Schultern. Man weiß nie, wofür etwas gut ist: Noch fünfzehn Stunden zuvor hatte ich in Los Angeles wenig begeistert das Loch in meinem Joghurtdeckel festgestellt und die kleckrigen Spuren aus der Tasche gewischt. Jetzt retten sie mein Gastgeschenk. Lübecker Marzipan, in meinen Augen eindeutig ein »Genuss-« und kein »Nahrungsmittel«, steht ganz oben auf der Verlustliste von manch ausgewandertem Deutschen – und in meinem Rucksack findet sich folglich ein ganzes Set. Nach genauer Revision des Handgepäcks bekomme ich die ersehnte Unterschrift unter das Zollformular und treffe am Ausgang Viviane Vagt, 37, die Abnehmerin der Schmuggelware.

Seit sieben Jahren lebt die gebürtige Hamburgerin in Neuseeland. Eigentlich durch Zufall, wie sie sagt. Sie habe zwar immer mal weggewollt aus Deutschland, aber an das andere Ende der Welt hat ein Mann sie gebracht. Inzwischen hat sie den zwar gegen einen Engländer eingetauscht, die Liebe zu Neuseeland aber hält bis heute an. »Es ist einfach wunderschön hier«, sagt sie und macht schon die frühmorgendliche Tour vom Flughafen zu ihrem Haus in der Nähe des bekannten Strandes von Piha zu einer Attraktionsschau: Von einem Aussichtspunkt betrachten wir, wie die Frühlingssonne sich aus dem Meer erhebt. »Ich wollte nie in Auckland leben. Wenn ich mir da eine Wohnung genommen hätte, dann hätt' ich ja gleich in Deutschland bleiben können.« Von Vagts Haus aus sieht man den grünen Hang zum Meer, Strand und Himmel. Keine Häuser, keine Menschen – nicht einmal Schafe. Die einsame Lage weiß sie zu nutzen und hat inzwischen im unteren Stockwerk ihres Hauses einige Räume für ihr Hobby eingerichtet: Kinesiologie – die Lehre vom Energiefluss im bewegten Menschen. Irgendwann einmal soll »Touch for Health«, das die natürlichen Energien wiederherstellen und in Fluss bringen soll, ihren Hauptberuf ausmachen – bis es so weit ist,

Viviane Vagt vor den Schwefelquellen in Rotorua

arbeitet sie auch hier am anderen Ende der Welt in ihrem ange-
stammten Beruf als Industriekauffrau.

Kontakt zu anderen Deutschen hat Vagt kaum. »Im Gegenteil«,
sagt sie, »ich bin doch froh, dass ich weg bin.« Dass jedes Jahr gut
500 Deutsche nach Neuseeland auswandern, empfindet sie als »fast
schon zu viel. Hier wohnen doch nur vier Millionen Menschen.«
Das allerdings auf einem Gebiet, das etwa die Größe der Bundesrepublik hat.

Folglich ist es entsprechend leer auf Neuseelands Straßen, als
wir uns gemeinsam aufmachen, um die Highlights der Nordinsel
anzuschauen. Nur ab und an bildet sich einmal ein kleiner Stau auf
den kurvigen Wegen. Vagt: »Siehst du, so machen Deutsche Urlaub:
Die mieten sich einen Van und blockieren damit dann den Verkehr.«
In Deutschland war sie das letzte Mal vor gut zwei Jahren, wieder
dort zu wohnen, kann sie sich kaum vorstellen. »Aber Australien
vielleicht, da ist es wärmer.« Hier hingegen herrscht zumindest Anfang Oktober 2004 ein typisches Aprilwetter. Innerhalb einer Woche
ist alles im Angebot von strahlendem Sonnenschein bei 20 Grad bis
hin zu Sturm und strömendem Regen bei gerade einmal 12 Grad.

# Echte Kiwi-Kinder
Barbara und Jörg Nordmeier, German Café, Kaiwaka

An einem der schöneren Tage führt unser Weg vorbei am German Café, Gateway North in Kaiwaka. Die Inhaber, Jörg und Barbara Nordmeier, sind vor zehn Jahren nach Neuseeland gekommen. »Wir mussten uns einfach zwischen Karriere und Familie entscheiden.« Beide hatten in Nordrhein-Westfalen Managerjobs in großen Firmen, aber keine Lust, »Kinder in die Welt zu setzen, die den ganzen Tag bei einer Kinderfrau sind, und abends sagt man ihnen nur noch ›Gute Nacht‹«. Also beschlossen sie, etwas anderes zu machen, und fanden schließlich dieses Stück Land am State Highway 1, der Hauptverkehrsstraße zwischen Auckland und dem Nordzipfel des Landes.

»Als meine Frau gesagt hat, ich solle mir das hier mal ansehen, hab' ich erst gefragt, ob sie verrückt geworden sei, hier direkt neben der Autobahn wohnen zu wollen. Aber es läuft wirklich gut.« Während meine Augen eine Autobahn suchen und nur eine je Richtung einspurige Straße finden, geht Nordmeier seine Frau für das gemeinsame Foto holen.

Zunächst kommen seine Kinder, elf und sechs Jahre alt, »zwei richtige Kiwis«, wie der Vater stolz erklärt. Gefragt nach den Vor- und Nachteilen von Deutschland, antworten die beiden, in Deutschland gäbe es mehr Schnee, das sei toll, aber dafür müsse man dort immer Schuhe tragen. In Neuseeland nicht, hier läuft ein echter Kiwi auch bei 15 Grad barfuß durch die Gegend und fühlt sich wohl, wie der Jüngere beweist. Deutsch sprechen die beiden fließend, »darauf achten wir auch, das geht ja schnell hier verloren«. Ansonsten hat sich die Familie aber im Laufe von zehn Jahren komplett integriert. »Wir haben kaum deutsche Bekannte, die Kinder gehen in die Dorfschule, und wir besuchen die Vereine hier im Ort, das wird auch so erwartet.«

Sie fühlen sich nach wie vor freundlich empfangen und aufgenommen. »Ich habe ja anfangs gedacht, dass sei nur Touristen gegenüber so, die herkommen, um Geld auszugeben. Ich war da sehr skeptisch, ob das auch so bleibt, wenn wir mal hier wohnen und selbst was aufbauen wollen. Aber wir sind gleich am ersten Nachmittag von unseren Nachbarn zum Tee eingeladen worden – und das Verhältnis blieb auch so herzlich.«

Familie Nordmeier vor dem Schrank mit deutschen Spezialitäten in ihrem German Café, Kaiwaka

Im Laden haben die beiden einen Schrank eingerichtet mit deutschen Waren. Hier gibt es neben Dinkelbrot, Schokolade und Senf vor allem Tchibo-Kaffee. »Bei uns kann man richtig guten Kaffee trinken, das ist hier ja sonst nicht gerade so.« Die Speisekarte hat Nordmeier inzwischen jedoch etwas vereinfacht: »Die Rinderrouladen liefen hervorragend, aber irgendwann kommt man sich dann ganz komisch vor, wenn man den ganzen Tag in der Küche steht und Rouladen dreht.« Außerdem sei ja das Ziel der Auswanderung gewesen, Zeit für die Kinder zu haben und eben nicht immerzu arbeiten zu müssen. Also gibt es jetzt Weißwürste, das ist auch typisch deutsch und geht schneller.

Schneller und einfacher geht es in Neuseeland auch mit der Anrede. Meistens nennt man sich schlicht beim Vornamen – seinen eigenen hat der Cafébetreiber etwas abgeändert und trägt jetzt »Jorg« auf der Brust: »›Jörg‹ klingt einfach zu sehr nach ›Gerg‹« – und wer will sich schon gerne vorstellen mit »Hallo, ich bin ein Wichser«.

Am nächsten Tag geht es nach Rotorua, einer kleinen Stadt im Osten der Nordinsel. Hier gibt es nicht nur jede Menge Geysire zu bestaunen, sondern auch Schwefelquellen. Neben den Touristenattraktionen ist Rotorua auch für seine Forstwirtschaft bekannt. Hier arbeiten viele Wissenschaftler, darunter auch mehrere Deutsche, wie ich am Morgen erfahre. Wir machen uns mit der Hilfe von diversen Kollegen von Kollegen auf die Suche und finden schließlich Kerstin Möller. Es ist halb acht Uhr morgens, und Krankenschwester Kerstin hat gerade eine Nachtschicht hinter sich, ihr Mann Ralf ist unterwegs und bringt die Kinder zur Schule beziehungsweise in den Kindergarten. Obwohl ich sie soeben unangekündigt aus dem Bett geklopft habe, beantwortet sie jede Menge Fragen durch die gekippte Fensterscheibe – die Terrassentür direkt daneben kann sie nicht öffnen, da ihr Mann mit dem Schlüssel unterwegs ist.

Vor sechs Jahren sind die beiden hierher nach Rotorua gekommen – allerdings mit der festen Absicht, nach drei Jahren wieder zu gehen. »Ralf hat hier seinen Doktor gemacht und bekam dann ein interessantes Arbeitsangebot.« Inzwischen ist auch das zweite Kind hier im Lande geboren worden und die beiden überlegen, ob sie nicht fest dableiben wollen. »Dann kaufen wir uns aber auch endlich Möbel und ein Haus, jetzt mag ich das Leben so zwischen den Stühlen nicht mehr.« Lust, wieder nach Deutschland zu gehen, hätten die beiden schon, die Arbeitsmarktlage sieht aber nicht danach aus. »In Deutschland gibt es zur Zeit leider keine Jobs, wir können also nicht zurück. Aber vielleicht gehen wir nach Schweden, von da kam jetzt für Ralf ein Angebot, aber dann wäre das wieder eine neue Sprache, und das war hier schon schwer genug.« Freunde hat Möller fast nur unter den anderen Deutschen, die hier leben, »man ist sich da einfach näher, und die Sprache ist einfacher.«

Wohin die Reise im nächsten Jahr gehen wird, ist jedenfalls noch völlig unklar: »Im Augenblick ist einfach alles in der Schwebe.«

## Lieber deutsch als amerikanisch
Michael Shulz, Auckland

Es naht der 3. Oktober und mit ihm die Feier der German New Zealand Association im Hyatt Regent Hotel. Da von Piha, meinem Schlafplatz bei Viviane, keine Busse in die etwa 30 Kilometer entfernte Hauptstadt fahren, stelle ich mich mit einem kleinen Pappschild »AUK (CBD)« an die Straße. Wie immer in dieser Gegend hält gleich das erste Auto an. Drinnen sitzt Michael, ein Deutsch-Amerikaner. Er ist noch in München geboren, dann aber zog es seine Eltern vor 30 Jahren in die USA, sein Vater begann für die NASA zu arbeiten. Die Familie kehrte nie zurück, und Michael war nur ein einziges Mal zu Besuch in Deutschland – als er acht Jahre alt war.

Ansonsten kannte er immer nur die USA und beschloss deshalb, für ein Jahr nach Neuseeland zu gehen, wo er im Philharmonieorchester Trompete spielt. »Wenn die hier meinen Akzent hören, ist es immer besser zu sagen, dass man Kanadier oder Deutscher ist, die Amerikaner sind hier nicht gerade beliebt.«

Trotzdem überlegt der Musiker jetzt, sich für die amerikanische Staatsangehörigkeit zu bewerben. »Ich bin nur ›permanent resident‹ und muss also jedes Jahr mindestens einmal in den Staaten sein. Wenn ich mal zwei Jahre am Stück weg bin, werfen die mich raus. Dabei fühlt es sich da doch wie zu Hause an.« Deutsche Freunde hat er keine und spricht auch nur mit seinen Eltern die Sprache. »Meine Eltern wollten auch nie zurück, deswegen habe ich mir da nie Gedanken drüber gemacht. Ich bin eben Amerikaner.« In Deutschland zu leben, kann er sich aber gut vorstellen, alleine schon wegen der Arbeit. »Bei uns gehen die ganzen Orchester gerade pleite, da findet man nur noch schwer etwas. Wahrscheinlich gibt es in Berlin so viele Musikerstellen wie in den ganzen USA, da könnte es also etwas leichter sein.« Er will sich demnächst mal genauer umhören.

## Das Budapester-Gypsie-Trio zum Nationalfeiertag
German New Zealand Association, Auckland

Vor dem Probengebäude der Philharmonie ist eine Bushaltestelle, von wo aus ich die letzten Kilometer bis ins Stadtzentrum zurücklegen kann. Im Regatta Room des Hyatt Hotels steht man schon um 10.45 Uhr fast vollständig versammelt beisammen. Es gibt Sekt – und wider Erwarten auch junge Gesichter. Eines gehört Johannes Blaschke. Er ist zwanzig, studiert Physik und kam mit seinen Eltern vor zehn Jahren nach Auckland. »Warum?« frage ich, und er meint: »In der Schule waren Leute aus den verschiedensten Ländern, Jugoslawen, die vor dem Krieg flüchten mussten, Rumänen, die zu Hause keine Arbeit gefunden hatten. Wenn die dann von mir wissen wollten, warum meine Eltern nach Neuseeland gekommen sind, konnte ich immer nur sagen: ›Weil mein Vater eine Midlife-Crisis hatte und ein bisschen Abenteuer brauchte.‹« »Ja«, strahlt sein Vater Manfred und erweckt den Eindruck, als sei die Krise ganz gut überwunden, »so war das, es gab eigentlich überhaupt gar keinen Grund.«

Also machte sich die vierköpfige Familie ohne Englischkenntnisse und ohne Plan auf den Weg ans andere Ende der Welt und fand dort auch das Glück – ganz gegen alle Unkenrufe. »Wir haben ein wunderschön gelegenes, 10 000 Quadratmeter großes Grundstück, auf dem wir vier Schafe halten, die uns den Rasen kurz fressen«, so Regina Blaschke, die Mutter. Auf die Frage, was sie beruflich hier mache, lacht sie: »Na, einer muss doch die Schafe hüten.«

Auch nach zehn Jahren ist das offenbar nicht langweilig. Alle drei können sich aber gut vorstellen, noch einmal woanders hinzugehen, zum Beispiel nach Australien. »Wir mussten hier in der Schule immer die Nationalhymne singen, aber ich kann nicht von mir sagen, dass ich für dieses Land sterben würde.« Das klinge nach einer recht gesunden Einstellung, entgegne ich, woraufhin Manfred einwirft: »Ja, aber jeder Neuseeländer erzählt, dass sein Land das beste, tollste und großartigste wäre. Aber das finden wir nicht so. Hier ist auch viel Show und viel Oberflächlichkeit. Die lächeln immer, und dahinter ist oft gar nichts.« Deshalb sind sie mit Johannes ja auch hierher gekommen, zum Fest der deutschen Einheit in den deutschen Club, um die Wurzeln nicht zu verlieren.

Zu uns stellt sich Edith, 76 Jahre alt und seit sieben Jahren in Neuseeland: »Mir geht es gut hier!« Die Berlinerin ist nach dem Tod ihres Mannes den beiden ausgewanderten Töchtern hinterhergezogen. Englisch konnte sie erst gar nicht, ging dann aber ein Jahr zur Schule. »War das anstrengend!« sagt sie Augen rollend, jetzt nimmt sie jeden Tag eine Stunde Privatunterricht. »Ich kann einkaufen gehen und eine leichte Unterhaltung führen, dafür reicht es inzwischen.« Freunde habe sie zwar nicht so viele, aber ein sehr gutes Verhältnis zur internationalen Nachbarschaft: »Da gibt es Koreaner, Chinesen, Griechen, Italiener – das ist sehr spannend.« Außerdem würde sie regelmäßig ihre Kinder treffen und einmal pro Woche auf das Enkelkind aufpassen. »Da toben wir dann gemein-

Inge Pelecudis bei der Eröffnungsrede des Festes am 3. Oktober 2004 im Hyatt Hotel

sam durch die Gegend!« Nach Deutschland zurück wolle sie nicht, es sei doch schön hier.

Laut rufend werden wir aufgefordert, an einem der acht Tische Platz zu nehmen, nach Tischordnung versteht sich. Ich komme neben Anja zu sitzen, die vor sieben Jahren ausgewandert ist und inzwischen einen Neuseeländer geheiratet hat. Die 42-Jährige wollte eine dreimonatige Pause zwischen zwei Jobs nutzen, um mal was von der Welt zu sehen, kam auch bis Neuseeland und blieb dann dort der Liebe wegen hängen. Inzwischen arbeitet sie in einer leitenden Stellung beim Zoll. »Das gibt da aber auch oft Schwierigkeiten, weil ich als Ausländerin nicht Dinge der höchsten Geheimhaltungsstufe wissen darf. Da muss ich dann aus dem Zimmer gehen, wenn so was besprochen wird.« Sie fühlt sich inzwischen aber hier zu Hause und ist heute nur zum Fest gekommen, um wieder mal Deutsch zu sprechen. »Ich habe den Spiegel abonniert und sehe die Deutsche Welle. Aber man kommt eben im Alltag sonst nicht zum Sprechen.«

Wir werden alle von der Präsidentin des Clubs, Inge Pelecudis, begrüßt. Sie freut sich, an einem Rednerpult mit Deutschlandfahne stehend, dass 34 Jahre nach Gründung des Clubs so viele Mitglieder und Gäste zusammengekommen sind, um den Einheitstag zu feiern. Anschließend spricht Gisela Klette über den Mauerfall und den Weg zum 3. Oktober 1990. Sie selbst hat in diesen Monaten in Berlin-Marzahn gelebt und den Wechsel folglich aus der Nähe miterlebt. Sie beschreibt die Euphorie dieser Monate einschließlich der Einheitsfeiern am Brandenburger Tor und vergleicht diese mit der gedrückten Stimmung im Deutschland von heute. Sie lebt mit ihrem Mann, der an der Universität in Auckland Informatik lehrt, seit acht Jahren in Neuseeland. Ihr Fazit: »Wir verfolgen die Fahrt des deutschen Schiffes mit größtem Interesse und sind froh, weit genug weg zu sein, um nicht nass gespritzt zu werden.«

Das gibt ganz gut die Stimmung der anwesenden Gäste wieder, die in einem Land leben, das derzeit weniger als fünf Prozent Arbeitslosigkeit hat und versucht, Fachkräfte aus dem Ausland anzuwerben. In Neuseeland zu immigrieren, ist dennoch inzwischen schwieriger geworden, da das Land vor allem eine große asiatische Einwanderung befürchtet. Folglich gibt es ein Punktesystem, das Ausbildung, Sprachkenntnisse, Alter, Kapital und ähnliche Faktoren zu einer Gesamtsumme addiert, die nicht von jedem leicht zu erreichen ist.

Damit hatten meine Nachbarn rechts am Tisch keine Probleme. Sie leben schon seit zwanzig Jahren in Neuseeland. Alex ist Tscheche und hat Prag aus politischen Gründen 1969 verlassen. Zunächst lebte er fünfzehn Jahre in Köln, wo er auch seine Frau, eine Neuseeländerin, kennen lernte. Zu Hause sprechen sie mit der 24-jährigen Tochter eine Mischung aus Englisch und Deutsch. Alle drei sind extra aus Rotorua angereist und nehmen auch sonst oft an Clubtreffen teil. Wie fast alle hier mögen sie die Sprache – und das Essen. Nach der Rede und dem gemeinsamen Absingen der Nationalhymne bildet sich deshalb auch schnell eine Schlange vor dem Büffet mit Spätzle, Klopsen, Kassler, Weißwurst, Sauerkraut und Apfelstrudel mit Vanillesoße. Die deutschen Köche des Hyatt haben in Zusammenarbeit mit dem liefernden deutschen Bäcker und Schlachter gute Arbeit geleistet: Es schmeckt wunderbar.

Während der letzten Bissen rückt das Budapester-Gypsie-Trio an und packt die Geigen aus. Etwas ungewöhnlich für einen deutschen Nationalfeiertag, aber, so die Präsidentin des Clubs, »die haben wir mal bei einer anderen Veranstaltung gehört, die spielen gut, und es ist mal was anderes«. Offenbar sehen das viele der Mitglieder auch so, es wird heftig getanzt, und gleich mehrere Paare kommen anschließend bei Pelecudis vorbei und beglückwünschen sie zur Kapellen-Wahl.

Die Präsidentin selbst ist mit ihrem bayerischen Lebensgefährten gekommen, demnächst wird geheiratet. »Mein erster Mann war Spanier, den habe ich hier kennen gelernt.« Als Fremdsprachenkorrespondentin wollte sie 1954 für zwei Jahre nach Neuseeland kommen, um hier fließend Englisch zu lernen, anschließend waren ein Jahr Frankreich und Spanien geplant, um dann einen guten Job in Deutschland zu bekommen. »Stattdessen war ich nach einem Jahr hier verheiratet.« Sie bekamen Nachwuchs, und Pelecudis damit »die Arbeit, die mir am meisten Spaß macht: drei Kinder«. Nachdem ihr Mann jung verstarb, heiratete sie einen Griechen und besuchte mit dem auch den griechischen Club, »die machen da auch sehr schöne Veranstaltungen.«

Das höre ich an diesem Tag nicht zum ersten Mal: Mitglied im deutschen Club zu sein, bedeutet nicht, sich auf die deutsche Gemeinschaft zu beschränken. Viele haben Freunde oder Verwandte aus anderen Einwanderergruppen und besuchen auch deren Veranstaltungen. »In Neuseeland ist ja auch sonst kulturell nicht so viel los. Inzwischen gibt es hier zwar auch eine Philharmonie und ordentliches Theater, aber es ist eben nicht Europa«, so Pelecudis. Sie selbst hat auch nach 50 Jahren am anderen Ende der Welt »fast nur deutsche Freunde«. »Die Neuseeländer sind sehr nett und sehr hilfsbereit, aber sie sind eben anders als wir. Wir sitzen hier so ein bisschen zwischen Baum und Borke. Hier werden wir nie ganz hingehören, aber wenn ich nach Deutschland komme, hat sich da ja auch viel verändert, und ich wohne eben nicht dort, gehöre also auch nicht dazu.« So oft es geht, fährt die gebürtige Berlinerin in die Bundesrepublik. »Das erste Mal vergingen aber zwanzig Jahre, bis ich hinkonnte. Da habe ich dann meine Kinder mitgenommen und denen alles gezeigt, meine Gedächtniskirche, meinen Funkturm und so. Und nach drei Wochen, als wir in Köln waren, hat mich mein Sohn dann gefragt: ›Du, Mama, warum bist du eigentlich aus so einem schönen Land weggegangen?‹«

Sie selbst hat in Neuseeland damals vor allem die Grenzenlosigkeit des Landes genossen. »In Berlin stand man damals ja dauernd an einer Grenze, überall waren auf einmal Vopos mit ihren Gewehren, das war wie auf einer Insel.« Bis heute genießt sie das viele Grün in Neuseeland und die wenigen Restriktionen. »Ich bin 22 Jahre hier Auto gefahren, bis mich das erste Mal jemand nach meinem Führerschein gefragt hat.« Wieder zurück nach Deutschland zu gehen, kann sie sich kaum vorstellen, schon aus finanziellen Gründen. »Wir haben hier ein schönes Haus mit Garten, und da dann in irgendeiner Mietwohnung in der Stadt zu wohnen, mit einem Eckchen Balkon, kann ich mir gar nicht mehr vorstellen. Wir haben früher ja auch so gelebt, aber durch die Jahre hier könnte ich das jetzt nicht mehr ertragen.«

Außerdem sind ihre Kinder hier verheiratet. »Meine Eltern sind inzwischen verstorben, aber die sind damals auch nachgekommen, die haben auch hier gewohnt.« Das hört man in Neuseeland öfter, hierhin mag man offenbar auch als älterer Mensch gern »nachkommen«. »Meine Mutter ist hier über 90 geworden, das macht die mangelnde Hektik. Wenn ich mit der mal in Deutschland einkaufen war, dann hieß es: ›Nun beeilen Sie sich doch mal!‹ und hier sagt man: ›Take your time, love, take your time.‹ Und dabei werden einem dann die Einkäufe sogar noch in die Tüte gepackt und bis zum Auto getragen. Die gehen hier ganz anders miteinander um, da gibt es mehr Respekt voreinander und weniger Hektik.«

Ernst Altenberger, ihr Lebensgefährte, kann sich seinen Lebensabend auch eher in Neuseeland vorstellen, obwohl sein ursprünglicher Auswanderungsgrund schon verjährt sein dürfte: »Ich habe nach 1945 jahrelang gehört, die deutsche Armee ist schlecht, deutsche Soldaten sind schlecht, und man soll sich überhaupt von allem, was damit zu tun hat, möglichst fern halten. Na, und dann kommen die auf einmal und gründen wieder eine Armee und wollen mich einziehen. Da hab ich gesagt, ›das mog i ni‹ und bin nach Neuseeland gegangen.« Hier im deutschen Club finden sich mehrere Männer, die aus diesem Grund möglichst weit weg von Deutschland leben wollten. Heute ist das kein Auswanderungsgrund mehr. Offensichtlich haben die Jungen auch andere Interessen: »Die Jugend kommt nicht mehr zu unseren Veranstaltungen, das ist schade. So werden wir langsam immer weniger. Aber solange es Spaß macht, treffen wir uns weiter!«

# Australien

Australien war nicht immer ein geeintes Land, sondern bestand nach seiner »Entdeckung« zunächst aus mehreren britischen Kolonien, die seit 1901 »states« genannt werden. Jede von ihnen verfolgte eine eigenständige Besiedlungs- und Einwanderungspolitik, wobei allerdings allen gemein war, dass nach der britischen die deutsche Einwanderung den größten Umfang einnahm. Nicht alle Deutschen kamen jedoch aus freien Stücken nach »down under« – als Strafkolonie des Königreiches genutzt, erreichten auch die ersten Deutschen den Kontinent in Ketten.[59] Sie waren auf den Britischen Inseln oder in den Kolonien straffällig geworden und wurden als Sträflinge nach Australien gebracht.[60] Zahlenmäßig stärker waren jedoch die Siedler, die sich vor allem im Süden Australiens niederließen. In der Umgebung Adelaides gründeten sie viele Ortschaften, die zum Teil bis heute deutsche Namen tragen. Die ältesten noch bestehenden »ethnischen Siedlungen« sind Hahndorf (etwa 21 Kilometer von Adelaide entfernt, Gründung 1839), Lobethal (etwa 24 Kilometer von Adelaide entfernt, Gründung 1841) und das Barossatal, das ab 1842 besiedelt wurde und sich zum Hauptweinanbaugebiet Australiens entwickelte.[61] In den 70er Jahren des 20. Jahrhunderts wurden die deutschen Gemeinden vom Fremdenverkehr entdeckt – und bajuwarisiert. Das heißt, diese ursprünglich preußisch-lutheranerischen Siedlungen zeichnen sich jetzt durch eine Reihe neu gegründeter »deutscher Wirtshäuser« aus, die, von Einwanderern errichtet, häufig dem bayerischen Stil nacheifern. Daneben gibt es auch ein paar alte Gebäude zu bestaunen, und wer mag und nach einem Teller guter deutscher Küche noch dazu fähig ist, kann sich in einem der Museen über die deutsche Vergangenheit des Kontinents unterrichten.

Neben diesen strebsam-bodenständigen deutschen Siedlern zog es Mitte des 19. Jahrhunderts auch eine ganz andere Auswanderergruppe nach Australien: Goldfunde zogen eine Flut von Abenteurern nach Victoria. Die wenigsten wurden zwar tatsächlich reich, die meisten von ihnen blieben aber (dennoch) und versuchten, sich eine neue Heimat aufzubauen.

Wie viele Deutsche insgesamt Richtung Känguru-Kontinent wanderten, ist nicht bekannt, da in den »states« niemand an zukünftige Forschergenerationen dachte und somit die Neuankömmlinge nicht statistisch erfasst und registriert wurden.[62]

Besser festgehalten wurde da schon der Bruch, der mit dem Beginn des Ersten Weltkrieges das bislang so friedliche Leben der deutschen Einwanderer in Australien ereilte. Waren sie bislang noch geachtet und zum Teil gar umworben worden, brach nun eine antideutsche Hysterie aus. Ob naturalisiert oder nicht – alle Deutschen waren verdächtig und galten fortan als »enemy aliens« (Deutsche) oder »enemy subjects« (Deutschstämmige). Deutsche Schulen mussten schließen, in den Kirchen hatte Englisch gesprochen zu werden, deutsche Ortsnamen wurden getilgt, deutsche Firmen enteignet, deutsche Zeitungen stellten ihr Erscheinen ein, das Vereinsleben erlosch, und als gefährlich angesehene Deutsche selbst der zweiten und dritten Generation wurden gar in Concentration Camps interniert.[63] Sogar nach Kriegsende 1918 verwies man 6000 Deutsche des Landes, deutsche Einwanderung war dann bis 1925 völlig verboten.

Die deutsche Gemeinschaft erholte sich nur langsam von diesen Ereignissen. Zur Wiederbelebung wurde 1933 eine Dachorganisation für alle deutschen Vereine gegründet, der Bund des Deutschtums in Australien und Neuseeland. Anders als das Gründungsdatum vermuten lässt, hielt sich die Beeinflussung durch den Nationalsozialismus in Grenzen, da sich zumindest die bereits in Australien geborenen Deutschen der Propaganda gegenüber wenig aufgeschlossen zeigten. So war es nur schlüssig, dass sich der australische Staat während des Zweiten Weltkrieges bei der Internierung auf NS-Sympathisanten und deutsche Staatsbürger konzentrierte, Deutschstämmige hingegen nichts zu befürchten hatten.[64]

Nach dem Krieg startete Australien ein groß angelegtes Einwanderungsprogramm. Nur durch eine größere Bevölkerung sah man sich der angenommenen Bedrohung seitens der asiatischen Staaten gewachsen. Schließlich war die eigene Verwundbarkeit durch den Pazifischen Krieg deutlich geworden. Auch Deutsche waren nun

wieder als Einwanderer erwünscht, so dass zwischen 1950 und
1961 91 000 von ihnen Australien erreichten. Trotz dieser doch
recht erheblichen Zahl fallen die Deutschen in Australien inzwischen im Gegensatz zu anderen Einwanderergruppen kaum noch
auf. Die meisten sprechen Englisch, leben über das ganze Land verteilt und haben sich in die Umgebungsgesellschaft integriert, zum
Teil sogar assimiliert, da die Deutschen in der überwiegenden Mehrheit nicht untereinander heiraten, sondern australische Partner wählen.[65]

Das Vereinsleben der Deutsch-Australier erhielt in den 70er Jahren noch einmal zusätzlichen Schwung, viele Clubs wurden neu gegründet. Das lag nicht etwa an einem erneuten großen Zuzug, sondern an den veränderten Bedingungen innerhalb der Gemeinschaft.
Zum einen standen die Einwanderer inzwischen auf einer fundier-
ten finanziellen Basis und konnten Zeit für das Vereinsleben aufbringen. Zum anderen hatte sich das australische Umfeld verändert, das nun Multikulturalität nicht mehr grundsätzlich ablehnte.

## Glockengeläut
Sabine Milewski, Deutsche Lutherische Dreifaltigkeitskirche,
Melbourne

Eine deutsche evangelische Gemeinde im Ausland, das ist ganz etwas anderes, als man es von Haus aus kennt. Schließlich fragt in der
Bundesrepublik niemand den kleinen Täufling, ob sein Kreischen
beim Handauflegen als Protest gegen einen Beitritt in diese Kirche
verstanden werden sollte. Nein, in Deutschland ist man durch Taufe,
evangelisches Bekenntnis und Wohnsitz im Bereich der betreffen-
den Kirchengemeinde automatisch Mitglied. Wer in Buxtehude
wohnt, ist auch dort Kirchenmitglied, ganz egal, ob er in Wirklichkeit jeden Sonntag eine lange Weile im Auto verbringt, um stattdessen eine Hamburger Kirche zu besuchen. Das Kirchenmitglied
kann sich auch nicht überlegen, wieviel ihm denn seine Mitgliedschaft wert ist, schließlich wird seine Kirchensteuer gleich automatisch vom Gehalt abgezogen. Entschieden werden kann da nur
noch, ob ein oder zwei Euro in den Klingelbeutel fallen sollen. Ganz
anders sieht das bei den Auslandsgemeinden aus. Die Mitgliedschaft

erhält man hier durch einen freiwilligen förmlichen Beitritt, und anstelle der Kirchensteuer zahlt man Mitgliedsbeiträge. Rechtlich gesehen ist eine Auslandsgemeinde damit ein Verein.[66]

Missionieren im Sinne einer gezielten Gewinnung von neuen Mitgliedern aus anderen Kirchen und Religionen sollen diese Vereine allerdings nicht. Stattdessen ist es das erklärte Ziel von Auslandsgemeinden, »die eigenen Sprach- und Glaubensgenossen in ihrer Muttersprache zum Gottesdienst zu versammeln und sie seelsorgerisch zu begleiten«[67]. Darüber hinaus erfüllen sie auch die Funktion der Diakonie, die sich um in Not geratene Deutsche im Ausland kümmert.

Eingerahmt von der alles überragenden St. Patricks Cathedral und dem Parlamentsgebäude steht mit der German Lutheran Trinity Church der Sitz einer solchen Auslandsgemeinde nahe des Melbourner Stadtzentrums und wirkt durch die bedeutende Nachbarschaft kleiner, als sie in Wirklichkeit ist. Im Gegensatz zu all den großen Kirchen der Umgebung ist die Tür der deutschen verschlossen. Aber ich habe Glück. Auf dem Parkplatz treffe ich Sabine Milewski, die gerade auf dem Weg zum Gemeindehaus ist. Die Theologiestudentin macht hier ein fünfmonatiges Praktikum. Beinahe wäre ihr Versuch gescheitert, in diesen Monaten mal etwas ganz anderes zu sehen, als normale deutsche Kirchenarbeit: »Der Pastor hat sofort ›Ja‹ gesagt, als ich gefragt habe, ob ich kommen kann, aber ich fand kein Zimmer. Schließlich bekomme ich für die Zeit hier ja kein Geld, und da hab' ich gesagt, dass ich wohl den Flug zahlen kann, aber dann irgendetwas brauche, wo ich wohnen kann und auch mal was zu essen bekomme.«

Unter den Gemeindemitgliedern fand sich niemand, der bereit war, für eine Weile ein Zimmer zur Verfügung zu stellen. »Ich wäre dann beinahe nach New York gegangen, weil sich hier nichts tat. Aber dann hat der Pastor einen Rundbrief über die Wohltätigkeitsgesellschaft an tausend Haushalte geschickt, und da fand sich dann was.«

Jetzt wohnt sie bei einem siebzigjährigen Ehepaar, »die aber noch sehr fit und jeden Abend unterwegs sind oder Gäste haben«. Anschluss an jüngere Leute zu bekommen, ist indes schwierig. »Das Durchschnittsalter in der Gemeinde liegt bei 70 Jahren. Wir sind auch am Überlegen, wie wir die Gemeinde etwas verjüngen können, aber die meisten der Kinder und Enkel von den Einwanderern kommen eben einfach nicht mehr.« Auch ihre Versuche, im Bibelkreis mit der Zwillingsgemeinde Anschluss zu bekommen, waren bislang nicht von Erfolg gekrönt: »Hier sieht es manchmal so aus, als ob man nicht einfach mal auf ein Bier ausgehen könne oder gar in die Disko, wenn man ein guter Christ ist. Das machen die scheinbar nicht, auch die Jüngeren nicht.« Trotzdem gefällt es ihr in Melbourne. »Die Stadt ist toll, und die Arbeit in der Gemeinde macht auch Spaß. Ich kann hier viel machen, am Reformationstag werde ich auch das erste Mal selbst predigen, und der Pastor ist sehr nett.«

Den treffe ich kurz darauf in der angrenzenden Pfarrei. Joachim von Mitzlaff ist vor vier Jahren mit Frau und Kindern nach Melbourne entsandt worden. »Ich hatte Glück, es gab 28 Bewerber.« Nach Melbourne wollte er gehen, da er Australien schon von einem Semester Studium in Adelaide kannte, »und Australien zu mögen, fällt nicht schwer«. Seine Frau, die ebenfalls Pastorin ist, kann hier allerdings nicht arbeiten. »Die Stelle war ausdrücklich für einen Mann ausgeschrieben. Das hängt damit zusammen, dass es in der australischen Synode keine Frauenordination gibt.« Obschon deutsche Kirchen im Ausland allgemein als selbständiger Verein funktionieren, wollte man doch lieber auf das gute Verhältnis zur australischen Partnerkirche Rücksicht nehmen.

Überhaupt ist hier so manches anders als in der deutschen Kirche. Weil Auslandsgemeinden selbst für ihre Finanzierung aus Spenden aufkommen müssen, finden sich im Gemeindeblatt neben den üblichen Mitteilungen von Seniorenkreis und Frauenverein auch diverse Werbeanzeigen, welche die gesamte Spannbreite von der Lebensberatung über Metzger bis zum Elektrowarengeschäft abdecken, versehen mit der kirchlichen Bitte, »bei Ihren Vorhaben die Firmen zu berücksichtigen, die uns mit ihren Anzeigen unterstützen«.

Von Mitzlaff macht die Arbeit in der Gemeinde Spaß. Er hat drei Jahre Verlängerung beantragt, die gerade bewilligt worden sind. »Melbourne ist eine tolle Stadt mit gutem Wetter und tollen Freizeitmöglichkeiten, es ist einfach schön, hier zu leben.« Zu Ostern wird hier, »so Gott will«, sein drittes Kind geboren. Die anderen beiden sind zwei und acht Jahre alt, der Ältere geht zur Schule

Sabine Milewski mit dem Jubiläumsbuch der Gemeinde vor Melbournes
deutscher Kirche

und ist komplett integriert. »Hier hat man nichts gegen Deutsche.«
Der Pastor entschwindet Richtung Bastelkreis und lässt mich mit
dem Stolz der Gemeinde zurück: dem zum 150. Geburtstag erschienenen, 700 Seiten starken und reich bebilderten Buch über »A
German Church in the Garden of God«. 75 Dollar (circa 43 Euro)
kostet das gute Stück und wird dennoch unter den Gemeindemitgliedern stark nachgefragt, schließlich ist man schon allein auf das
Gebäude stolz, das mittlerweile unter Denkmalschutz steht.

Die Frage ist nur, ob Kinderfreizeiten und die vierzehntägig statt-
findende Deutsche Spielgruppe der Kirche wirklich auch eine Zukunft schenken können. Derzeit jedenfalls wird jedes neu hinzu-
gewonnene Gemeindemitglied noch namentlich im Kirchenblatt
aufgeführt und herzlich begrüßt. Im Vergleich zu Deutschland, wo
den Kirchen die Mitglieder in Scharen davonlaufen, ist die Entwicklung hier jedoch fast schon positiv: »Im letzten Jahr hatten wir vier
Prozent neue Mitglieder, das ist toll, wenn man bedenkt, dass anderswo nur Austritte und Beerdigungen verzeichnet werden.«


## Passionierte Wellenreiter
3ZZZ, Melbourne Ethnic Community Radio

»Ich glaube nicht, dass einer von den Deutschen in dieser Woche
Zeit für Sie haben wird, wir sammeln gerade die Jahresspenden, da
sind alle im Stress«, sagt man mir beim Radiosender 3ZZZ. Aber
man werde meine Telefonnummer weitergeben, vielleicht hätte ich
ja Glück. Am nächsten Tag meldet sich Rudi bei mir, er heißt mit
Nachnamen Richter, aber hier beim deutschen Radio belässt man
es beim Vornamen und beim »Du«. Ich könne ruhig vorbeikommen
und mir die nächste Sendung anschauen, auch wenn da alles anders
liefe als im Rest des Jahres. »Wir senden drei Stunden pro Woche,
deshalb müssen wir jedes Jahr mindestens 3000 Dollar Spenden zu-
sammenbringen. Schließlich bekommen wir nur ein Viertel unserer
Unkosten vom Staat gedeckt, den Rest müssen wir selbst irgendwie
aufbringen.«

3ZZZ ist allen ethnischen Gruppen des Landes offen und sen-
det Programme in 96 Sprachen von Afghanisch über Esperanto und
Lettisch bis hin zu Maltesisch und Vietnamesisch. Alle Programme

Klaus Bauer im Studio des Gemeinschaftsradios 3ZZZ, Melbourne

werden ehrenamtlich gestaltet, und zumindest von den Deutschen
hat keiner so etwas mal beruflich gemacht. Folglich ist die Aufregung wenigstens beim Ansager Peter groß: »Heute ist alles ganz anders als sonst, wir müssen Spender finden.« Draußen an den Tele-
fonen sitzen Rudi, Johanna und Siegfried und notieren fleißig,
während Klaus die entsprechende Hintergrundmusik einspielt. Zu
meiner Überraschung gibt es Swing statt Blasmusik. Aber das ist
der Ausnahmesituation geschuldet. »Der Peter meint, dass wir solche Musik ohne Text spielen sollen, damit sich die Hörer auf seine
Ansagen konzentrieren.« Und angesagt wird eine ganze Menge.

Gutscheine von Metzgern, Weinhändlern, Hotels und Friseuren
sind zu erstehen, dazu Zeitungsabonnements und die Möglichkeit,
eine Flugreise nach Europa zu gewinnen. »Einige der Vereine und
Geschäfte spenden uns direkt Geld,« so Klaus, »andere geben uns
Gutscheine, die man dann hier erstehen kann.« Also werden die
ganze Sendung über Angebote vorgelesen und verkündet, wer schon
etwas gespendet hat. Zwischendurch gibt es ab und an etwas Swing
oder komplette Sendeunterbrechungen, die eben in der Aufregung
mal passieren können.

Nach einer Stunde mit Ansagen wie »Für 60 Dollar gehen Peter und Louise Reichenthaler ins Cooko essen – lasst es euch schmecken, und vielen Dank!« ist die Sendung vorüber und lässt ein halbes Dutzend hochzufriedener Radiomacher zurück. »Wir haben schon fast alles beisammen, dabei können wir nächste Woche noch dreimal sammeln.« Die deutsche Gemeinschaft steht also beisammen, wenn es um den Erhalt ihrer »Deutschen Stimme« geht. Schließlich werden in den normalen Stunden auch alle Nachrichten aus den Vereinen gebracht, Geburtstagsgrüße übermittelt und Veranstaltungen angesagt. Man kennt sich unter den gut 300 Hörern, und man weiß, was gerne gehört wird. Klaus ist gerade von einer zweimonatigen Reise aus Deutschland zurückgekehrt und zeigt stolz zehn neue Volksmusik-CDs her: »Das reicht erstmal für 'ne Weile.«

Moderne Musik kommt bei den Hörern nicht so gut an. »Einmal«, so Siegfried, »da hab ich die Toten Hosen gespielt, was meinst du, was da los war, da standen die Telefone nicht mehr still, und die Leute haben gefragt, ob wir jetzt alle verrückt geworden wären.« Auch Versuche, jüngere Hörer zu gewinnen, seien komplett fehlgeschlagen. »Hier sind mal zwei Jüngere mit einem Programm am Montagabend gestartet, die haben dann auch modernere Sachen gespielt. Aber als es dann ans Spenden kam, gab es von den Jüngeren nicht einen Pfennig, und ein neues Mitglied für unseren Radioverein haben die auch nicht gewonnen.«

Mitglied kann man für einen Jahresbeitrag von zehn Dollar werden und damit den ganzen Sender unterstützen. Insgesamt sind über das deutsche Programm jetzt etwa 230 Mitglieder gewonnen worden. »Und wir wissen, was die wollen. Die sagen immer, dass sie nicht so viel Gequatsche hören, sondern unterhalten werden wollen. Also gibt es schöne Musik, Witze und ab und an mal eine Anekdote aus Deutschland. Nachrichten bringen wir weniger.«

»Das übernimmt inzwischen ja auch die Konkurrenz.« Die Konkurrenz, das ist der Sender SBS, das professionelle Gegenstück zu 3ZZZ. »Die werden vom Staat bezahlt und bekommen sogar richtige Gehälter für ihre Arbeit.« Als Erstes hätten sich die Gegner die Frequenz direkt neben 3ZZZ gesichert – und die Sendezeit übernommen. »Die haben gesagt, das war Zufall, aber das glauben wir nicht, das war Absicht, die wollten unsere Hörer abwerben«, so

Rudi, der derzeit verantwortlich für das Programm zeichnet. »Wir hatten damals großes Glück, dass wir unseren Sendeplatz um eine Stunde nach hinten verlegen konnten.« Somit ist die »Deutsche Stimme« auch fünfzehn Jahre nach ihrer Gründung noch auf Sendung.

Die Macher des Programmes leben alle schon seit vielen Jahrzehnten in Australien. Johanna ist 1958 gekommen. »Ich bin Rumäniendeutsche und erst mit siebzehn in die Bundesrepublik gekommen. Da hab ich dann auch meine Mutter kennen gelernt. Die hatten die Russen verschleppt. Und dann haben wir uns nach Jahren in Deutschland wiedergesehen. Allzu viel zu sagen hatten wir uns nicht. Überhaupt kam ich dort mit dem System nicht so gut zurecht, der Wechsel war einfach zu groß. Da bin ich dann fünf Jahre später ausgewandert und hatte erstmal ein paar tolle Jahre hier in Australien.«

Am Schönsten sei die Freiheit gewesen, man sei campen und zelten gegangen und habe viel erlebt. Später dann hat sie Peter, den heutigen Moderator der Sendung, geheiratet und drei Kinder bekommen. Nach Deutschland zurück wollten sie nie: »Wir haben hier ja alles, ein Haus, die Kinder, eine schöne Umgebung. Was will man mehr.« Ab und an war sie noch auf Familienbesuch in Deutschland. »Nach Rumänien bin ich aber nie mehr gefahren. Die haben mir alle gesagt, dass ich da bloß nicht hingehen soll, weil da in den ehemaligen deutschen Dörfern inzwischen alles kaputt ist und das Vieh in der guten Stube wohnt.«

Auch alle anderen sind fest entschlossen, ihren Lebensabend in Australien zu verbringen. »Allein, wenn man sich die Gesundheitskosten ansieht, da ist Deutschland für uns ja gar nicht mehr bezahlbar«, so Klaus. Er war überhaupt von den Preisen schockiert, als er jetzt drüben war. »Zum Glück hab' ich da ja noch Familie, so dass ich jedenfalls nicht für ein Hotel aufkommen musste.« Und bei dem jetzigen Wechselkurs wäre ein Hauskauf in Deutschland ganz ausgeschlossen. »Es ist ja auch so, dass wenn irgendwann mal die Sehnsucht nach irgendeinem Essen zu groß wird, dann fährt man eben mal rüber und genießt das eine Zeit, und dann ist es auch gut.« Viele der »deutschen Stimmen« haben inzwischen auch die australische Staatsangehörigkeit angenommen. »Und irgendwann gibt es dann eben auch kein Zurück mehr.«

Nur bei der Musikauswahl, da geht man gerne zurück: »Unseren größten Erfolg hatten wir, als ich mal eine Sammlung mit Platten von alten Wunschkonzerten aus der Wehrmachtszeit bekommen habe und wir die dann gespielt haben, zusammen mit so einem historischen Rückblick, wie das alles so war damals. Da waren unsere Hörer begeistert, und viele haben fast geweint vor Freude«, so Klaus. »Ja«, sagt der erst 1973 ausgewanderte Siegfried, der heute hier der mit Abstand Jüngste ist, »die sind eben alt und erinnern sich gerne an ihre Jugend.«

## Das Schlachtergeheimnis
Claudia und Guido Rossi, Malvern Continental Butcher, Melbourne

Knappe 20 S-Bahn-Minuten trennen Malvern vom Zentrum Melbournes. Hier gibt es kaum noch Hochhäuser, stattdessen viele klassische zweistöckige Terrassen-Häuser viktorianischer Bauart. Die Bevölkerung der Straßenzüge hat sich jedoch stark verändert. Inzwischen leben hier Menschen aus der ganzen Welt Tür an Tür – und auch der »deutsche Fleischer« ist ein »continentaler«.

»Mein Mann ist Schweizer«, sagt Claudia Rossi, die als Zweijährige 1953 mit ihren Eltern nach Australien kam, »ist das schlimm?« Sie selbst war auch erst ein Mal zu Besuch in Deutschland, das war vor achtzehn Jahren. »Da war alles anders als hier, eine komplett andere Welt«, erzählt sie in fließendem Deutsch. Ob sie sich hätte vorstellen können, dort zu leben. »Nein, warum sollte ich? Hier ist mein Zuhause, hier gehöre ich her.« Ihre Eltern hätten die Entscheidung auch nie bereut. »Es gab damals keine Wohnungen und keine Arbeit in Deutschland. Hier haben sie beides gefunden.«

Ihr Mann Guido kommt gerade mit einem großen Packen Würste vorbei, fertig zur Auslieferung. »Hier halten wir alle zusammen, Schweizer, Österreicher und Deutsche. Wir machen da keine Unterschiede.« Sein Geschäftspartner Paul Berger und dessen Frau Caroline sind Österreicher. Das Geschäft gibt es jedoch schon länger, »das wird Anfang der 50er Jahre eröffnet worden sein und hat dann ein paarmal den Besitzer gewechselt«.

Auf die Frage, was eigentlich einen deutschen oder »continentalen« Schlachter von einem australischen unterscheidet, antwortet

Claudia und Guido Rossi in ihrer Metzgerei, Melbourne

Rossi prompt: »Wir sind feiner.« Die Deutschen könnten einfach bessere und vielfältigere Wurst machen und würden überhaupt nicht ganz so viel auf Lammfleisch setzen. »Wir haben hier auch viel Rind, Kalb und Schweinefleisch.« Daneben gibt es noch jede Menge andere deutsche Spezialitäten: Sauerkraut steht neben Dinkelbrot im Regal, Kühne-Gewürzgurken neben Maggi-Würze und Brandt-Zwieback.

Meine Frage, wer denn so alles in seinem Laden kauft, stürzt Guido Rossi in Bedrängnis: »Darüber dürfen wir nicht sprechen.« Das ist etwas ganz Neues für mich, dass ein Fleischer der Geheimhaltungspflicht unterliegt, weshalb ich nachfrage. Rossi senkt seine Stimme, guckt suchend in dem lediglich vier Quadratmeter großen und derzeit unbevölkerten Verkaufsraum umher, hält die Hand schützend vor den Mund und flüstert: »Hier kaufen viele Juden.« »Und«, flüstere ich zurück, »warum darf das niemand wissen?« »Na, wir sind doch nicht koscher, die dürfen das doch eigentlich gar nicht essen, kommen aber trotzdem.« Während ich mir gerade vorstelle, wie eine dunkel gekleidete Gestalt mit Sonnenbrille kurz vor Ladenschluss ins Geschäft huscht, um noch schnell eine Bockwurst zu erstehen, betritt eine Kundin das Geschäft, so dass sich weitere Fragen erledigen.

Wir machen schnell noch ein paar Fotos – und ich lasse drei erstaunte Metzger zurück, die sich Zeit für ein nicht angekündigtes Gespräch genommen haben, obwohl ihnen bis zum Schluss nicht ganz klar war, wie ich »denn eigentlich auf die Idee gekommen sei, ein Buch über Fleischer zu schreiben?«.

## Schuhplattelnd in den Überlebenskampf
Hans Roleff, Deutscher Club Tivoli, Melbourne

Hans Roleff, Sekretär des Club Tivoli, bietet mir an, mich abzuholen. »Früher war der Deutsche Club ganz in Ihrer Nähe, aber die Gegend heißt jetzt Little Saigon, wir sind dann dort weggezogen.« In Little Saigon, das nur drei Fußminuten von meiner Bleibe entfernt liegt, war ich am Abend zuvor; dort gibt es tatsächlich nur noch asiatische Supermärkte, Restaurants, Friseure und Migrationsbüros. »Wir Deutschen hatten nie ein eigenes Viertel. Das kommt daher, dass jeder Deutsche ein schöneres Haus haben will als der nächste, deshalb können wir nicht nebeneinander wohnen.«

Der Sekretär ist 1956 nach Australien gekommen. »Mein Vater wollte das, so ist die Familie eben mitgegangen.« Der damals 22-jährige Roleff war gar nicht begeistert von der Idee, Deutschland zu verlassen. »Ich hatte einen guten Job, drei Chöre und einen Fussballverein. Was braucht der Mensch mehr?«

Über das Singen ist er schließlich auch zum Deutschen Club gekommen. »Es gab den Arion-Gesangsverein, da bin ich immer hingegangen. Ich wusste gar nicht, dass man dort nur mitmachen konnte, wenn man auch Mitglied im Club war. Und eines Tages ist dann ein Clubmitglied auf mich zugekommen, das war ein bekannter Wurstfabrikant, und hat mich gefragt, ob ich ihm gar nicht dankbar sei. ›Ja, wofür denn‹, hab ich zurück gefragt. Und dann stellte sich heraus, dass der meinen Mitgliedsbeitrag bezahlt hatte. Ich bin also in Abwesenheit zum Mitglied geworden.«

Bis heute ist Roleff begeisterter Sänger und war mit seinem Verein auch schon mehrfach in Deutschland zu Gast. Dort hat er viele Freunde, und man besucht sich gegenseitig. »Bei uns waren unter anderem auch schon der MDR Chor und der Frankfurter Polizei Chor. Die bringen wir dann hier immer privat unter.« Besuche in Deutschland findet Roleff bis heute schön und fährt deshalb so oft wie möglich rüber.

Auf seinen ersten Besuch musste er jedoch zwanzig Jahre warten. »Ich hatte zu meinen Freunden in Deutschland gesagt, nach zwei Jahren bin ich wieder da, aber das habe ich nicht gehalten.‹ Damals kostete die Überfahrt nach Australien nur zehn Dollar pro Person, dafür allerdings musste man sich verpflichten, mindestens zwei Jahre im Land zu bleiben. Die Anfangszeit sei sehr schwer gewesen. »Ich konnte ja kein Wort Englisch und also nicht mal alleine mit dem Bus fahren. Ich musste da immer auf meinen Bruder warten, der schon etwas gelernt hatte. Das ist sehr erniedrigend, wenn man mit 22 Jahren auf einmal wieder abhängig ist wie ein Baby.«

Roleff war allerdings schwierige Lebensumstände gewöhnt. 1934 geboren, zog er bis Kriegsende etliche Male um, wurde aus dem Ruhrgebiet per Kinderlandverschickung in die entlegensten Gebiete gebracht und dort nicht immer freundlich aufgenommen. »In Schlesien hab' ich bei einem Bauern gewohnt, wenn ich da

Oktoberfest im Club Tivoli, Melbourne

abends mit der Gaslaterne durch die Flure ging, blickte ich in Hunderte kleine Feuer – das waren die Augen der Ratten. Aus meinem Bett musste ich dann die Mäuse vertreiben, ehe ich mich reinlegen konnte.« Er machte die Ostflüchtlingstrecks mit und erlebte Bombardements und Fremdeinquartierungen.

Sein Fazit: »Ich kann Flüchtlinge gut verstehen. Ich weiß, wie man sich fühlt, wenn man nicht willkommen ist.« Er habe gelernt, alles zu respektieren, Menschen und Sachen. »Das hat mich dann hier so gestört, wie die mit Nahrungsmitteln umgehen, das wurde einfach alles weggeschmissen. Ich schmeiße bis heute nichts Essbares weg.« Dass die Deutschen aus jener Zeit etwas gelernt haben, bezweifelt Roleff: »Die Deutschen sind einfach keine Demokraten. Das sieht man auch hier im Club. Da interessiert sich niemand für Mehrheitsentscheidungen, jeder weiß ja alles selbst genau, warum also jemand anderen um die Meinung fragen?«

Eine Weile hat der Sekretär überlegt, ob er nach Deutschland zurückkehren sollte. Aber nachdem seine Frau durchgesetzt hatte, ein asiatisches Kind zu adoptieren, ging das eben nicht mehr. »Der hatte ja keine deutsche Staatsbürgerschaft, den hätten wir nicht mitnehmen können.« Insgesamt hatten Roleff und seine erste, deutsche Frau sieben Kinder miteinander. In zweiter Ehe heiratete er eine Malteserin und bekam noch eine Tochter und einen Sohn. Mitglied im Club ist keines der Kinder. »Wir haben hier Nachwuchsprobleme, viele der Kinder können auch gar kein Deutsch mehr, und es kommen ja nur noch wenige neue Einwanderer nach Australien.«

Früher einmal hatte der Club Tivoli 2000 Mitglieder, heute sind es nur noch 700. »Aber das ist jetzt zum Glück konstant, und wir arbeiten auch profitabel.« Fast jeden Abend gibt es eine Veranstaltung in den Räumen des Clubs. Neben den eigenen Gruppen – angefangen von Sängern und Skatspielern bis hin zu Volkstanzgruppe und Karnevalsverein – kommen auch viele Gäste in den Club und essen im Restaurant. In einem Nebenraum hat man vor einiger Zeit sogar eine Reihe von Spielautomaten aufgestellt. »Hier können Sie einen Cent einwerfen und damit 100 Dollar verlieren«, lacht der Sekretär. »Das tut unserer Kasse sehr gut.«

Überhaupt habe man viel Werbung in der Nachbarschaft gemacht. »Die dachten anfangs, das ist hier ein Mausoleum oder so was. Da stand ja nur dran Deutscher Club und dann dachten die, dass sie da nicht rein dürfen. Da haben wir dann Tage der offenen Tür veranstaltet, für unser Restaurant geworben und dafür, dass man hier auch Räume mieten kann.« In einem der Festsäle hat gerade diese Woche die Münchener Rückversicherung ihr Oktoberfest gefeiert. »Wir wollen jetzt auch wieder anfangen, Deutschunterricht zu geben. Deutsch ist hier in Australien im Kommen und wird viel an den Schulen gelehrt. Die Enkelkindergeneration fängt auch wieder an, sich zu interessieren. Wir haben schon an den Deutschlehrerverband geschrieben, das soll demnächst losgehen.«

Das Durchschnittsalter der Clubmitglieder liegt jedoch jenseits der 60. Auch heute, beim Oktoberfest kommen eher ältere Leute. »Das ist ja eine Premiere hier. Wir haben sonst zusammen mit dem Österreichischen und dem Schweizerischen Verein auf dem Rennbahnplatz gefeiert, da kamen Zehntausende, das war mit Karussels und Buden und allem Drum und Dran.« Inzwischen seien diese Veranstaltungen aber zu teuer geworden. Es gibt eine Menge neuer Sicherheitsauflagen, die Polizei muss bezahlt werden, und die Veranstaltung war trotz aller Werbung für »die deutsche Kultur« doch nicht mehr tragbar. »Mal sehen, wer sich trotzdem nach hier draußen verirrt.«

Am Samstagmittag zur Eröffnung des Festes sind es nur etwa 200 Leute, die sich zwischen hellblau-weißen Luftballons, Akkordeonspieler und Weißwurststand treffen. Nach der Eröffnung durch den Präsidenten des Clubs tritt zunächst die Oberbayern Trachtengruppe auf und schuhplattelt kreischend durch die Gegend. Drei »Funkenmariechen« schließen sich hoppsend an und versuchen, in das Rauschen der leicht eiernden Bandanlage etwas Rhythmus zu bringen. Während die Hornbläser ihr Auftrittsdebüt geben (»Die haben sich hier per Mail beworben und meinten, sie würden doch ganz gut ins Programm passen«), verteilen die Funkenmariechen Zettel mit Ort und Uhrzeit ihrer Proben. Derzeit sind sie zu dritt und würden nichts gegen Zuwachs einzuwenden haben.

Geschichte hat der Club hingegen im Überfluss. »Wir sind einer der ältesten Clubs in ganz Victoria«, erzählen mir gleich mehrere der bayerisch getrachteten Mitglieder. Schon 1860 gegründet, ist man gar älter als die erste deutsche Einheit und präsentiert stolz in der Festschrift zum 140. Geburtstag Grußbotschaften des australischen Premierministers Howard sowie einer ganzen Reihe von

Die Autorin (2.v.r.) mit ihren drei australischen Gastgeberinnen beim Oktoberfest im Club Tivoli

Bürgermeistern großer deutscher Städte. »Ein Stück Deutschland in Australien« zu sein, das ist Ziel des Clubs, bei dessen offiziellen Anlässen früher noch Turnkleidung getragen wurde – schließlich entstand der Verein aus der Bewegung Turnvater Jahns. Die Zeiten haben sich geändert, heute kann der Sängerverein beim Oktoberfest nicht auftreten, weil fast alle krank sind. »Wir hatten gerade eine Sängerreise nach Neuseeland, das war ganz furchtbar, zwei hatten einen Herzanfall, die anderen bekamen die Grippe.« Wer noch stehen kann, verkauft heute Kartoffelpuffer mit Apfelmus, in der Hoffnung, vielleicht das ein oder andere neue Mitglied zu werben. »Offiziell dürfen bei uns 20 Prozent Nichtdeutschstämmige Mitglied werden. Aber ehrlich gesagt, interessiert uns das gar nicht, wenn sich hier jemand anmelden will. Wir sind froh, wenn neue Leute kommen.«

Roleff selbst ist seit mehreren Jahrzehnten Australier und denkt, dass er auch seinen Lebensabend hier verbringen wird. »Zum Urlaub machen ist es in Deutschland sehr schön, aber ich glaube nicht, dass ich mich da noch wieder eingewöhnen könnte. Alleine schon das Autofahren. Da bräuchte ich einen Aufkleber am Auto ›Haben

Sie Mitleid mit mir – ich bin Linksfahrer.‹« Immer schön auf der linken Spur bleibend, bringt mich der Deutsche am Nachmittag sicher wieder nach Hause.

Dort warten schon meine aufgeregten Gastgeberinnen auf mich, die unbedingt wissen wollen, was denn so los sei auf dem Oktoberfest. Seitdem die drei vor ein paar Jahren einmal per Interrail durch Europa gefahren sind, schwärmen sie für deutsche Männer. Jetzt wollen sie einen »von diesen lustigen mit den kleinen, runden Brillen, die so komisch gucken« kennen lernen, mit Wohnsitz Melbourne, versteht sich. Ich versuche, die Erwartungshaltung ein wenig abzumildern und kündige an, auch morgen würden sie vermutlich eher auf Großpapas Generation treffen. Zur musikalischen Einstimmung sehen wir uns abends noch den aktuellen Dokumentarfilm über die famose Heavy-Metal-Band Metallica an und schlagen solcherart gestärkt am Sonntagmittag beim Oktoberfest, zweiter Teil, auf. Und siehe da, der australische Blick sieht anderes. Schon am Eingang schlägt die Vorfreude in helle Begeisterung um, und ich lerne, dass bayerische Trachten »fancy« sind. Zwei überlegen sich, wie sie sich in Melbourne ein eigenes Dirndl organisieren können, während wir mit echtem deutschen Bier (für jede eine andere Sorte) und Brezeln ins obere Stockwerk gehen, um uns einen guten Platz beim Auftritt der Schuhplattler zu sichern. Diese versetzen die Damen dann in endgültige Ekstase, den Takt klatschend, wird den tanzenden Lederhosen zugejubelt. Nachdem die drei den Attraktivsten der Gruppe einstimmig gewählt haben, muss ich sie mit meinem bereits am Samstag erworbenen Wissen enttäuschen: Der Sieger ist erstens waschechter Australier und zweitens schon verheiratet. Leicht enttäuscht ziehen wir ins Untergeschoss, wo deutlich weniger grau gelichtete Halbglatzen neben deutschen Hausfrauendauerwellen zu sehen sind, dafür aber ein Tisch mit vier Herren unter Vierzig. Obwohl die vier keine kleinen Brillen, sondern dunkle Heavy-Metal-Shirts tragen, setzen wir uns dazu, und siehe da – man verabredet sich für die nächste Woche. Mit drei glücklichen Frauen treffe ich am Abend wieder zu Hause ein. »That was great fun!« Und nächstes Jahr, sagen sie, gehen wir wieder alle zusammen hin!

# Für den deutschen Arbeitsmarkt verdorben

Barbara Fischer, Löwenbräu, Sydney

The Rocks ist ein beliebtes Ausgehviertel Sydneys. Gelegen auf der gegenüberliegenden Hafenseite der berühmten Oper, reiht sich hier eine Kneipe an die andere. Eine davon lädt gerade zur allabendlichen »Oom Pah Pah Band« ein. Das Löwenbräuhaus ist seit dreißig Jahren vor Ort und derzeit mitten im Oktoberfestrummel. Während die Bedienung hier im passenden Bajuwarendress durch die Gänge eilt, sitzt Barbara Fischer drei Häuser weiter in Zivil hinter ihrem Schreibtisch. Die 32-Jährige ist vor zweieinhalb Jahren nach Sydney gekommen. Eigentlich, so sagt sie, wollte sie nur für zwei Jahre bleiben, und eigentlich wollte sie sich in dieser Zeit auch selbständig machen. »Aber dann hat mir die Arbeit hier in der Administration so gut gefallen, dass ich den Job behalten habe. Man findet selten ein so internationales Team wie dieses, das dann auch noch so gut funktioniert.«

Zwanzig Prozent der Angestellten sind Ausländer, die meisten davon Europäer, der Chef Türke. Überhaupt ist es die Arbeitsatmosphäre, die Fischer am meisten an Australien schätzt. »Mein Freund und ich hatten sehr gut bezahlte Jobs in Deutschland, aber wir haben sonst nichts im Leben gemacht als arbeiten. Deshalb haben wir auch beschlossen, mit dreißig aus Deutschland wegzugehen.« Den Entschluss bereut sie überhaupt nicht. »Ich kann gar nicht mehr zurück, weil ich für den deutschen Arbeitsmarkt total verdorben bin. Wenn man dort um 18.30 Uhr nach Hause ging, guckten alle Kollegen ganz komisch und gaben so Kommentare ab wie ›Ach, nimmst du dir heute einen halben Tag frei?‹ Hier kommen sie morgens schon ins Büro und fragen als erstes, was man so nach Feierabend vorhat. Ich hab' das anfangs für einen Witz gehalten, aber die sind wirklich so. Und man gewöhnt sich daran!« Sydney mit seinen vielen Hafenbuchten und Stränden ist bekannt für die Freizeitmentalität seiner Einwohner. »Inzwischen wohne ich selbst auch am Strand, das gibt ein ganz anderes Lebensgefühl.«

Ihr ganzes Leben will die Marketingexpertin allerdings nicht in Sydney verbringen. »Es ist einfach zu weit weg von allem. Hier gibt es ja sonst nichts, außer Australien und vielleicht noch Neuseeland.« Außerdem könnten Probleme mit dem Visum kommen. Fischer ist wie Tausende anderer Ausländer zuerst mit einem Working Holiday Visum eingereist. Damit können bis zu Dreißigjährige ein Jahr lang in Australien bleiben und während fünf Monaten auch arbeiten. »Aber damit findet man nur so Aushilfsjobs und Gelegenheitsarbeiten. Nichts Richtiges. Schließlich muss man nach drei Monaten den Arbeitgeber wechseln und kann nur eine beschränkte Stundenzahl arbeiten.« Da ihr Freund hier eine Filmproduktionsfirma gründete und durch die hohen Investitionen ein umfassenderes Visum bekam, konnte sie über ihn bleiben und sich den Job bei Löwenbräu suchen. »Hier gibt es eine besondere Regel: Wenn man nachweisen kann, drei Jahre mit jemandem zusammengelebt zu haben, dann wird das wie eine De-facto-Ehe behandelt.«

Abgesehen von ihrem österreichischen Freund hat Fischer privat gar keinen Kontakt zu Deutschsprachigen in Sydney. »Das sind hier oft genau die Deutschen, wegen denen ich weggegangen bin. So richtige Deutschmichel eben. Die sitzen in großen Häusern, haben ein Spitzengehalt und genießen das überhaupt nicht, sondern jammern die ganze Zeit, dass sie ihren Quark vermissen und ihr Schwarzbrot.« Bei vielen deutschen Firmen sei es üblich, zwei Jahre ins Ausland gehen zu müssen, um dann eine höhere Managerposition zu bekommen. »Und die sitzen dann hier ihre Zeit ab und sehnen nur ihre baldige Rückkehr herbei.«

Fischer selbst will nicht wieder zurück nach Deutschland. Die gebürtige Heilbronnerin hat in Mannheim, den USA und München studiert und stellt fest: »Die fünf Monate grauer Himmel in München zwischen November und März braucht kein Mensch!« Als nächstes Ziel könnte sie sich Asien vorstellen. »Ich habe gehört, dass Shanghai für Europäer sehr offen sein soll.« Überhaupt »Offenheit« – das, so Fischer, strahlen vor allem die Australier aus, während die Deutschen immer ganz strikt Regeln befolgen würden. »Wir haben hier oft Praktikanten, viele davon kommen aus Deutschland. Die bringen immer schon ihr Praktikumszeugnis mit, das man dann nur noch unterschreiben soll. Einmal habe ich ein paar Sachen noch hinzugefügt, und da hatten sich dann wohl zwei Buchstaben in der Reihenfolge verdreht. Der Deutsche kam dann gleich an und hat gesagt, ich solle das wieder zurücknehmen und neu schreiben.« Australier hingegen würden vielleicht nach sechs Monaten überhaupt mal auf die Idee kommen, nach einem Zeugnis zu fragen.

»Aber vielleicht gibt es da ja auch wieder zwei Seiten, denn genau diese Genauigkeit und Zielstrebigkeit ist es ja, die man hier an den Deutschen so schätzt.«

Zielstrebigkeit, zumindest was das Einkommen betrifft, würde aber wohl keinen Deutschen nach Australien bringen, so die 32-Jährige. »Die Gehälter sind hier viel niedriger als in Deutschland. Man kommt wegen der Lebensqualität her, weil es hier Sonne, Strand und entspannte Menschen gibt. Das zählt dann mehr als das Geld.«

## Eine »frische Alternative« geht früh schlafen
### Young German Speakers in Sydney (YOGIS),

»Hallöchen!« heißt es auf der Homepage der YOGIS, »Wenn Du Dich jung fühlst und Deutsch sprechen möchtest, dann bist Du hier richtig gelandet.« Die 1994 ins Leben gerufene Gruppe möchte »eine frische Alternative zu bestehenden Clubs« sein und lädt jeden, der Deutsch sprechen will, zum allmonatlichen Stammtisch ein: »Du brauchst nicht Deutscher zu sein.« An der Bar des Great Northern Hotels in Chatswood weiß allerdings niemand von dem Stammtisch. Ein Blick in den Biergarten genügt jedoch – warum auch immer, aber man erkennt Deutsche im Ausland sofort. Der Tisch ist schon zwanzig Minuten nach dem offiziell per Homepage und Rundschreiben angekündigten Beginn um 19.30 Uhr fast voll belegt. Man hat sich in Kleinstgruppen an einer langen Tafel zusammengetan und unterhält sich eifrig, eher weniger interessiert an neu Hinzugekommenen. Während ich mir einen Stuhl suche und mich in die etwa 20-köpfige Gruppe ungeniert hineindränge, stehen Peter und Daniela wenige Minuten später etwas ratlos daneben. Sie sind zum ersten Mal gekommen und fragen nach einem der Organisatoren, eigentlich nur, um Kontakt zu finden, was allerdings nicht wirklich gelingt. Den nachgefragten Namen kennt hier keiner, und den beiden wird bedeutet, sich irgendwo anders hinzusetzen, »wir verteilen uns hier so in dem Bereich«, heißt es mit ausladender Geste. Während die beiden »sich verteilen«, zwinge ich meinem Tischnachbarn ein Gespräch auf.

Hugo ist 1987 ausgewandert und gehört hier am Tisch zu den deutlich Älteren, auch wenn die YOGIS »jung« definieren als »so

jung, dass man nicht ständig über die Vergangenheit sprechen muss«.
Er ist Gynäkologe und empfand Wetter, Enge und Tschernobyl als
gute Gründe, um Deutschland den Rücken zu kehren. »Außerdem
ist meine damalige Lebensgefährtin gestorben, und ich wollte weg
von dort.« Sieben Jahre hat er anschließend gebraucht, um auch
hier wieder in seinem Beruf arbeiten zu dürfen, denn das deutsche
Medizinstudium wurde nicht anerkannt. Jetzt wohnt er auf einer
kleinen Farm in der Nähe Sydneys und überlegt, einen Zweitwohn-
sitz in Kanada zu nehmen. »Ich mag Winter mit Schnee.« Nach
Deutschland fährt er nur gelegentlich zu »besonderen Anlässen«,
zum Beispiel, um sein Patenkind zu Weihnachten zu sehen. »Aber
leben will ich da nicht mehr. Alleine schon die Gesichter dort …«
Sein Telefon klingelt, und irgendjemand möchte offenbar Informationen über die Möglichkeiten künstlicher Befruchtung haben, die
Hugo gerne erteilt. Ich entferne mich vom passiven Zuhören und
spreche kurz mit Birgitt, die von SAP nach Australien geschickt
worden ist und sich hier seit sieben Jahren wohl fühlt. Nachdem
eine Bekannte der letzten YOGIS-Treffen auf sie zueilt, gehe ich mir
ein Bier holen und treffe unterwegs auf den Katzentisch von Daniela und Peter.

Sie ist seit zwei Jahren in Sydney, wollte eigentlich nur ein halbes bleiben und fand dann die Atmosphäre zu gut, um wieder zu
gehen. »In Deutschland haben wir alles erreicht, gute Arbeit, schönes Haus, aber eben schlechte Stimmung.« Peter, der sie bereits ein
paarmal für mehrere Monate besucht hat, will nun endgültig nachkommen und drückt gerade fünf Stunden täglich die Schulbank.
»Ich sitze da mit lauter Chinesen, Malayen, Indonesiern, Griechen
und Italienern und versuche, mein Englisch zu verbessern.« Nächstes Jahr will er umsiedeln. »In Deutschland mag man ja nicht mal
mehr die Nachrichten anschalten, das sind ja ausschließlich Katas-
trophenmeldungen und Ärgernisse.«

Während Daniela Australien langsam auf sich zukommen ließ
und sich wohl fühlt, aber nicht in Überschwang ausbrechen will,
strahlt Peter, wenn er vom hiesigen Leben schwärmt. »Vielleicht
kommt das auch, weil ich Umbrüche gewöhnt bin, dann denke ich
mir, wir haben es in Deutschland geschafft, warum sollten wir es
nicht auch hier schaffen?« Der gebürtige Sachse war gerade auf der
Flucht, als die Mauer fiel. »Ich war zu Besuch beim 65. Geburtstag

eines Onkels in Schottland und wollte mich dann auf dem Rückweg absetzen, als durch die Nachrichten kam, die Mauer sei gefallen.«

Schließlich hielt es ihn dennoch nicht im Osten, stattdessen landete er in der Nähe von Köln und fand dort einen guten Job. »Die Arbeit macht sehr viel Spaß, der Verdienst ist in Ordnung, und die Gegend ist auch schön. Aber es fehlt eben die Lebensfreude in Deutschland.« Er ist froh, mit Daniela jemanden zu haben, der erstmal vorausgefahren ist, um die Lage zu sondieren. »Das ist schon ein großes Glück, dass sie sich auch um die ›permanent residency‹ gekümmert hat, der ganze Papierkram wär' nichts für mich gewesen.«

Fünf volle Ordner mit Dokumenten hat sie sammeln müssen, erzählt Daniela, und alles nur für eine fünfjährige Aufenthaltsgenehmigung. Danach wurde erstmal gefeiert! »Die Staatsbürgerschaft zu beantragen, soll da viel einfacher sein, wir überlegen deshalb, das später zu machen.« In Deutschland konnten ihre Freunde und Nachbarn gar nicht verstehen, warum sie eigentlich wegwollte. »Es gibt eben Leute, die sind zufrieden, wenn sie in ihrem Leben eine Wohnung kaufen konnten und einen schönen Fernseher haben. Ich habe aber gar keine Lust, mich immer rechtfertigen zu müssen wegen allem, zum Beispiel warum wir nicht verheiratet sind und ich keine Kinder habe. Schließlich ist das mein Leben.«

Die anderen YOGIS leben das ihre inzwischen wieder am heimischen Herd. Als wir uns um 22.00 Uhr umblicken, ist niemand mehr zu sehen. Man sollte zu ihren Treffen, die jeden Monat am 13., allerdings an wechselnden Orten in verschiedenen Stadtteilen (siehe www.yogis.org.au), stattfinden, also pünktlich kommen und sich einen guten Platz sichern. Mit etwas Glück und für 20 Australische Dollar Jahresbeitrag (circa zwölf Euro) gibt es dann sogar auch ein gutes Gespräch!

# Heute hier, morgen dort
Sabine Muschter, World of Xchange, Sydney

Sabine Muschter macht, was viele Deutsche sich an dunklen Wintertagen wünschen: Sie lebt die sommerlichen drei Monate des Jahres in Deutschland, die anderen neun verbringt sie auf der Südhalbkugel. Dieses Jahr führt es sie wieder nach Sydney, das letzte verbrachte sie zum größten Teil in Neuseeland und davor gab es mehrere heiße Jahresanfänge in Kapstadt. Eigentlich war das mehr ein Zufall, »die Dinge kommen oft einfach auf mich zu, ich hatte das nicht so geplant«.

Aufgewachsen in Stralsund, ging die gelernte Krankenschwester nach dem Mauerfall nach Kiel. »In der DDR durfte ich kein Abitur machen und deshalb auch nicht studieren. In Westdeutschland gab es dann die Regelung, dass man berufsnah studieren konnte, auch ohne Abitur.« Sie entschied sich für Politik und Sozialpädagogik und schrieb ihre Abschlussarbeit über ein Kinderhilfsprojekt in Kapstadt. »Da bin ich dann auf den Geschmack gekommen. Ich habe mir vorher lange Reisen gar nicht zugetraut, weil ich in der Schule nur Russisch gelernt hatte und kein Englisch konnte.«

In Kapstadt traf sie den Gründer von Xchange, der ein Netz von Firmen aufbaute, in denen deutsche Studenten Praktika machen können. »In vielen Ländern gibt es sowas gar nicht, unbezahlte Praktika, bei denen man sich einfach mal ein bis drei Monate die Arbeit in einer Firma ansehen kann, die Sprachkenntnisse verbessert und in unserem Falle auch ein ganz neues Land kennen lernt.« Inzwischen beginnt sich diese Idee aber auch fern von Europa durchzusetzen. Muschter stellte ein Netz von interessierten Unternehmen in Australien zusammen. »Inzwischen sind 200 Deutsche mit uns hierher gekommen.« Viele waren zufrieden, andere hätten aber »eine ganz schöne Anspruchshaltung entwickelt«, weil sie für das Praktikum bezahlt hatten. Natürlich würde sie sich als Ansprechpartnerin für die Neuankömmlinge sehen. »Wir holen die vom Flughafen ab, machen hier wöchentliche Treffen, zeigen ihnen ihre Firmen, ihre Unterkunft und so weiter. Aber es ist dann auch schon vorgekommen, dass bei mir um Mitternacht das Handy klingelte, weil jemand wissen wollte, wie viel ein Brief nach Deutschland kostet. So stelle ich mir die Betreuung dann auch wieder nicht vor.«

Sie selbst hat inzwischen insgesamt zwei Jahre in Australiens Metropole verbracht. »Dauerhaft leben möchte ich hier aber nicht. Die Leute sind viel konventioneller als bei uns. Alle sehen gleich adrett aus, es gibt nicht mal Punks oder Penner. Alleine schon, wenn man den Umgang mit Alkohol anguckt. Da hängen ja in jeder Bar Schilder, dass man nicht an Betrunkene ausschenken darf, nachweisen muss, über 18 zu sein, nicht rauchen darf und so weiter. Ich meine, nicht, dass ich das für unbedingt nötig halte, aber solange man in Deutschland noch seinen Schein hochhalten kann, kriegt man auch ein Bier, und hier bezahlen sie dich fast schon dafür, dass du die Kneipe verlässt.«

Am eindrucksvollsten sei ihr erster Besuch bei einem australischen Rockmusikkonzert gewesen. »Ich hab geglaubt, ich bin beim Museumsbesuch. Die saßen da alle ganz brav auf ihren Stühlen, keiner hat was getrunken, keiner was geraucht – ist ja alles verboten.« Gerade deshalb würden Unternehmen auch kaum Praktikanten direkt aus Deutschland nehmen. »Es gibt hier so viele Gesetze und Versicherungsregelungen, dass die nur jemanden wollen, bei dem sie davon ausgehen, dass der über uns abgesichert ist. Alles andere wäre ein zu großes Risiko für sie.«

Außerdem würde der australische Lebensstil überhaupt nicht mit dem deutschen zusammenpassen. »Australische Unternehmen verstehen eigentlich nicht wirklich, warum ein Praktikant einige Monate vorher wissen muss, ob er hier arbeiten kann oder nicht. Schließlich geht in Australien alles von einer Woche auf die nächste, Wohnungswechsel, Arbeitswechsel – die sind viel flexibler als bei uns.«

Sie selbst ist inzwischen durch fünf Jahre dauerhaften Wechselns zwischen den Ländern auch zwangsweise flexibel geworden. »Ich habe gar keine feste Wohnung. Meine Sachen stehen bei meinen Eltern, und ich miete mir dann immer möblierte Zimmer, wo ich grade bin. Eigentlich lebe ich also seit fünf Jahren aus dem Rucksack.« Abgesehen von manchen Augenblicken, »in denen mir dann auffällt, dass ich gerade gar nicht krankenversichert bin«, genießt die 36-Jährige dieses Leben. »Ich ärgere mich nur, nicht früher mit der Reiserei angefangen zu haben.«

## Deutsch-international
Otto Heutling, EWTO, Sydney

Mit Otto Heutling verabrede ich mich am Bahnhof von Marrick-
ville. Seine Beschreibung fällt denkbar kurz aus: »Ich bin wahrscheinlich der Größte dort.« Am Ausgang steht dann eine über zwei
Meter große, denkbar internationale Mischung: Heutlings Vater ist
Deutscher, die Mutter aus Samoa und er selbst in Sydney geboren.
»Ich bin als Kind dann mit meinen Eltern nach Deutschland gezogen. Habe erst im Oberharz gelebt, dann in Köln. Aber eigentlich
habe ich mich immer zurückgesehnt.«

Mit 21 Jahren packte er endlich seine Koffer und hat es bis heute
nicht bereut. »Ich fühle mich hier wohl und zu Hause.« Kontakt zu
Deutschen hat er vor allem durch seinen Beruf. »Ich habe schon
früh angefangen, Kampfkünste zu trainieren. Karate, Judo, Kickboxen und andere Sachen. Kurz bevor ich dann aus Deutschland
wegging, fiel mir das Buch ›Vom Zweikampf‹ von Keith R. Kernspecht in die Hände, und ab da war klar, dass ich nur noch Wing-
Tsun machen will.« WT passt zum Deutsch-Australier mit dem
Doppelpass. Schließlich ist es ein chinesischer Kung-Fu-Stil, der
weltweit vor allem von dem Deutschen Kernspecht bekannt gemacht wurde. Mittlerweile hat sich der entsprechende Verband mit
über 50 000 Mitgliedern zur größten professionellen Kampfkuns-
torganisation der Welt gemausert. Zum Glück für Heutling, der
nach seiner Ankunft in Australien gleich auf die Suche nach einer
Trainingsmöglichkeit ging. »Und wir haben hier Stefan Fischer,
auch ein Deutscher, der Nationaltrainer für Australien ist.« Mehrere seiner Trainingspartner waren Deutsche, und gelegentlich
kommen Meister aus der Bundesrepublik zu Besuch, um Unterricht
zu geben.

Heutling, der seit drei Jahren eine eigene Schule in Sydneys Vorort Parramatta betreibt, würde auch gern einmal für ein paar Monate nach Deutschland fahren, um sich dort den Unterricht anzusehen. »Ich war das letzte Mal vor sieben Jahren drüben. Aber es ist
eben auch eine weite und teure Reise, wir leben hier ja fast genau
am anderen Ende der Welt.«

Abgesehen von seinen beruflichen Kontakten trifft sich der
30-Jährige wenig mit anderen Deutschen. »Ich habe auch kaum

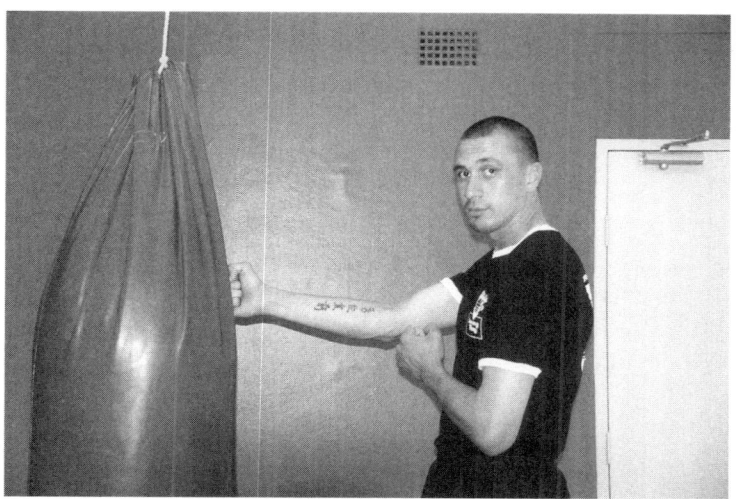

Otto Heutling in seiner WingTsun-Schule in Sydneys Vorort Paramatta

Zeit, was anderes zu machen.« Schließlich arbeitet er zwölf Stunden pro Tag als Kurierdienstfahrer und lehrt danach jeden Abend noch in seiner Schule. »Und am Samstag gehe ich dann selbst zum Training.«

Heute Abend begleite ich ihn und mache eine Trainingsstunde mit. Heutlings Schüler kommen aus allen Ecken der Welt. Es gibt Vietnamesen, Chinesen, Philippiner, Deutsche und natürlich auch Australier. Gesprochen wird nur Englisch, vermischt mit den chinesischen Begriffen für die verschiedenen Bewegungen. »Englisch ist mir inzwischen fast lieber als Deutsch. Ich spreche es einfach zu selten und muss dann manchmal richtig nach Worten suchen.« Und Deutschland vermisst er schon gar nicht. »Eine Bratwurst bekommt man zur Not auch hier!«

# China

Nach China hat es Deutsche schon im ausgehenden 19. Jahrhundert zu Tausenden verschlagen. Damals jedoch kamen sie nicht mit Schlips und Kragen, sondern in Uniform. Eine Handelskolonie am Ufer des riesigen Reiches zu gründen, schien dem deutschen Kaiser ratsam. Schließlich setzte man schon damals auf den Ausbau von Wirtschaftsbeziehungen mit dem bevölkerungsstärksten asiatischen Land. Die Ermordung zweier deutscher katholischer Missionare lieferte somit einen willkommenen Anlass zur Besetzung Kiautschons. 4000 kaiserliche Soldaten wurden entsandt und okkupierten 1897 das Gebiet am Gelben Meer. Am 6. März 1898 schlossen dann Deutschland und China einen Vertrag, in dem den Deutschen die Bucht pachtweise für 99 Jahre überlassen wurde. Tsingtao, eines der kleinen Fischerdörfer der Region, wurde aufgrund seines bereits bestehenden Hafens zum Zentrum der Kolonie. Siebzehn Jahre blieb die heutige Millionenstadt Quindao in deutscher Hand. Zwei Kirchen und etliche rot geschindelte Bürgerhäuser ließen den ehemals chinesischen Ort wie eine Kopie Hamburgs oder Wilhelmshavens erscheinen. 1914, mit Beginn des Ersten Weltkrieges, besetzte Japan dann dieses kleine Stück Deutschen Reiches mitten in Asien. 1922 holten sich die Chinesen ihr Land zurück und verloren es nur kurzzeitig während des Zweiten Weltkrieges noch einmal an Japan.

Auch heute noch erinnern in dem knapp 300 Kilometer südöstlich von Peking gelegenen Ort, der für seine schönen Strände berühmt ist, mehrere alte Bürgerhäuser an die Zeit der deutschen Besatzung. Vor allem aber haben die Germanen eine doppelte Tradition in der heutigen Millionenstadt zurückgelassen: Bier und Oktoberfest. Die von Deutschen gegründete örtliche Brauerei Tsingtao ist inzwischen in vielen Ecken der Welt bekannt und gehört zu den größten der über 500 chinesischen Bierbrauereien. Über einen schönen Umsatz können sich Tsingtaos Betreiber vor allem während des alljährlichen Oktoberfestes im Ort freuen. Unter dem Motto »Oans, zwoa, ganbei!«, was so viel bedeutet wie eins, zwei, ex und hopp, fließen in diesen zwei Wochen etwa 300 000 Liter des Teutonentrunks chinesische Kehlen hinunter. Die Begeisterung der Asiaten für schunkelndes Treiben in überfüllten Hallen lässt nichts zu wünschen übrig. Einzig mit der Bierkultur hapert es bisweilen etwas: Chinesen finden nichts dabei, sich ihr Bier auch schon mal in eine Plastiktüte abfüllen zu lassen.

Heutzutage zieht es gut 1500 Deutsche pro Jahr ins Reich der Mitte. Die meisten von ihnen wandern jedoch nicht dauerhaft aus, sondern werden von deutschen Firmen für einige Jahre nach China entsandt. Sie leben vor allem in den großen Wirtschaftsmetropolen Peking, Shanghai und Hongkong. Auf dem Oktoberfest in Qingdao findet man die wenigsten von ihnen …

## Die Dienstmädchengrenze
German Speaking Ladies Group, Hongkong

Hongkong, das ist nicht China, das ist Westen, so sagt man häufig. Aber wer das sagt, hatte nie ein Zimmer im Dragon Inn Hostel. Die Gastwirtin schläft in der Rezeption, die zugleich Wohn- und Esszimmer ist, das Gästezimmer ist 2,5 Quadratmeter groß, fensterlos, und mir gehört immerhin das untere der beiden Betten. Im oberen schläft Sarah aus Hamburg, die ich im Flughafenbus aufgegabelt habe. Nach ihrem Working-Holiday-Jahr in Australien wollte sie hier noch mal drei Tage Asien mitnehmen. »Und auf dem Flughafen hab' ich dann erfahren, dass meine Zimmerreservierung storniert ist. Ich war total fertig, so was fehlt einem in Hongkong ja gerade noch.« Nun ist sie mit mir in dieser für hiesige Verhältnisse überraschend günstigen Unterkunft gelandet.

Während wir uns die sechs Kubikmeter Gesamt-Luft teilen, erzählt sie von ihrem Australien-Trip. Wie jährlich mehrere Hundert andere auch, war sie nach dem Abitur auf der Suche nach dem großen freien Leben ans andere Ende der Welt geflogen und hatte dort vor allem Langeweile und uninteressanten Alltag vorgefunden. »Es ist halt nicht so arg spannend, irgendwelches Obst zu pflücken und dabei noch ausschließlich deutsche Arbeitskollegen zu haben.« Wie fast alle der zumeist 20- bis 25-Jährigen, die ich unterwegs getroffen habe, muss auch sie erst lange überlegen, als ich frage, ob sie ihre Entscheidung bereue. »Nun ja«, sagt sie, »das waren bestimmt wichtige Erfahrungen in meinem Leben, die ich anderswo kaum gemacht hätte.« Unbedingt empfehlen möchte sie einen solchen Trip jedoch keinesfalls. »Vielleicht ist es lustiger, wenn man mit einer Freundin losfährt. Aber ich war einfach auch sehr oft allein, die Chefs waren nicht gerade freundlich, und wer das Gerücht in die Welt gesetzt hat, die Australier seien alle so offen und sympathisch, möchte ich auch mal wissen.« Ihr eigentliches Problem habe sich unterwegs auch nicht lösen lassen. »Ich hab' gedacht, dass, wenn ich erst mal ein Jahr wegfahre, ich dann weiß, was ich danach machen will. Ob es ein Studium sein soll und wenn ja, welches und wo. Aber das weiß ich nun immer noch nicht und bin nur in der Zwischenzeit ein Jahr älter geworden.«

Seinen Weg gefunden hat offenbar unser Flurnachbar, ein halbblinder tibetanischer Mönch, der gerade bei offener Tür auf dem Boden seines leeren Zimmers sitzend meditiert. Gleich daneben logiert Silvia Trattnig. Sie ist Psychotherapeutin in Innsbruck und vor einer Woche hier angekommen, um ihr Sabbatjahr in Hongkong zu verbringen. Sie will Chinesisch lernen, ist derzeit allerdings mehr auf Wohnungssuche, »weil das hier auf Dauer so ohne Tageslicht doch ein wenig deprimierend ist«. Zumindest »ab und an« will sie aber auch »mal Deutsch sprechen und unter Leute kommen«. Der Zufall bringt uns also schon hier zusammen und nicht erst am nächsten Tag, beim offiziellen, allmonatlichen Meeting der German Speaking Ladies Group.

Die Ladies treffen sich dieses Mal im Hongkonger Country Club, der sehr edel gelegen ist, mit Blick auf die türkis schimmernde Bucht und grüne Hügel. Die Ladies sitzen bereits beisammen, als wir dank chinesischer Kommunikation mit diversen Busfahrern unser Ziel erreichen. »Wir treffen uns jedes Mal zu bestimmten Themen«, so die Vorsitzende Arnika Heise. Heute würden sich diverse Wohltätigkeitsgesellschaften vorstellen. »Viele Frauen hatten in Deutschland interessante Posten und kommen dann hierher, wo sie auf einmal nur noch die Frau von irgendjemand sind«, erzählt die studierte Juristin, die derzeit auch nicht ihrem Beruf nachgeht. Diese Frauen würden dann zum Teil zwar froh sein, mal etwas Zeit für

Arnika Heise beim Treffen der Ladies in Hongkongs Country Club

sich zu haben, würden Kurse zu chinesischer Medizin belegen oder künstlerisch etwas machen, »aber das ist insgesamt für die meisten schon eine sehr schwere Umstellung«.

Deshalb wollen sie zumindest eine unbezahlte Beschäftigung, zum Beispiel in einer Wohltätigkeitsorganisation. Diese stellen sich nun nacheinander in gefälligen Präsentationen vor. Auch in Hongkong scheint es für alles eine eigene Organisation zu geben. Egal ob es um behinderte Kinder, streunende Hunde oder zur Prostitution gezwungene Frauen geht, jeweils gibt es eine helfende Gruppe – im Country Club bekommen sie heute alle einmal die Möglichkeit, sich vorzustellen. Sinn und Zweck der Übung ist vor allem das anschließende Einsammeln von Spenden, womit sich allerdings nicht alle der Ladies begnügen mögen. Ob man denn auch etwas anderes tun könne, als nur Geld zu spenden, wird gefragt. »Kann man nicht auch ehrenamtlich tätig werden?« Richtig begeistert wirken die angesprochenen Werber allerdings nicht gerade, hatten sie doch vor allem finanzielle Unterstützung für die eigene Arbeit erwartet. Beruflich Vorqualifizierte mag man aber dennoch nicht offen ablehnen. So wird auch meiner Hotelgefährtin beschieden, dass sie durchaus gerne bei der Beratung von essgestörten Kindern und Jugendlichen gesehen werde – immerhin war das auch ihr Hauptarbeitsgebiet in Österreich. Später berichtet mir Trattnig allerdings, dass sich auch Wochen danach noch niemand bei ihr gemeldet habe.

Nicht alle der anwesenden Damen scheint das jedoch nachhaltig zu stören. Während die livrierten Kellner mit Pappschildern »Tea« und »Coffee« durch den Raum schreiten, um ja nicht störend in das Gespräch einzugreifen, konzentrieren sich einige der Ladies darauf, einen möglichst distinguierten Eindruck zu machen. Man ist hier, um durch einen Scheck soziales Engagement zu zeigen, und nicht, um aus dem üblichen Niveau des Dienstmädchens und Chauffeurs auszubrechen. »Wir sind hier in zwei Gruppen geteilt«, erklärt Martina Platte, die seit kurzem im Vorstand der Ladies sitzt. »Ich selbst habe mich auch in meinen ersten Jahren hier nicht wirklich für die Gruppe interessiert. Die waren mir zu abgehoben.« Dann jedoch habe sie einen Vortrag über ihre Arbeit gehalten und sei mit der Gruppe zum Hafen gegangen. »Irgendwie hat es sich dann ergeben, dass ich auch eingetreten bin.«

Der Hafen ist Plattes Arbeitsplatz. Nach acht Jahren in Rotterdam ist sie seit nunmehr zehn Jahren in Hongkong als Reverend für die Seemannsmission zuständig. »Ich gehe da auf die Schiffe und spreche mit den Leuten. Die sind ja manchmal ein halbes Jahr auf See, haben keinen Kontakt zu ihren Familien, haben Probleme mit der strengen Hierarchie an Bord und den kulturellen Konflikten. Da gibt es schon eine Menge Sprengstoff.« Das ist nicht unbedingt die Umgebung, in der sich die meisten der anderen Damen aufhalten. »Ich habe mich dann hier in den Vorstand wählen lassen, um den Laden mal auf andere Schienen zu bekommen.« Aber auch heute noch würde man nicht eben positiv angesehen, wenn man kein eigenes Dienstmädchen habe. »Das sind hier zwei Welten.« Ganz im Gegensatz zur Mehrheit der Frauen im Club ist nicht Martina Platte ihrem Mann, sondern der ihr gefolgt. »Im Augenblick ist er Hausmann.« Allerdings baue er gerade einen Online-Bestelldienst für deutsche Bücher auf. »Da gibt es hier einen großen Bedarf, weil doch recht viele Deutsche in Hongkong leben und mal ganz gerne was in der Muttersprache lesen würden.«

Der übliche Weg einer deutschen Frau in die Ladies Group führt aber über den Beruf des Mannes. Auch die Vorsitzende Arnika Heise hat deshalb Deutschland verlassen. Ihr Mann wurde zunächst nach Taiwan versetzt, »da blieben wir dann vier Jahre, dann kamen zwei Jahre in Shanghai. Das war Dauerstress.« Die Chinesen hätten andere Vorstellungen von Höflichkeit, so Heise vorsichtig. »Die haben dann die Sachen aus meinem Einkaufswagen genommen und sich neben mir stehend laut darüber unterhalten, was ich esse. Ich kann aber Chinesisch und habe sie verstanden. Aber die haben nie mit mir, sondern immer nur über mich geredet.«

Als Heise dann schwanger wurde, war für sie und ihren Mann klar, dass es nach Hongkong gehen musste. »Ich wollte, dass meine Tochter in einer europäischeren Umgebung aufwächst. Und in China bekommen die ja einen hysterischen Anfall, wenn sie mal ein blondes Kind sehen.« Hier in Hongkong sei es zumindest in ihrer Wohngegend durchaus möglich, mal Sachen zu Fuß zu erledigen. »In Shanghai fährt man ja immer überall mit dem Auto hin, und hier in den New Territories[68] auch.«

Die meisten der rund 4000 Deutschen in Hongkong haben sich jedoch in der Nähe von Stanley angesiedelt, einer vergleichsweise verschlafenen Kleinstadt auf dem Gebiet der Megametropole. »Hier werden wir jetzt die nächsten Jahre bleiben, ob es dann wieder nach Deutschland geht, ist noch ganz unsicher.« Ihre inzwischen fünfjährige Tochter hat sie jedenfalls in der australischen Schule angemeldet. »So wächst sie zweisprachig auf und lernt auch gleich Mandarin. In der deutschen Schule sind die da noch nicht so weit.«

Ihre Freunde suchen sich die meisten »Expatriats«, wie sie sich selbst nennen, unter ihresgleichen. »Es ist schwer, chinesische Freunde zu finden. Erstens wissen die ja, dass man nicht für immer bleibt, und zweitens sind sie auch nicht so offen gegenüber neuen Freundschaften«, so Heise. Etwa drei Jahre, so ergänzt Martina Platte, brauche man, um einmal in ein chinesisches Haus eingeladen zu werden. Ein wenig offener, laut Heise, seien die gemischten Paare. »Wenn die Frau zum Beispiel Französin ist und er Chinese, dann lernt man sich schneller kennen.«

In der Ladies Group selbst finden sich fast nur Deutsche, Österreicherinnen und Schweizerinnen. Zuständig für die Betreuung von Neuankömmlingen ist allerdings Jaroslava Twardzik, eine Tschechin, die im Sommer 1989 in die Bundesrepublik geflohen ist. Auch der Mauerfall konnte sie allerdings nicht zur Rückkehr bewegen. »Wir haben dann elf Jahre in Deutschland gelebt und sind anschließend hierher gezogen.« Ihre Aufgabe bei den Ladies besteht in der monatlichen Herausgabe des Newsletters »Neues für Sie«, der ausführlich über die vielfältigen Aktivitäten der Gruppe auf über 50 Seiten berichtet. Hier gibt es Berichte über Charity-Dinners und Tierhilfsorganisationen, Aufsätze über chinesische Medizin, Ankündigungen von Tanzkursen, Wanderungen und Ausflügen innerhalb der Stadt sowie Einladungen zum Halloweenbasteln und zu »kulinarischen Treffs«. Auch neue Mitglieder werden hier namentlich und mit Telefonnummer begrüßt. Die Fluktuation unter den Ladies ist hoch.

»Die meisten bleiben so drei bis vier Jahre. Das ist dann auch schwierig, wenn man Freunde finden will, weil eben so ein dauernder Fluss herrscht«, so Heise. Gleichzeitig ist aber genau dieser Treff auch eine gute Möglichkeit, um überhaupt mal untereinander in Kontakt zu kommen. Und außerdem findet man in dieser Gruppe so ziemlich alles, selbst eine für eine Blindenorganisation arbeitende Nonne, die in ihrer Tracht einen Handyanruf empfängt und sogleich von einer der anderen, distinguierteren Damen zum Verlassen des Raumes aufgefordert wird. Die Regeln sind hier schon eher deutsch, das Essen allerdings weniger – es gibt Lachs mit Reis statt Weißwurst mit Sauerkraut. Die Vorsitzende stellt im Gespräch fest: »Ich bin ja jedes Jahr einmal in Deutschland, wenn es also mal ganz dringend wird, dann esse ich das da. Aber zumindest mein Mann und ich haben uns ziemlich auf die asiatische Küche umgestellt, wir vermissen hier also gar nicht so viel.«

Es fehlen allerdings Freunde und Familie, das hört man immer wieder, egal wo man mit Auslandsdeutschen spricht. »Der Abstand wird da auch größer«, so Platte. »Wenn ich jetzt mal nach Deutschland fahre, dann fragen die Leute kurz, was ich so mache, aber das liegt halt einfach zu weit entfernt von ihrem Horizont. Die wollen auch gar nicht zu viel wissen, und man spricht dann eben kaum darüber.« Platte, die inzwischen nach einem zweiten Studium der Theologie »Reverend« auf ihrem Kärtchen stehen hat und sich nun noch zur multikulturellen Konfliktlöserin ausbilden lässt, möchte deshalb auch nicht wieder in Deutschland leben. »Allerdings will ich auch nicht bis zu meiner Pensionierung in Hongkong bleiben, ich kann mir einfach nicht vorstellen, mit 60 noch Gangways hoch- und runterzurennen.« Ansonsten mag sie die Stadt. »Hier ist eben kulturell sehr viel los, es ist immer spannend.«

Etwas weniger kulturell spannend findet Meike es, die nur für zwei Tage in Hongkong zu Besuch ist und eigentlich in Guangzhou wohnt, wo sie vor fünf Monaten mit ihrem Lebensgefährten hingezogen ist. Ihrer Sitznachbarin, die es als »bestimmt aufregend« bezeichnet, einmal im Mainland zu wohnen, bescheidet sie: »Wenn Sie bei uns auf dem Balkon stehen und gerade noch rechtzeitig ins Zimmer zurückspringen können, wenn Ihr oberer Nachbar von seinem Balkon pinkelt, und das dann immer noch spannend finden, dann können wir weiterreden.« Nach einem Blick in ihr schon jetzt reichlich frustriertes Gesicht kann man sich kaum vorstellen, dass sie auch in drei Jahren noch an der Seite ihres Freundes leben wird. »Es ist einfach nur furchtbar dreckig, stinkig, laut und unzivilisiert. Allein die Tischsitten: Die Männer sitzen beim Essen, beugen sich kurz zur Seite und rotzen auf den Fußboden. Die kennen da nichts.« Hongkong sei im Vergleich zu China ja mal eine richtige Erholung. »In China wird man auf der Straße und überall auch einfach dauernd angerempelt, selbst die Frauen rülpsen laut, und fast niemand spricht Englisch.« Zumindest für Meike dürfte das heutige Treffen der German speaking Ladies Group eher die Funktion einer Art Wohltätigkeitsveranstaltung für entwurzelte deutsche Frauen haben. Allein und in der Fremde hat sie eine einfache Antwort auf die Frage, was ihr hier im Ausland fehlt: »Alles!«

## Lauter verkrachte Existenzen
Rüdiger Kümmerle, Shenzhen

Von Hongkong bis Shenzhen ist es nur eine kurze Fährfahrt – und dennoch ändert sich in diesen 30 Minuten auf dem Wasser eine halbe Welt. Während im Hochhausmeer der ehemaligen britischen Kolonie zum größten Teil auch heute noch Englisch gesprochen wird, ist man in Chinas angrenzender Drei-Millionen-Stadt gut beraten, ein Wörterbuch mitzuführen. Seit rund einem Jahr lebt Rüdiger Kümmerle hier, und auch für ihn war Hongkong zunächst Anlaufstation. Der 33-Jährige hatte Deutschland verlassen, um ein durchaus ungewöhnliches Angebot aus der Weltstadt anzunehmen: Er spielte in einem Kung-Fu-Streifen mit. »Ich mache seit meinem 14. Lebensjahr Kampfsport, habe mit Judo und Ju-Jutsu angefangen, dann kamen Kickboxen, Taekwondo und WingTsun.« Die Tritte des Schwaben, der in Deutschland zuvor auch gemodelt hat, lassen sich denn auch durchaus sehen.

Da außer dem großen Hongkonger Idol Jackie Chan aber kaum jemand von Rollen in Kung-Fu-Filmen leben kann, suchte sich Kümmerle einen passenden Zweitjob. Nachdem er in Deutschland Immobilien und Versicherungen verkauft hatte, wurde er hier in China zunächst einmal Kindergärtner: »In Hongkong ist es sehr schwer, eine Arbeitserlaubnis zu bekommen. Deshalb hab ich mich umgesehen und bin erst mal Englischlehrer in einem chinesischen Kindergarten geworden.«

In dieser Anfangszeit suchte er auch Kontakt zur deutschen Gemeinschaft in Shenzhen. »Die sind aber das pure Klischee. Alle über 50 mit kleinen chinesischen Frauen. Man merkt sofort, dass das unehrlich ist. Die Frauen wollen gerne ein gutes materielles Leben und am liebsten einen ausländischen Pass. Dafür nehmen sie dann

Rüdiger Kümmerle auf dem Bild, das ihm ein Engagement als Kung-Fu-Darsteller einbrachte

eben auch so einen Mann in Kauf.« Und finanziell stünden die meisten Auslandsdeutschen hier nun mal sehr gut da. »Das war dann immer so eine leicht angewiderte Frage, die folgte, wenn ich erzählt habe, dass ich 650 Euro im Monat verdiene: ›Kann man denn davon überhaupt leben?‹ Die sind doch alle von irgendwelchen deutschen Firmen hierher entsandt worden, haben Wohnung, Job, Haushälterin und alles gestellt bekommen, einen Fahrer und ein Gehalt von 5000 oder 6000 Euro. Die waren doch nie wirklich in China und haben sich nichts selber suchen müssen, die haben das Land nicht eigenständig erkundet.«

Kümmerle selbst ließ man seinen sozialen Randstatus spüren. »Und es ging eben auch gar nicht, dass ich mir so ein Weihnachtsfeierbüfett für 100 Euro à zwei Personen leisten konnte. Das war eben nicht drin.« Also ging er einmal mit der Gruppe Wandern und einmal zum Stammtisch – und das war es dann.

Inzwischen hat sich beruflich allerdings einiges beim ehemaligen Kindergärtner getan. Seit dem Sommer 2004 ist er General Manager in einer großen chinesischen Firma, die Spritzkunststoff-Formen produziert. Kümmerle vermittelt Kontakte nach Europa und in die USA. »Der Job bringt mir Spaß, und man merkt hier auch, dass die Chinesen eine ganz andere Arbeitsmoral haben. Das ist nicht so wie in Deutschland, wo man sich auf Arbeitslosengeld und Sozialhilfe ausruhen kann und sogar noch streikt, wenn die Firma gerade Verluste einfährt.« Chinesen seien etwas weniger effizient, dafür aber eben fleißiger.

Bekannte hätte er hier in Shenzhen jede Menge. »Mit dem Begriff ›Freund‹ bin ich sehr vorsichtig, aber ich treffe mich mit vielen verschiedenen Leuten. Über die Firma habe ich viele Engländer und Amerikaner kennen gelernt, während ich beim Training vor allem Chinesen treffe.« Lust auf Kontakte zur deutschen Gemeinschaft hat er nicht mehr. »Ich bin stolz darauf, mir hier in kurzer Zeit wirklich viel aufgebaut zu haben, mag aber diese Mentalität nicht, dass man sich lange darüber unterhält, wo man wohl das Wochenende verbringt, ob lieber in Thailand oder auf den Philippinen.« Kümmerles Eindruck von den anderen Deutschen am Ort ist eher negativ. »Die paar deutschen Männer, die mit ihren Frauen herübergekommen sind, haben daneben alle auch chinesische Freundinnen. Es wird da unheimlich viel gelogen und Wert auf die Fassade gelegt. In Wirklichkeit haben viele Alkoholprobleme und halten es nicht aus, so weit weg von der Heimat zu sein.«

Leider muss ich die Drei-Millionen-Stadt schon am nächsten Tag verlassen. Ich wäre zu gern mal zu einem Treffen der deutschen Gemeinschaft Shenzhens gegangen, um einige der »gescheiterten Existenzen« (Kümmerle) zu treffen. Womöglich wäre mein Bild von ihnen ein wenig freundlicher ausgefallen.

## Leichtes Geld und schöne Frauen
Kai Lange, Yangtsou

Die von Bergen durchzogene Gegend um Yangtsou findet sich in jedem Reiseprospekt, der für China-Exkursionen wirbt. »Genießen Sie die Fahrt durch eine wunderschöne Landschaft, vorbei an Reisfeldern, Wasserbüffeln und kleinen idyllischen Dörfern«, heißt es da etwa. Nun, klein und idyllisch ist Yangtsou nicht gerade. Der Ort

wurde wegen seiner vielen günstigen Herbergen bei Rucksacktou-
risten aus der ganzen Welt beliebt und wird inzwischen gern besucht. Nachmittags kommen außerdem die an Geld und Jahren reicher ausgestatteten »Chinas Big Four«-Touristen hinzu, denn nach
Peking, Shanghai und den Terrakotta-Soldaten Xians gehört zu
diesen vier Highlights des Reiches der Mitte auch das nahe gelegene
Guilin, von dem aus alle Westler eine Li-Flussfahrt zu machen scheinen. Die wiederum endet in Yangtsou und seiner stark an eine süd-
europäische Einkaufspassage erinnernden Hauptstraße. Dort kann
man neben Tüchern, Masken und Silberschmuck auch Osama-Bin-
Laden-T-Shirts und Mao-Uhren erstehen.

Da die Zeit hier nicht stehen geblieben und China in Yangtsou
nicht mehr wirklich China ist, darf ich sogar meine Schuhe anbe-
halten, als ich das Internetcafé am Fluss betrete. Wobei »Internetcafé« eindeutig eine beschönigende Aussage ist. Etwa 150 Computer stehen hier dicht an dicht. An denen mit weiblicher Besetzung
wird gekichert und getippt. Zumindest meine linke Nachbarin
schafft es, gleichzeitig mit drei Leuten zu chatten und einen Film
zu verfolgen. Aus den männlich besetzten Computern schießen und
feuern diverse Spiele ohne Unterbrechung. Ich selbst versuche mit
sinkender Geduld, meine E-Mails abzufragen. Mein Verlag war so
freundlich, mir für diese Reise eine eigene Adresse der Domain
»linksverlag« einzurichten. Ein Wort wie »links« sollte in einem
Land wie China eigentlich zuversichtlich stimmen – doch irgendetwas scheint dabei verdächtig zu sein, und die entsprechende Seite
wird von Maos Erben regelmäßig blockiert. Nach einer erneuten
halben Stunde vergeblichen Bemühens beginne ich, den Computer,
das Internet und die Welt im Allgemeinen zu verfluchen. Auf
Deutsch natürlich, damit niemand mich versteht. Eine Stimme von
rechts belehrt mich eines Besseren: »Du musst zu Hotmail wechseln. Das benutzen hier auch viele, das funktioniert meistens.«

Kai ist vor neun Monaten nach Yangtsou gekommen. Der gebürtige Düsseldorfer hatte eigentlich nur acht Wochen durch Asien
reisen wollen und blieb dann hängen. »Hier ist alles wahnsinnig
billig, und es gibt jede Menge schöner Frauen.« Seit einem halben
Jahr hat Lange eine feste Freundin. »Die sind hier total unkompliziert, stellen keine Forderungen und haben keine Ansprüche.«
Zumindest gelingt es dem Deutschen, selbige zu ignorieren. Denn

auf die Frage, was die Eltern seiner Freundin zu deren Wahl sagen, entgegnet der gerade unterbrechende Student: »Sie will mich immer ihrer Familie vorstellen, aber da hab' ich natürlich keine Lust drauf. Das würde schließlich eine ganze Menge bedeuten, das hat hier große Wichtigkeit. Also habe ich zu ihr gesagt: ›Vielleicht nächstes Jahr.‹« Offenbar hat sie das ganz unkompliziert aufgenommen, so dass Lange weiterhin sein Leben in idyllischer Landschaft genießen kann.

Zwanzig Stunden unterrichtet er pro Woche in einer kleinen Sprachschule der Stadt. »Was ich da verdiene, reicht absolut. Hier kostet das Leben ja nicht viel.« Er selbst hat bisher kaum Chinesisch gelernt. »Ich hab das etwas schleifen lassen. Eigentlich sollte man das wohl lernen, wenn man hier lebt. Aber ich brauche es halt nicht so dringend.«

Das stimmt, überleben kann man in diesem Touristenort – anders als in Restchina – auch ohne die Landessprache. »Und meine Freundin spricht Englisch.« Männliche chinesische Freunde habe er kaum. »Wir treffen uns hier aber oft innerhalb der Ausländer-Szene. Das ist nicht groß offiziell, sondern man geht halt in dieselben Pubs oder läuft sich sonst wo über den Weg.« Die Chinesen unterteilt der Deutsche ganz klar in zwei Gruppen. »Es gibt die Verkäufer in der Hauptstraße, die nerven mich selbst nach neun Monaten noch mit ihrem ständigen ›Hello, looking?!‹ Die können sich einfach kein Gesicht merken, für die sehen alle Weißen gleich aus – und zwar nach Geld. Hier in der Hauptstraße werden einem ja sogar Bananen für das Dreifache des üblichen Preises angeboten. Na, und dann gibt es die Chinesen, die nicht an einem verdienen wollen oder müssen. Die sind eigentlich sehr freundlich und nett. Ich habe da nie das Problem gehabt, dass man mich schlecht behandelt hätte.«

Kontakt zu anderen Deutschen hat Lange kaum. »Ab und an spricht man halt mal mit Touristen, die hier durchkommen, aber eigentlich gibt es da keine großen Gemeinsamkeiten. Die Touris zischen in zwei Wochen durch China und gucken sich ›Sehenswürdigkeiten‹ an. Das ist nicht so mein Ding.«

An Deutschland vermisst Lange kaum etwas. »Schwarzbrot wär' ab und an ganz nett. Und es wär' schön, meine Kumpels mal wiederzusehen.« Derzeit denkt er aber noch nicht daran, wieder nach

Deutschland zurückzugehen. »Ich muss sehen, wie sich das mit dem Visum entwickelt, aber ich kann mir gut vorstellen, noch eine ganze Weile hier zu bleiben. Schließlich erwartet mich in Deutschland ja auch nichts.« Das Studium sei völlig sinnlos geworden, seit man fast sicher sein könne, danach erst mal arbeitslos zu sein. »Und wenn man dann durch Glück vielleicht doch irgendwo unterkommt, darf man sich bei seinem Arbeitgeber durch Massen an Überstunden bedanken. Das ist doch kein Leben, 50 oder 60 Stunden Arbeit die Woche und dabei dauernd unter Stress, womöglich bald auf der Straße zu stehen.«

Statt nach Deutschland, zieht es den Düsseldorfer eher in andere asiatische Länder. »Ich werde von hier aus bestimmt noch weiter durch das Land reisen und dann in die Mongolei. Die Weite dort muss faszinierend sein.« Sorgen um seine Zukunft macht er sich nicht. »Das ist so etwas typisch Deutsches, dass man sich Sorgen um seine Zukunft macht, anstatt sich eine lebenswerte Gegenwart zu schaffen. Es mag schon sein, dass ich irgendwann mal alt, krank und mit wenig Geld dastehe. Jetzt bin ich aber jung und gesund und führe hier ein schönes Leben. Und das kann mir keiner mehr nehmen.«

# Thailand

Die Geschichte der deutschen Auswanderung nach Thailand ist eine Geschichte voller Missverständnisse … Denn schließlich erwartet Deutsche, die sich entschließen, nach Thailand zu gehen, ein kulturell und sprachlich gänzlich fremdes Land. Viele wunderschöne deutsche Wortschöpfungen von »Weihnachtsgeld« über »Schrebergarten« und »Bio-Laden« bis hin zu »Aussteiger« oder »Schneemann« wird auch der bemüht Blätternde in seinem Thai-Deutsch-Wörterbuch nicht finden. Es gibt sie nicht nur im Thailändischen nicht, es gibt sie auch im Land selbst nicht: Wozu also ein Wort haben für etwas, für das es im realen Leben gar keine Entsprechung gibt? Deutsche sind also fremd in Thailand, und es ist für sie sehr, sehr schwer, fließend Thailändisch zu erlernen. Damit rückt natürlich zugleich die Chance in weite Ferne, sich wirklich in das Alltagsleben zu integrieren.

Wie eng beides zusammenhängt, zeigt der Bericht einer thailändischen Deutschprofessorin. Sie hatte ihren Studenten Brechts Kurzgeschichte »Es wird etwas geschehen« zur Übersetzung gegeben. Darin steht: »Brot wird gegessen, dem Ei wird der Kopf abgeschlagen.« Da die Studenten nicht wussten, wie in Deutschland ein Ei gegessen wird, übersetzten sie: »Der Mann hat das Ei auf seinen Kopf geschlagen.«[69] Leicht vorstellbar, was Deutsche bei ihren redlichen Versuchen, Thailändisch zu lernen, alles zum Besten geben mögen!

Dennoch zieht es jedes Jahr zumindest einige Hundert Deutsche mehr in das sonnige Königreich. Eine ganz neue Art der deutschen Besiedlung des Landes plante Peter Sikorski, Inhaber der German-Thai Residential Development Co. (GTRD). Der Niedersachse mit thailändischer Frau wollte ein ganzes deutsches Dorf im thailändischen Südosten nahe dem Strandbad Songkhla entstehen lassen. Schließlich sei er seit etwa fünfzehn Jahren regelmäßig in Thailand und habe »mit Schrecken während dieser Jahre beobachtet, was für ein Bild des Landes die Leute aus den Touristenzentren mitnehmen: Das ist nicht Thailand! Und so habe ich mir überlegt, dass man auch andere Möglichkeiten schaffen sollte.«

Probleme mit der Bevölkerung sah der Initiator dieses neuen Kolonisationsprojektes zunächst nicht, schließlich entstünden ja neue Einkommensquellen. Auch die Behörden hätten ihre Zustimmung signalisiert, und es habe eine rege Nachfrage für das Projekt gegeben. »Ich hatte vor allem an die ›jungen Alten‹ gedacht, die genug gearbeitet haben, um sich zur Ruhe setzen zu können. Aber es haben sich auch viele relativ junge Leute gemeldet, für deren Arbeit es egal ist, in welchem Land ihr Computer steht.« Zudem seien viele gemischte Paare unter den Umzugswilligen gewesen, »wobei fast immer der Mann Deutscher ist. Es kommt eben sehr selten vor, dass eine Deutsche einen Thailänder heiratet.«

Dann jedoch wendete sich das Blatt schnell und überraschend. Auf der Homepage[70] des ambitioniert gestarteten Projektes ist zu lesen: »Wenige Tage vor Baubeginn haben wir aus islamistischen Kreisen eine äußerst detaillierte Drohung erhalten, dass man nicht dulden wird, wenn in einer Gegend, die zum ›rechten Glauben‹ bekehrt werden soll, ein Dorf voller ›Ungläubiger‹ entsteht, die – da sie sich integrieren wollen – auch noch ›unschuldige Thais‹ mit westlichem Gedankengut infizieren würden. Es wurden konkrete Aktionen sowohl gegen den Bau der Anlage, wie auch gegen die Kunden angekündigt.« Nach eingehender Prüfung habe die Projektleitung feststellen müssen, dass diese Drohungen sehr ernst zu nehmen seien. Die eiligst einberufene Anteilseigner-Versammlung beschloss, »das Projekt German Paradise Beach Village mit sofortiger Wirkung einzufrieren«. Nach einem Neustart an anderem Orte ist den Initiatoren derzeit nicht zumute. Schließlich sei das Konzept des Dorfes gewesen, Deutschsprachige anzusiedeln, die sich in ihre Umwelt integrieren wollten, womit »eine gegenseitige Beeinflussung und ein Austausch von Werten stattfinden würde«. Und das widerspreche eben den Vorstellungen der Extremisten. »Und diese Leute denken global. Es sind keine Thailänder. Mein Anrufer sprach ein exzellentes britisches Oberschichtenglisch, und bei unserer Firma in Thailand meldete sich jemand in nicht sehr gutem Thai. Eindeutig ein Ausländer. Vom Akzent her möglicherweise Indonesier. Einen sicheren Ort gegen diese Burschen gibt es nicht. Siehe Spanien,

USA, Türkei, Saudi-Arabien etc.« Einen Schutz gegen diese Bedrohung böte laut dem frustrierten Sikorski nur eine Änderung des Konzeptes: »Ein Dorf mit Zuhältern, Hurenböcken und Aussteigern würde keine Probleme aufwerfen. Doch das ist etwas, wozu wir nicht bereit sind. Dann lieber die Vorkosten abschreiben.«

## T-Shirt-Tausch und Thai-Diplomatie
Ulrike Kneitschel, Chiang Mai

»Als ich in der Uni erzählt habe, dass ich ein Praktikum in Thailand mache, meinten alle nur: ›Ach, das nennt sich jetzt also Praktikum?!‹« erzählt Christian Klasen, der in Lüneburg studiert und vor zehn Tagen in Chiang Mai angekommen ist. Über Freunde hatte er von Kneitschels Event-Agentur gehört und sich kurz entschlossen für drei Monate beworben. »In Deutschland ist es jetzt gerade auch ziemlich kalt ...« Das Thema Thaifrauen und deutsche Männer ist allerdings nicht nur in norddeutschen Klischeevorstellungen brandheiß. An jeder Ecke sieht man die Kombination aus zumeist auch im Umfang gereiften weißen Herren mit ihren kleinen, zierlichen und jungen Freundinnen. Anders als in Phattaya, wo eher der Kurzzeitprostitution gefrönt wird, suchen hier im nördlichen Binnenland viele Männer tatsächlich die Frau fürs Leben. Das geht aber nach einer kurzen, für den europäischen Herren noch recht erfreulichen Phase oft schief. »Bei mir haben schon viele Männer ihr Herz ausgeschüttet«, so Kneitschel, die gerade aus Deutschland zurückkommt und ein gutes Dutzend Adventskalender mitgebracht hat. »Die verteile ich in der Kolonie, da freuen sich alle, schließlich gibt es hier so was ja nicht.« Die meisten Männer kämen nach Thailand, nachdem in Deutschland eine Beziehung kaputtgegangen sei. »Und hier werden sie dann von den Frauen hofiert. Die bekommen den ganzen Tag zu hören, wie toll sie seien. Das ändert sich nach der Heirat dann allerdings fast immer schlagartig. Manchmal direkt am Tag danach.« Anong, die gerade zu Besuch ist und nach elf Jahren Ehe mit einem Deutschen nun in Trennung lebt, stimmt verhalten zu. Für eine Thaifrau bedeute ein weißer Mann eben eine finanzielle Absicherung für die ganze Familie. »Die meisten kommen aus armen Verhältnissen und suchen so die Chance, auch ihre Onkel, Tanten, Cousinen und Cousins zu unterstützen. Deutsche Männer verstehen dieses Prinzip der thailändischen Großfamilie aber nicht.« Wie auch, die allermeisten, die hierher kommen, sprechen kein Thai und haben sich kaum mit der Kultur des Landes beschäftigt. Anongs eigene Ehe war denn auch bereits nach kurzer Zeit wenig erfreulich. »Man weiß einfach nicht, was man von einander zu erwarten hat. Und dann gibt es Streit, viel Streit.« Das Ende kam zügig und hatte durchaus Lokalkolorit: »Mein Mann ist zu einer Wahrsagerin gegangen. Die hat ihm gesagt, dass es für sein Leben besser sei, wenn er mich verlassen würde.« Am nächsten Tag zog der Deutsche aus und ließ Frau und zwei gemeinsame Kinder zurück. Jetzt kommt er nur noch gelegentlich vorbei, um sich zu nehmen, was ihm seiner Meinung nach gehört.

Auf meine Frage, ob er denn wenigstens Unterhalt für die Kinder zahle, guckt Anong eine Weile leer in die Luft und fragt dann: »Nach dem Gesetz müsste er das doch eigentlich, oder?« Mit zwei Adventskalendern in der Hand macht sie sich schließlich auf den Weg nach Hause.

Kneitschel erzählt, die Enttäuschung sei oftmals gegenseitig. »Viele Thaifrauen beherrschen das Spiel der wandelnden Unschuld perfekt. Die tun so, als hätten sie noch nie einen nackten Mann gesehen. Und das zieht bei den Europäern.« Danach allerdings gebe es oftmals böse Überraschungen. »Nach der Hochzeit zieht man dann nach Deutschland, schließlich wollen die Thais alle mal reisen und haben durch den Mann nun die Chance dazu. Ich hab' aber schon mehr als einmal gehört, dass es dann nach einer Weile hieß, ›eigentlich könnten wir ja jetzt auch meine Kinder nachholen‹. Und dann stellt sich heraus, dass die personifizierte Unschuld in Wirklichkeit schon verheiratet war und mehrere Kinder hatte.«

Glücklich sind meistens beide Parteien in solchen Ehen nicht. »Thaifrauen kennen keine offene Auseinandersetzung. Wenn es Probleme gibt, gehen die weg und besprechen sich mit ihren Freundinnen. Nach einer Weile fehlt den Männern aber meistens der vertraute Umgang durch klärende Gespräche.« Anstatt zu diskutieren, drücken die Damen nicht selten ihren Unmut eher auf unübliche Weise aus: »Thaifrauen beißen. Und zwar richtig. Die sind sehr schnell eifersüchtig, die meisten Männer dürfen nicht mal eine an-

Ulrike Kneitschel in ihrer Event-Agentur, Chiang Mai

dere Frau ansehen, geschweige denn mit ihr sprechen. Tun sie es doch, werden sie gebissen. Das sieht man auch Tage später noch, das sind richtige Wunden.«

Auch meine Gespräche mit deutschen Auswanderern waren für manch gefrusteten Herren Anlass genug, einmal den »Hass auf die Regierung, die Mädels und die Abzocke gegenüber Ausländern« loszuwerden. Einer zum Beispiel, zurückgelassen von seiner Ex, »die meinen Passport und meine Kohle geklaut hat und mit einem finanziell frischen Farang nach Dänemark gezogen ist«, spricht von Thailand als »dem Land des falschen Lächelns«[71].

Kneitschel selbst ist mit ihrem damaligen Freund nach Thailand gekommen, Deutschland hatte sie aber schon vorher verlassen. »Wir sind auf meinen Wunsch hin zusammen in die USA gegangen und haben dort vier Jahre lang in Florida gelebt. Als dann der Irakkrieg losging, war die Atmosphäre Ausländern gegenüber nicht mehr gerade erfreulich. Da wurde einem dann schon mal direkt ins Gesicht gesagt, dass man nach Hause gehen solle. Also haben wir uns wirklich entschlossen zu gehen.« Allerdings nicht nach Europa zurück.

»Thailand war aber nicht meine Wahl, mein Freund wollte hier immer hin.«

Nach nicht einmal einem gemeinsamen Jahr in Chiang Mai trennten sich die beiden jedoch, er ging zurück nach Deutschland – und sie blieb. »Der Beginn war hier schon sehr schwer, ich kannte ja überhaupt niemanden. Auch meine Tochter hatte anfangs große Probleme, hier Freunde zu finden.« Nach einem Fehlstart auf der englischen Schule, wo die jetzt elfjährige Luise als einzige Weiße in der Klasse der dauernden Sonderrolle nicht gewachsen war, wechselte sie auf die Deutsche Schule. »Das ist aber auch nicht immer einfach, weil es ja eine christliche Schule ist und ich Luise nicht im Sinne einer einzelnen Religion erzogen sehen will. Sie soll selbst ihren spirituellen Weg finden, was hier aber nicht gerade einfach ist.« Einmal habe sie ihre Tochter mit einer ihrer Freundinnen in Tränen aufgelöst vorgefunden. Die beiden hatten gerade festgestellt, nicht an einen gemeinsamen Gott zu glauben. »Also dachten sie, dass sie nun nicht mehr befreundet sein können.«

Genau wie in den USA, wo manche Freunde die Tochter nur heimlich und gegen den Willen der Eltern besuchen konnten, weil sie Ausländerin war, dürfen nun manche keinen Kontakt zum Heidenkind haben. Um der Tochter die Eingewöhnung etwas einfacher zu machen, hat Ulrike Kneitschel jetzt einige Katzen und einen Hund angeschafft. »Das hilft etwas über den Trennungsschmerz von Amerika weg.«

Heute aber ist Luise gleich nach der Schule zu einer Freundin gegangen. »Deren Mutter möchte auch, dass die beiden weiter in Kontakt bleiben, damit ihr Kind nicht ganz das Deutsche verliert.« Wir machen uns zusammen per Moped auf den Weg, um die Tochter abzuholen. Durch Chiang Mai kreuzend, passieren wir die einzige Straße der Stadt mit Rechtsverkehr – »eine thailändische Spezialität, von der kein Mensch weiß, welchen Sinn sie haben soll« –, kommen an immer kleiner werdenden Häusern vorbei, die schließlich auch noch verschwinden und der typischen Reisfeldkulisse Platz machen. Nur ein einziges Haus steht hier in der Gegend herum, direkt daneben das Hinweisschild »Zur Deutschen Schule«. »Wahrscheinlich haben die hier draußen ein billiges Grundstück bekommen. Sinnvoll ist es für die Kinder jedenfalls nicht, einen so langen Schulweg zu haben«, murmelt Kneitschel.

Das einsam an der Straßenkreuzung gelegene Haus gehört Sou und Günter, die extra hierher gezogen sind. Ihrer Tochter Angelika sollte der halbstündige Anfahrtsweg aus der Stadt erspart bleiben. Nun muss sie stattdessen täglich in die andere Richtung fahren. Während die Sonne recht malerisch hinter der Deutschen Schule untergeht, öffnen Kneitschel und ich das Tor zum Grundstück und finden Günter an seinem Lieblingsplatz vor. Er blickt in zwei große Töpfe mit Kohl, in denen sich gerade ein thailändisches Gemüse anschickt, zur deutschen Spezialität zu werden: »Ich habe hier immer schon Sauerkraut gemacht, von Anfang an. Der Markt ist ja gut, und man bekommt alle nötigen Zutaten frisch vom Feld.«

Eines Tages in Thailand zu landen, war Günter nicht unbedingt in die Wiege gelegt. Der 63-jährige Hesse war in Deutschland Straßenbauarbeiter. Nachdem seine erste Ehe zerbrochen war, gab ihm ein Freund den Thai-Tipp: »Der hatte selbst gerade eine Thailänderin geheiratet und war sehr zufrieden. Die beiden lebten in Deutschland, und seine Frau vermisste ihre gute Freundin. Da die sowieso einen Ausländer heiraten wollte, habe ich gesagt, ›gut, zahl' ich das Flugticket und lass' sie herkommen, mal sehen, was passiert‹.« Die erheblich jüngere Sou machte sich auch wirklich auf den Weg, die beiden trafen sich und heirateten drei Wochen später. »Das wäre mit dem Visum sonst schwierig geworden, und wir wollten uns ja richtig kennen lernen.« Die frisch Vermählten lernten sich also näher kennen, was trotz mangelnder gemeinsamer Sprache ganz gut klappte. Zumindest wurde kurze Zeit später ihre gemeinsame Tochter Angelika geboren, um die sich fortan alles drehen sollte.

Man ging zusammen nach Thailand, weil »meine Frau zurückwollte und ich in Deutschland eh nichts mehr zu verlieren hatte«. Besonders wichtige Freundschaften habe es nicht gegeben, und Kontakt zu seinen erwachsenen Kindern aus der ersten Ehe habe er schließlich auch kaum noch gehabt, da diese etwas gegen die neue »Stiefmutter« einzuwenden hatten. Hier in Thailand könne man mit seiner Rente ganz gut leben, während in Deutschland alles unbezahlbar geworden sei und man nach einem langen und harten Arbeitsleben mit einer Summe dastünde, von der man gerade mal die Miete und Essen bezahlen könne.

Hier hat Günter ein schönes Haus, das Sous Brüder und Cousins »sehr preiswert« gebaut haben. Den Kohl seinem Schicksal überlassend, bittet er mich nun hinein und zeigt mir das Wohnzimmer. Absoluter Blickfang und Zentrum des Raumes ist ein riesiger Altar: Eine breite, goldfarbene Treppe geht vom Boden zur Decke, jede der Stufen ist dicht bestückt mit Bildern, Figuren, Räucherstäbchen und Blumen. Das ganze ist deutlich imposanter als so manch durchschnittlicher Dorftempel. »Alle Achtung!« rufe ich, kann meine Begeisterung jedoch mit Günter nicht recht teilen. »Das ist Sache meiner Frau, die macht so was.« Selbige eilt hinzu und zupft strahlend einige Blumen zurecht. »Jetzt, da meine Tochter nicht mehr zur Deutschen Schule geht, erziehe ich sie zum Buddhismus, irgendetwas muss sie ja haben.«

Die Deutsche Schule, die inzwischen draußen schon in der Dunkelheit verschwunden ist, hängt wie ein schwarzes Tuch über dieser Familie. »Meine Tochter sollte eine ordentliche Ausbildung bekommen«, sagt Sou in recht passablem Deutsch, obwohl sie noch vor wenigen Monaten nur radebrechen konnte. »Ich habe vor lauter Ärger über die Lehrer dort auf einmal richtig sprechen gelernt. Irgendwie muss man sich doch wehren können. Aber es hat alles nichts genützt.« Nur neun Schüler seien in der Klasse ihrer Tochter gewesen, und dennoch wären die Lehrer immer gleich zu ihr gekommen, um sich über die mäßigen Leistungen ihrer Tochter zu beschweren. »Aber ich konnte ihr doch nicht helfen, ich kann doch kein Deutsch.« Und der Vater? Der hat selbst nur einen unterbrochenen Volksschulbesuch hinter sich – »ich musste früh arbeiten gehen, da war nicht mehr viel Zeit, um was zu lernen« – und kann weder lesen noch schreiben.

Da stand es also, das Ehepaar, und musste zusehen, wie das Kind immer mehr zurückfiel. »Dabei ist die Deutsche Schule sogar teuer. Wir haben doch ein Drittel unseres Geldes ausgegeben, damit unsere Tochter etwas lernt, aber die Lehrer haben sich überhaupt keine Mühe gegeben. Da hat keiner mal eine Stunde Nachhilfe angeboten oder sonst wie zu helfen versucht. Dabei kannten sie doch unsere Situation.« Schließlich habe Günter sich sogar auf den Weg zum Direktor gemacht und ihm erklärt, dass es nun mal schwierig für ein Kind sei, jedes Jahr eine neue Deutschlehrerin mit einem anderen Akzent zu haben. »Die letzte kam sogar aus Österreich, da wusste das Kind doch gar nicht mehr, was nun eigentlich Deutsch ist.«

Es half alles nichts, zweimal blieb Angelika sitzen, dann musste sie die Schule verlassen. Jetzt bringen ihre Eltern sie jeden Morgen zur reichlich entfernt liegenden thailändischen Schule in Chiang Mai und wissen noch nicht recht, was sie nun mit ihrem gemeinsamen Haus hier draußen und dem weiteren Leben anfangen können. Vom Traum des Aufstiegs in der nächsten Generation sind vorerst jedenfalls nur ein großer Altar und hausgemachtes Sauerkraut geblieben.

Immerhin scheint die Tochter noch nicht allen Humor verloren zu haben und tritt jetzt gut gelaunt zu uns und bittet Ulrike Kneitschel um Verlängerung des Besuches ihrer Tochter. Luise solle doch auch die Nacht bei ihr bleiben dürfen, so ein paar Stunden gemeinsamer Zeit seien einfach zu kurz. Kneitschel willigt ein und lässt ihren kleinen Deutschlehrerersatz zurück. Wir setzen unsere Plastikhelme wieder auf und machen uns auf den Heimweg. Unterwegs gibt es noch einen Stopp am Supermarkt, wo wir feststellen, dass Weihnachten jetzt auch in Thailand nicht mehr ganz aus der Welt ist: Es gibt Stollen!

Ewig will die Deutsche aber trotz solcher Anschlüsse ans deutsche Brauchtum nicht in Thailand bleiben. Warum auch, schließlich hat sie schon mehrfach ihr Leben komplett auf den Kopf gestellt. Die gebürtige Ostberlinerin hat Musik studiert und eine Solistenausbildung für Violine absolviert. Sie gab mehrere Konzerte und war für eine internationale Karriere vorgesehen. »Das ist ein ganz abgekartetes Spiel dort. Da gibt es Wettbewerbe, und wer gewinnt, darf auf Tournee gehen. Nur steht immer vorher schon fest, wer gewinnt.« Einmal trat sie an und wurde Zweite. »Die Dritte war eine Armenierin, die uns alle an die Wand gespielt hatte und an dem Tag einfach mit Abstand die Beste war. Aber der Sieger hatte ja schon vorher festgestanden, weil sein Professor in der Jury saß.« Nach der Vorstellung sei ihre Lehrerin dann auf sie zugekommen und habe verkündet, »das nächste Mal bist du dran mit dem ersten Platz«. »Da hatte ich dann keine Lust drauf und habe die professionelle Musik aufgegeben.« Sehr zum Entsetzen ihrer ganzen Umwelt, die nicht begreifen konnte, dass sie stattdessen einen Brötchen-Lieferservice auf dem Ku'damm hochzog. »Das habe ich ein paar Jahre gemacht und auch sehr gut damit verdient.« Nach fünf Jahren konnte sie aber keine Brötchen mehr sehen. »Es hat mir einfach keinen Spaß mehr gebracht, und ich wollte meine Träume nicht weiter nach hinten schieben.« Sie habe zu viele Leute kennen gelernt, die immer gesagt hätten, »wenn ich dies und jenes erreicht habe, dann wandere ich aus«. Letztendlich seien die aber immer geblieben und hätten 70 Stunden die Woche gearbeitet, bis sie wegen Alter oder Krankheit nicht mehr weg konnten. Also gründete sie kurzerhand eine Webdesign-Firma mit dem Ziel, in die USA zu gehen. »Das ist immer einfacher, wenn man in Deutschland Unternehmer ist und dann sagt, man will drüben eine Tochterfirma aufmachen.«

Der erste Anlauf in Kalifornien missglückte jedoch. »Meine Tochter war da im Kindergarten, und die haben eine ziemlich merkwürdige Auslegung von Kindesmissbrauch. Wenn da mal ein Kind hinfällt und anfängt zu weinen, nehmen die das nicht in den Arm. Jeder Körperkontakt ist den Erziehern verboten. Nach einem Monat war Luise vollkommen fertig, weil sie eben als Kind in einer von menschlichen Regungen weitgehend freien Umgebung gelandet war.«

Nach einer kurzen Rückkehr nach Deutschland ging es im zweiten Anlauf nach Florida. »Das war dann eine schöne Erfahrung, und es lief auch geschäftlich sehr gut. Aber dann hatte ich eben mal wieder Lust, was anderes zu machen als immer nur Computer. Ich wollte eine Event-Agentur aufmachen.« Der ursprüngliche Plan war, nach New Orleans umzuziehen. Die politischen Entwicklungen sprachen dann aber dagegen. »Und ich glaube auch, dass es richtig war wegzugehen, schließlich haben die Bush ja jetzt sogar wieder gewählt.«

Die Umstellung auf Asien sei ihr nicht immer leicht gefallen. Den Umgang mit Thais empfindet Kneitschel gelegentlich als etwas gewöhnungsbedürftig. Es hatte gerade die Regenzeit begonnen, als sie auf der Suche nach einem größeren Haus war, in dem auch ihre Praktikanten untergebracht werden sollten. »Der Makler führte mich dann zu einem Gebäude, das knietief unter Wasser stand. Das finden die hier ganz normal, dass man dann durch das Wasser watet und in den entsprechenden Wochen eben nur im oberen Geschoss des Hauses wohnen kann.« Sie entschied sich doch lieber für ein höher liegendes Haus. Dieses wiederum gab es nur mit Haushälterin zu mieten. »Der Vermieter sagte mir, die Frau würde hier

Das German Hofbräuhaus y Casa Antoñio in Chiang Mai

schon seit Jahren arbeiten, und ich solle sie doch übernehmen.«
Kneitschel, die vorher gar nicht auf die Idee gekommen war, eine
Hilfe zu benötigen, willigte ein und erlebt seither manch Ungewöhnliches. »Ich habe mich gewundert, warum es manchmal zehn
Tage dauert, bis wir unsere Wäsche gewaschen zurückbekamen.
Dann hat meine Tochter mal das Kind der Haushälterin besucht,
kam nach Hause und fragte: ›Mama, warum läuft eigentlich das
ganze Dorf mit meinen Sachen herum?‹« Kneitschel fuhr in das
Dorf ihrer Angestellten und überzeugte sich selbst vom Anblick diverser Nachbarinnen, denen T-Shirts und Hosen der Deutschen
ganz vorzüglich standen. Ihr Versuch, die Haushälterin durch er-
höhtes Gehalt zu etwas zuverlässigerer Arbeit zu bewegen, schlug
fehl. »Die verdient bei mir so viel wie sonst nur komplett zweisprachige Büroangestellte. Aber das scheint falsch verstanden zu
werden, sie macht jetzt sogar die einfachsten Hausarbeiten nicht
mehr, weil die zu anstrengend seien. Ich muss bezüglich Thai-Diplo-
matie noch viel lernen.‹
      Kritik und Forderungen dürften nie offen vorgetragen werden.
»Die zeigen mir dann zum Beispiel ihr Handy und sagen, dass es so
gar nicht funktionieren würde, aber sie sich ja leider keinen neuen
Akku leisten könnten. Übersetzt heißt das: ›Ich will ein höheres Gehalt.‹«
      Noch allerdings überwiege die Begeisterung für die Arbeit und
der Spaß, den es mache, »in gut gelaunte Gesichter zu gucken«. Auf
dem Weg zu ihrem Büro komme ich an der thailändischen Ausgabe
deutscher Gastronomie vorbei. Während ich noch leicht erstaunt
den Namen Deutsches Hofbräuhaus – Casa Antoñio entziffere,
springt schon eine in Dirndl-Tracht gekleidete Thailänderin aus der
Tür, um mich hineinzubitten. Ich verzichte für heute aber noch mal
auf Weißbier und Wurst und treffe stattdessen Jens Kronberg, der
sein Arbeitszimmer in der oberen Etage von Kneitschels Büro eingerichtet hat.

# Heimweh trotz Gemeinschaft

Jens Kronberg, Chiang Mai

Jens Kronberg kennt fast jeden in der deutschen Gemeinschaft Chiang Mais. »Als ich vor zwei Jahren hierher kam, habe ich mein Haus von einem Deutschen übernommen, der gerade zurückging. Der hatte bislang immer die deutsche Zeitschrift »Hallo« verteilt und fragte mich, ob ich das jetzt nicht machen wolle. Ich hab zugesagt und deshalb gleich vom ersten Tag an die ganze Szene kennengelernt.« »Hallo« liegt überall in der Stadt aus, wo es Deutsches gibt, vom Bäcker und Schlachter bis hin zu Hotels und den unzähligen deutschen Gasthäusern. Abgesehen von diesem Blatt existiert aber kaum ein Bindeglied zwischen den mindestens 500 Deutschen in Chiang Mai. »Die Gründe, hierher zu kommen, sind einfach zu unterschiedlich, um da so etwas wie eine Einheit zu bilden.«

Kronberg selbst gehört nicht gerade zur repräsentativen Mehrheit »50 plus«, die auf der Suche nach einer Frau nach Asien gereist ist. Der 43-Jährige ist in Sachsen und im Harz aufgewachsen und bekam während des Studiums in Leipzig Kontakt zur DDR-Opposition. »Ich war sehr aktiv in der jungen Gemeinde bei Pfarrer Lösche in der Laurentiuskirche.« 1988 stellte er dann einen Ausreiseantrag und siedelte in die Bundesrepublik über.

Anschließend war er mehrfach kurz im Ausland, hat »aber an Auswanderung noch nicht gedacht. Das kam erst mit dem Angebot aus Thailand.« Hier wurde für die School for Live, ein AIDS-Waisen-Hilfsprojekt, eine deutsche Kraft gesucht. »Ich hatte in Deutschland ein sehr gutes Leben mit einem tollen Job und wollte mal etwas davon zurückgeben.« Nach einem Dreivierteljahr lief die Zusammenarbeit jedoch aus. Chiang Mai wollte er trotzdem nicht verlassen. »Ich mag Thailand und gerade diese Stadt.« Und was hält ihn? »Das sind vor allem drei Dinge, die mir in Deutschland sehr fehlen: Zum einen die Fähigkeit, den Augenblick zu genießen. Dort wird immer alles geplant und abgesichert, darüber verlernt man ganz, in der Gegenwart glücklich zu sein.« Vermutlich hänge das auch mit den Jahreszeiten zusammen. »Schließlich haben wir in Deutschland Frühling, Sommer, Herbst und Winter, und da ist klar, dass man im Sommer für den Winter vorsorgen muss. So sind wir erzogen worden. Wenn Du einem Thai was von ›Sparen für die

Rente‹ erzählst, dann versteht der überhaupt nicht, wovon du sprichst. Hier geht eben jeden Morgen die Sonne auf, es ist warm, und die Erde gibt regelmäßig etwas her. Da plant man nicht.«

Dafür sei man dankbar für alles, was das Leben bereithält. »In Deutschland werden viele Dinge für selbstverständlich gehalten, zum Beispiel dass dort niemand hungern muss und es eine Krankenversorgung gibt.« Jeder Deutsche solle deshalb unbedingt eine Weile im Ausland leben: »Da sieht man dann, dass diese Dinge eben nicht selbstverständlich sind.«

Speziell Thailand habe außerdem noch zwei andere Vorteile: »Hier gibt es wirklichen Respekt vor der Leistung eines Menschen und vor dem Alter. In Deutschland wird alles gern klein geredet, und jeder Student zum Beispiel meint, dem Professor patzig erklären zu müssen, was er besser machen solle. Das ist hier anders.« Auch gebe es noch Orientierungsmöglichkeiten und Leitfiguren. »In Thailand wird der Buddhismus von den meisten Menschen tatsächlich gelebt, und seine Werte werden anerkannt. Auch wenn das jetzt vielleicht kitschig klingt: Ich finde es gut, dass die ihren König noch respektieren.«

Dennoch glaubt Kronberg nicht, auf Dauer in Thailand leben zu wollen. »Wir sind hier eben Ausländer, und die Thais lassen einen auch nicht in ihre Kultur eintreten, da sind ganz klare Grenzen.« Er sieht die Versuche einzelner Deutscher, so zu tun, als gehörten sie dazu, denn auch eher kritisch. »Die treten dann zum Buddhismus über und glauben, sich integrieren zu können, aber das stimmt eben nicht. Wir sind in vielen Dingen sehr anders.«

In seinen zwei Jahren in Thailand hat Kronberg schon diverse Deutsche scheitern sehen. »In Thailand ist alles in so einem ruhigen Fluss, wo man ohne berufliche Herausforderung schnell abdriftet. Viele werden hier zu Alkoholikern und scheitern.« Eines der immer wiederkehrenden Probleme sei, dass viele im Frust aus Deutschland weggingen. »Ich sage den Leuten immer wieder, dass sie ihre Sachen zu Hause erst mal klären sollen. Das holt einen sonst immer wieder ein. Wer sagt, in Deutschland ist alles schrecklich und seine Brücken ganz abbricht, hat gute Chancen, auch hier zu scheitern.« Stattdessen solle sich jeder ein Hintertürchen offen halten. »Ich zahle immer noch meine deutsche Rentenversicherung und achte auch sehr darauf, meine Freundschaften dort aufrechtzuerhalten. So ist da immer noch etwas, wenn ich mal zurückkehren sollte.«

Und das hält Kronberg durchaus für gut möglich. »Ich liebe Deutschland und habe oft richtig Heimweh.« Er hoffe aber, dass sich dort ein paar Strukturen ändern würden, »das ist im Augenblick alles sehr festgefahren«. Seine frühere Arbeit in der Personalbranche sei dadurch ad absurdum geführt worden. »Schließlich will man doch Leute aussuchen, um sie einzustellen und nicht, um sie rauszuwerfen.« Dennoch hat er keine Problem mit seinem jetzigen Arbeitsauftrag. Kronberg bereitet den Weg für ein großes Berliner Callcenter, das komplett nach Chiang Mai verlegt werden soll. »Da arbeiten zurzeit 200 Leute. Aber ich habe kein schlechtes Gefühl dabei, denn schließlich ist so etwas in Deutschland durch die vielen Abgaben einfach nicht mehr tragbar. Vielleicht beginnt dann ja auch mal ein Umdenken in der deutschen Politik, wenn die sehen, dass so viele junge und auch gut ausgebildete Leute Deutschland verlassen.«

Denen, die sich auf den Weg nach Thailand begeben wollen, empfiehlt er dringend: »Sie sollen erst mal zuhören und versuchen zu verstehen, wie die Dinge hier laufen, denn die sind wirklich sehr anders.« Viele der aufstrebenden Unternehmertypen vergäßen zudem, dass es hier oft Schwierigkeiten mit der Infrastruktur gebe. »In unserem Büro haben wir zum Beispiel vier Wochen lang auf einen Telefonanschluss gewartet. Mit so etwas muss man hier rechnen, das ist eben nicht Deutschland.« Anstatt mit Ruhe an die Sache heranzugehen, würden dann viele arrogant und erklärten alle Thais für doof und unfähig. »Das sind sie nicht. Sie sind aber anders als wir.« Seinen Angestellten dürfe man deshalb auch immer nur eine Aufgabe auf einmal geben. »Das klingt jetzt vielleicht ein bisschen von oben herab, aber so läuft es nun mal. Wenn man ihnen drei Sachen auf einmal aufträgt, wird mit ziemlicher Sicherheit keine erledigt.« Auf keinen Fall solle man von Thais Entscheidungsfreude erwarten. »Das gehört zu den Dingen, die sie an uns bewundern – dass wir eben ›ja‹ und ›nein‹ sagen können. Die Thais sagen am liebsten ›jein‹ und lassen alles offen.«

Manchmal sei es jedoch gut, auch etwas offen zu lassen. »Man sollte nicht alles auf eine Karte setzen oder Türen zuschlagen, die einem dann den Rückweg versperren.«

# Unfreiwillige Verlängerung

Mike Fiebig, Chiang Mai

»Hier ist ein guter Ort, um sich das Trinken abzugewöhnen«, hatte Mike Fiebig geschrieben. Das Essen offenbar auch, denke ich, als ich dem 42-Jährigen das erste Mal gegenübersitze. »Nein«, sagt der 1,80 Meter Große, »ich war immer schon so dünn.« Beim »Einchecken« habe er 58 Kilogramm gewogen, nun eben 55 Kilo, kein Grund zur Sorge. Seit zweieinhalb Jahren »wohnt« der blonde und für Thailand-Deutsche außergewöhnlich blasse Ex-Berliner jetzt hier. Als ich ihn in meinem letzten Brief fragte, wann ich zu Besuch kommen könne, hatte er nur geantwortet, »im Prinzip jederzeit. Ich habe im Augenblick wenig Außentermine.«

Mike Fiebig hat Humor. Beinahe so viel davon, dass wir uns nie kennen gelernt hätten. Eine Menge Leute hatten sich auf meine Anzeigen in diversen deutschen Auslandszeitungen gemeldet. Aus Thailand waren viele darunter gewesen, die mir anboten, mir »alles über die thailändischen Frauen und ihre Abzockermentalität« zu schreiben. Hier sei »das Lächeln nur eine schimmelige Fassade, hinter der nichts, aber auch gar nichts als Lug und Betrug« stecke. Ich war also vorgewarnt, als mich Fiebigs Brief erreichte, der mit einem »Hallo Kerstin!« begann, die Möglichkeit ansprach, »vielleicht demnächst irgendwie einen Kassettenrecorder aufzutreiben«, was zwar verboten sei, aber es »einfacher mache, Dir meine Geschichte aus Suite 432/1 des Chiang Mai Hilton zu schicken«, wo Kost und Logis günstig, die Aussicht aber schlecht sei. Das Ganze war mit »gesiebten Grüßen« unterschrieben und wanderte erst mal in die Ablage. Erst beim vierteljährlichen Büroaufräumen fiel mir der Brief wieder in die Hände, und mein Blick auf die Adressangabe des Absenders: Central Prison (Zentralgefängnis).

Hier sitzen wir uns jetzt gegenüber und führen ein »gesiebtes« Gespräch: Nicht nur Gitterstäbe, sondern auch schalldichtes Plexiglas trennen die Besucher von den Insassen des »Chiang Mai Hiltons«. Sprechen kann man nur durch einen Luftschacht in Brusthöhe, dessen Enden durch ein metallenes Sieb verschlossen sind – Händchenhalten oder Nagelfeile durchreichen ist so unmöglich. Leider auch ein durchgängiger Blickkontakt. Denn schließlich ist Fiebig nicht der einzige Gefangene, der hier die zwei wöchentlichen

Besuchsstunden wahrnimmt. Alle dreißig ausländischen Insassen sind gekommen, sitzen jetzt auf der anderen Seite von Plexiglas und Gitterstäben, hoffen auf Besuch oder versuchen, ein paar Minuten mit Kathryn, der Missionarin, zu sprechen. Einige wenige haben Glück, jemand von draußen ist gekommen, jetzt wird gefragt und erzählt, es wird laut, so laut, dass man sich hinunterbeugen muss zum Luftschacht, um direkt hineinzusprechen, und anschließend das Ohr ans Gitter hält, um die Antwort zu verstehen. »In anderen Gefängnissen gibt es Telefone«, so Fiebig, »da kann man sich beim Sprechen jedenfalls ansehen. Aber wir sind hier eben nicht im Hotel.« Das sagt er oft und lamentiert überraschend wenig. »Ich bin nicht unschuldig, ich hab Scheiß' gebaut, sonst wäre ich nicht hier.«

Fiebig ist ein verurteilter Krimineller. Allerdings nach thailändischem Recht. Während in Deutschland sein Vergehen vermutlich mit einem mahnend erhobenen Zeigefinger geahndet worden wäre, hieß sein Urteil hier im Goldenen Dreieck sieben Jahre Gefängnis. Und dabei hatte alles recht gut angefangen. Schon mehrfach war der Versicherungsvertreter als Tourist in Thailand gewesen. Wie so vielen hatte es ihm gefallen: Wetter, Bier und Frauen waren genau nach seinem Geschmack, und die Idee, hier zu leben, schien verlockend. Da kam ein Arbeitsangebot eines thailändischen Unternehmers gerade recht. »Ich sollte gut verdienen und auch eine Wohnung gestellt bekommen, alles schien perfekt.« Fiebig löste seinen Berliner Hausstand auf und flog »für immer« in das asiatische Königreich. »Ich wollte nie wieder zurück nach Deutschland.« Die Landung erfolgte jedoch schnell und unsanft. Das Unternehmen hatte inzwischen Pleite gemacht, die Wohnung war anderweitig vergeben, und Fiebig stand mit leeren Händen auf der Straße.

Anders als sein mitgereister Freund, der aus der Auswanderung einen längeren Urlaub machte und dann wieder gen Deutschland aufbrach, mochte sich Fiebig jedoch nicht so schnell geschlagen geben. »Ich bin stolz und habe gedacht, es schon irgendwie zu schaffen.« Eineinhalb Jahre lang hielt er sich mit Gelegenheitsjobs über Wasser, arbeitete mal hier und mal da, trank viel Bier, war seiner Freundin nicht ausschließlich treu und genoss das Leben. »Irgendwann ging es aber einfach nicht mehr. Ich hatte überall Schulden, mein Visum war längst abgelaufen, und es gab auch keine Aussicht auf einen festen Job.« Das eigentliche Problem bestand darin, dass

Selbstporträt Mike Fiebig, Zentralgefängnis Chiang Mai

er seinen Rückflug nicht mehr bezahlen konnte und auch nicht die Strafgebühr für den illegalen Aufenthalt. »Aber ich bin eben ein sehr stolzer Mensch und wollte mich an niemanden in Deutschland wenden und mein Scheitern eingestehen. Bestimmt hätte mir jemand Geld geliehen, aber ich wollte es aus eigener Kraft schaffen.«

In diesem Augenblick trat wie in einem schlechten Roman der berühmte »gute Freund« auf den Plan. »Ich solle mit ihm nach Chiang Mai fliegen, nur ein paar Schecks unterzeichnen und hätte innerhalb von einer Woche das Geld für Heimflug und Visum zusammen.« Mit einem schlechten Gefühl, aber einer noch größeren Hoffnungslosigkeit machte sich Fiebig auf den Weg. »Ich hatte klatschnasse Finger in der Bank, aber es ging alles gut.« Der thailändische Begleiter wartete in sicherer Entfernung, kassierte und versprach Lohn nach komplett verrichteter »Arbeit«. Auch in der zweiten Bank schöpfte scheinbar niemand Verdacht. »Als ich dann den dritten Scheck einlösen wollte, hieß es, es dauere eine Weile, sie müssten erst noch das Geld besorgen.« Fiebig dachte sich nichts und wartete geduldig. Statt des Geldes kamen dann jedoch zwei Polizisten.

Für den Deutschen, dessen Begleiter natürlich längst verschwunden war, begannen die schlimmsten Tage seines Lebens. Auf der Polizeistation verbrachte er seine Zeit mit Ungewissheit – und einer ansehnlichen Zahl von Küchenschaben und Ratten. Was Enge ist, erlebte er nach seiner Verlegung in das Zentralgefängnis von Chiang Mai. »Wir waren 80 Gefangene in einer Zelle von 15 mal zehn Metern. Nachts mussten wir auf dem Betonfußboden liegen, an Schlaf war wegen der Enge natürlich nicht zu denken. Ab sieben Uhr durfte man die Toiletten aufsuchen – aber es gab nur zwei für die gesamte Belegschaft.«

Als Ausländer genoss Fiebig jedoch gewisse Privilegien. »Ich wurde schnell in den Ausländertrakt verlegt. Da sind wir nur zu fünft in einer Zelle.« Diese Zellen sind allerdings auch entsprechend kleiner. Mit dem Millimetermaß wurde dem Deutschen sein Platz zugeteilt: 1,90 Meter Länge und 44,5 Zentimeter Breite. »Wir wohnen zu fünft auf sechs Quadratmetern inklusive Toilette und Herdplatte. Es gibt keine Betten, sondern wer bezahlen kann, liegt auf einer Decke. Die anderen eben auf dem Betonfußboden.« An Mulitikulturalität hingegen herrscht kein Mangel: »Ich kam in eine Zelle mit einem Nigerianer, einem Franzosen, einem Engländer und einem Jamaikaner. Streit ist da natürlich vorprogrammiert, wenn man mit so verschiedenen Hintergründen auf engem Raum leben muss.«

Die Gewalt halte sich jedoch in Grenzen. »Es gibt hier keine Bandenbildung, und man kann sich innerhalb des Gefängnisses ungefährdet bewegen.« Überhaupt gehe es den Ausländern in einem thailändischen Gefängnis besser als den Einheimischen. »Für uns gibt es kein Aufstellen zum Appell, keine Kniebeugen und Liegestütze, kein Strafexerzieren und sonstige Schikanen. Man lässt uns weitestgehend in Ruhe. Ich kann mich nicht beschweren.«

Beschweren möchte sich der bis dato nicht vorbestrafte Scheckbetrüger lediglich über die deutsche Seite. »Ich habe überhaupt keine Unterstützung bekommen, und es scheint niemanden zu interessieren, dass hier ein Deutscher im Gefängnis sitzt.« Seinen ersten Prozess habe er ohne Anwalt und ohne Übersetzer erlebt. »Ich stand da vor dem Richter, der ein paar Minuten irgendwas erzählte, was ich natürlich nicht verstand, dann gab es ein Urteil, und ich bin raus, ohne zu wissen, wofür ich überhaupt ins Gefängnis gehe.«

Auch später sei keine Unterstützung von der Botschaft gekommen. »Ich wollte mich nach Deutschland verlegen lassen, habe nach Bangkok geschrieben und gefragt, was ich dafür tun muss. Die haben mir nie geantwortet. Erst als Kathryn, die Gefängnismissionarin, sich einschaltete, hieß es dann, solange ich keine Schadenswiedergutmachung für die Schecks geleistet habe, ginge das nicht. Das hatte mir aber keiner gesagt.« Gerade jetzt warte er wieder seit Wochen auf eine Antwort, ob es nicht eine Chance gebe, auf Bewährung rauszukommen. »Hier drinnen bin ich auf die Unterstützung von Leuten draußen angewiesen, aber von offizieller Seite hört man da gar nichts.« Manchmal habe er wochenlang ergebnislos auf eine Antwort gewartet. »Wenn ich ein klares ›Nein‹ bekomme, ist es ja gut, aber diese Ungewissheit mit dem täglichen Warten auf eine Nachricht ist das Schlimme.«

Für Peter Finger von der Presseabteilung der Deutschen Botschaft in Bangkok stellt sich der Fall naturgemäß anders dar. Seiner Meinung nach litten Inhaftierte des öfteren unter Realitätsverlust und erwarteten zu viel von ihren Betreuern. Mike Fiebigs Briefe wären nach seiner Aktenkenntnis sämtlich umgehend beantwortet worden – nur seien die Antworten wohl nicht zur Zufriedenheit des Häftlings ausgefallen. Es könnten allerdings nicht alle Risiken eines privaten Auslandsaufenthaltes aus öffentlichen Mitteln abgedeckt werden, weshalb die Botschaft auch nicht für die Übernahme von Anwaltskosten zuständig sei. Da Fiebig regelmäßig betreut werde, sei man sich in der Botschaft einig darüber, dass »die Vorwürfe völlig unsubstantiiert sind«[72].

Zur deutschen Gemeinschaft in Thailand hat Fiebig in erster Linie indirekten Kontakt. Derzeit wird in der deutschsprachigen

Zeitung Tip gerade seine Geschichte abgedruckt.[73] »Viele Leute schreiben mir, und die Reaktionen sind bisher durchweg positiv, dass die Geschichte sich gut liest und ich durchhalten soll.« Durchhalten muss Fiebig, nach mehreren strafverkürzenden Amnestien, voraussichtlich noch bis zum August 2005. »Das ist hoffentlich mein Entlassungsdatum.« Sicher könne man sich jedoch nie sein. »Vielleicht kramen sie dann auch noch irgendetwas heraus, was ich noch gemacht habe.« Die Arbeit der thailändischen Justiz sei nicht immer voraussehbar. »Ich habe mich damals ja gleich schuldig bekannt, dass ich drei Schecks mit einem Gesamtwert von 2000 US-Dollar gefälscht habe. Das dritte Verfahren ist aber dennoch erst nach zwanzig Monaten gegen mich eröffnet worden. Da gab es dann noch mal zweieinhalb Jahre Zuschlag.«

Ohne die regelmäßigen Besuche seiner Freundin hätte er diese Zeit hier nicht durchhalten können. »Riam ist so eine klasse Frau, die habe ich eigentlich gar nicht verdient.« Auch nach zweieinhalb Jahren »gesiebter« Kommunikation steht die Thailänderin zu ihrem deutschen Freund und lässt keinen Besuchstermin aus. »Ich bin ja auch mit dem Essen sehr eigen und nehme von der Gefängniskost hier nichts. Ich ernähre mich nur von dem, was Riam mir mitbringt.« Auch heute ist die 38-Jährige, die auch äußerlich so gar nicht dem Klischee der Ausländerfreundin entsprechen will, wieder gekommen.

Neben ihr sitzt Tobias, ein Deutscher, der gerade seinen Ersatzzivildienst in einer Missionsstation in Chiang Mai absolviert. Alle zwei Wochen kommt er vorbei und verbringt den Rest seiner Zeit in erster Linie mit thailändischen Bergstämmen, denen er die Bibel näher bringen will. Freunde habe er hier aber auch nach eineinhalb Jahren trotz guter Sprachkenntnisse nicht wirklich finden können. »Das liegt wohl auch an der Religion. Im Buddhismus lernt man ja, an nichts anzuhaften, so dass die Thais anderen Menschen eben auch kaum Bedeutung beimessen. Da werden Freundschaften nicht so gepflegt, und echte Beziehungen gibt es höchstens in der Familie.« Wirklich traurig, dass seine Zeit hier in einigen Monaten um ist, scheint Tobias deshalb auch nicht zu sein. Schließlich hatte er sich nicht konkret für Thailand entschieden. »Ich war in der Kirche aktiv und habe mich umgehört, wo man da Ersatzdienst machen kann, so kam der Kontakt zustande, und ich bin eben nach Thailand gefahren.« Die Aufgabe, sich »um deutsche Gefangene zu kümmern«, übernahm er vom Leiter der Station, »der sehr beschäftigt ist und kaum Zeit hat«.

Die Zeit mit Fiebig ist jetzt auch abgelaufen. Zweimal wöchentlich eine Stunde, das muss reichen, um den Kontakt zur Außenwelt aufrechtzuerhalten. Zum Abschluss bittet er mich noch, eine Cola für ihn beim Gefängnisshop zu bestellen. Ich scheitere. Cola gibt es vielleicht am Montag wieder. Ich bestelle eine Sprite und darf keinen Erklärungszettel dazulegen. »Briefe nur auf dem Postweg.« Schließlich sind wir ja nicht im Hotel.

# Südafrika

Über 400 Jahre ist es her, dass die ersten Deutschen nach Südafrika auswanderten. So wurde 1652 im Auftrag der niederländischen Vereinigten Ostindischen Kompanie mit dem Aufbau einer Verpflegungsstation in der Tafelbucht begonnen. Unter den ersten Europäern, die sich so in der niederländischen Kapkolonie niederließen, waren auch Deutsche. Die Gründung eigener Gemeinden wurde ihnen allerdings bis zu Beginn des 19. Jahrhunderts untersagt. Schließlich waren die sich hier ansiedelnden Deutschen mehrheitlich Lutheraner, während am Kap nur der Calvinismus praktiziert werden durfte.

1806 jedoch annektierte Großbritannien die niederländische Kolonie, was nicht zuletzt dazu führte, dass 19 Jahre später Englisch das Niederländische als Amtssprache ablöste. Unzufrieden mit den neuen Entwicklungen, machten sich 1835/36 etwa 5000 Buren auf den »großen Treck« und verließen das Land. Etliche Anführer dieses Zuges stammten von deutschen Siedlern ab. Sie ließen sich in Natal, dem Oranjegebiet und Transvaal nieder und gründeten mehrere Republiken. Mitte des 19. Jahrhunderts kam es in Natal zu ersten geschlossenen deutschen Ansiedlungen.[73]

Nicht alle deutschen Bewohner des Kaps wendeten sich allerdings gegen die britischen Herrscher, sondern nutzten stattdessen die neuen Freiheiten. So entstanden im Gebiet des heutigen Südafrika, in British Kaffraria, in den 50er Jahren des 19. Jahrhunderts mehrere deutsche Siedlungen. Die nach einer Hungersnot unter den Xhosa gelockerten Einwanderungsbestimmungen taten das ihre, um mehr Auswanderer an das Kap zu locken. Im Gebiet um East-London, der Hafenstadt Kaffrarias, entstanden so viele dicht beieinander liegende deutsche Ortschaften. An damalige Zeiten erinnert noch heute in East London ein Denkmal für die deutschen Siedler.

Währenddessen war es mit der selbständigen Existenz von Natal und Transvaal bald vorbei. Großbritannien gewann mehrere Kriegen gegen die Buren und ihre Republiken auf dem Gebiet des heutigen Südafrika, so dass diese schließlich aufgaben und am 31. Mai 1910 die Südafrikanische Union gegründet wurde. War dieses Datum für die Deutschen am Kap noch wenig bedeutungsvoll, änderte sich ihr Leben 1914 grundlegend. Großbritannien und Deutschland standen sich als Gegner im Ersten Weltkrieg gegenüber, weshalb auch Südafrika als Teil des Britischen Weltreiches seine Truppen mobilisierte und die angrenzende deutsche Kolonie Südwestafrika (das heutige Namibia) besetzte. Viele der deutschen Männer, die zwar am Kap lebten, aber nicht die südafrikanische Staatsbürgerschaft besaßen, wurden nach 1915 interniert und zum Teil erst 1919 wieder freigelassen. Zwanzig Jahre später fand man sich in der gleichen Situation wieder. Großbritannien und Deutschland waren Kriegsgegner, weshalb wieder viele Südafrikadeutsche interniert wurden. Bis 1946 kamen alle wieder frei, und das deutsche Vermögen, das als Feindeigentum konfisziert worden war, wurde zurückerstattet.[74]

Ein deutscher Verein in Südafrika, der wahrlich nicht »feindlich« gegenüber den Verhältnissen im Lande auftrat, war die 1932 gegründete Afrikaans- beziehungsweise Südafrikanisch-Deutsche Kulturvereinigung (ADK, später SADK), deren Mitgliederschaft statutengemäß ausschließlich »weisse(n) Personen, die im südlichen Afrika ansässig sind«[75], offenstand. Neben den Beziehungen von Deutschen und »Afrikanern« (Buren) im Lande selbst, machte sich die Vereinigung auch die Verbesserung des Südafrikabildes in Deutschland zur Zeit der Apartheid zur Aufgabe. Nach ihrer Auffassung löste allein »Hitlers übertriebener Rassismus eine weltweite Abneigung gegen alle Formen der Rassendiskriminierung aus«[76]. »Südafrikas historisch gewordene Rassenpolitik« müsse dagegen in einem anderen Licht gesehen werden und stehe zu Europas »Bestrebungen um rassische Gleichberechtigung ... in gar keiner Beziehung«[77]. Eine Feststellung, der auch der Gesandte der deutschen Botschaft nichts entgegenzusetzen hatte und statt dessen hinzufügte: »Uns als deutsche amtliche Vertretung in Südafrika könnte keine angenehmere Aufgabe gestellt werden als auch unsererseits alles zu tun, um diese kulturellen, von politischen Einflüssen unberührten Verbindungen pflegen zu helfen mit all unseren zu Verfügung stehenden Kräften.«[78]

Die 80er Jahre schließlich brachten nicht nur Europa große Umbrüche. Auch in Südafrika kam durch den Kampf der Schwarzen Bewegung in das jahrzehntealte Apartheidsystem, was schließlich dazu führte, dass 1990/91 die Gesetze zur Rassentrennung aufgehoben wurden und 1994 der ANC unter Nelson Mandela an die Macht gelangte. Die Veränderungen des Landes haben auch unter den deutschen Einwohnern für lebhafte Diskussionen gesorgt. Während die eine Gruppe meint, erst jetzt, nach dem Ende der Apartheid, sei Südafrika ein wirklich lebenswertes und freies Land, fühlt sich eine andere Gruppe von der steigenden Straßenkriminalität bedroht. Hatte man vorher sein schönes, wohlhabendes Leben gut durch den Staat gesichert gesehen, spielen inzwischen auch viele seit Jahrzehnten ansässige Deutsche mit dem Gedanken, ihre Koffer zu packen, oder sind gar schon gegangen. Die Einschätzung des Landes und seiner Qualität als Auswanderungsziel liegen folglich je nach Standpunkt weit auseinander.

In den Statistiken machen sich die veränderten Bedingungen in einer leicht positiven Rückwanderungsbilanz bemerkbar. So gehen jährlich derzeit etwa 900 Deutsche dauerhaft nach Südafrika, etwa 1000 verlassen jedoch auch das Land.

Rundum beliebt ist Südafrika derzeit jedoch auf jeden Fall beim deutschen Film. Da die Produktionskosten viel niedriger als anderswo sind, zieht es immer mehr Produzenten an das Kap der Guten Hoffnung. Christoph Neubauer beispielsweise ging Anfang 2002 nach Südafrika. Da er in seinem damaligen Job als Fassadengestalter ohnehin im Winter immer arbeitslos war, »dachte ich mir, dass ich in der Zeit zumindest ein bisschen Sonne sehen könnte«. Der gelernte Werbegraphiker ging nach Pretoria und fühlte sich dort von der deutschen Gemeinschaft sehr gut aufgenommen. »Im Viertel ›Die Vilgers‹ gibt es deutsche Bäcker und Fleischer, man trifft Leute von der Botschaft und den großen deutschen Firmen.« Der Kontakt zu Deutschen war dem Brandenburger zunächst nicht unangenehm, schließlich hatte er während der Schulzeit nicht damit gerechnet, wie wichtig Englisch auch in seinem Leben mal werden könnte. »Und jetzt wollte ich das nachholen und endlich auch die Sprache richtig lernen.«

Aus dem Intermezzo in einer sonnigen Auslandsgemeinschaft wurde aber schnell ein neuer Lebensmittelpunkt inmitten Südafrikas. »Im ersten Jahr bin ich noch zum Geldverdienen für drei Monate nach Deutschland geflogen, doch nach knapp einem Jahr habe ich dann meine eigene Firma gegründet, um Computeranimationen und digitale Filme herzustellen. Meine Hauptauftraggeber sind deutsche Institutionen. Von dort kommt das Geld, und in Südafrika kann ich dann günstig produzieren.« Inzwischen hat Neubauer eine südafrikanische Lebensgefährtin und spricht manchmal »mehrere Wochen kein einziges deutsches Wort. Im Moment zieht mich auch nichts zurück nach Deutschland, hier in Südafrika ist das Lebensgefühl einfach heiterer.«

Ihm geht es wie dem schon vor 30 Jahren ausgewanderten Ulrich Nordhoff: »Die Menschen sind hier sehr offen und freundlich. Das ist anders als in Deutschland.« Nordhoff selbst wollte eigentlich gar nicht sein Leben am Kap verbringen: »Ich hatte vor, hier zwei Jahre zu arbeiten, Geld zu verdienen und dann weiterzureisen. Dann habe ich die Frau meines Lebens kennen gelernt.« Zu deutschen Vereinen hat er in all den Jahren keine engen Kontakte geknüpft. »Das sind alte Leute, die noch an ein altes Deutschland glauben. Manche an Goethe, manche an Hitler.« Auf die Frage, ob er zurückgehen möchte, erklärt der Auswanderer nur kurz und bündig: »Nein, warum? Ich bin glücklich und zufrieden. Tolle Familie, großes Haus und Grundstück, Ferienwohnung, gutes Wetter und Klima – Deutschland hat nichts davon.«

Auch der 1995 nach Südafrika ausgewanderte Wolfgang Paul Klauer denkt nicht an Rückkehr. Er habe zwar »Kontakt mit Österreichern, Schweizern und sogar mit Preißen (mir san fei Bayern!)«, in deutsche Clubs hingegen würde ihn so gar nichts ziehen: »Ich will meine (linken) Vorurteile über (rechte) Deutschtümelei nicht als Regel anerkennen, aber manchmal habe ich schon befürchtet, dass das Deutsche Reich und seine Kolonie noch existieren.« Klauer selbst ist allerdings auch Mitglied in einem »deutschen Verein«. Er gehört zum ersten im Ausland gegründeten SPD-Ortsverein.

# Kein Streit um Parkbänke

Martin Böll, SPD-Ortsverein, Johannesburg – Köln

Martin Böll, einer der Gründer des Ortsvereins, ist gerade wieder nach Deutschland zurückgekehrt. Ihn spreche ich vier Tage nach seiner Landung in Köln. Wir haben Januar und neun Uhr morgens, es regnet und verspricht auch den Tag über nicht richtig hell zu werden. Als er aus dem Fenster seines Büros in der Bundesagentur für Außenwirtschaft (bfai) blickt, stellt der Rheinländer sofort fest: »Ich hoffe, in spätestens zwei Jahren hier wieder weg zu sein.« Nach achtzehn Jahren in Indien, Kenia und Südafrika habe er sich aber einfach »nicht mehr drücken können« vor einer Rückkehr in die Zentrale. Dabei findet er an Deutschland durchaus nicht alles schlecht. »Aber es macht eben einen Unterschied, ob man 360 Tage im Jahr Sonnenschein hat oder es aussieht wie hier!«

Ans Kap möchte Böll allerdings nicht zurück. »Südafrika hat riesige Probleme, von denen niemand wirklich etwas wissen will. Nehmen Sie alleine das Thema AIDS. Daran werden in den nächsten Jahren 25 Prozent der erwachsenen Bevölkerung sterben, aber es wird keine offene Diskussion darüber geführt, nichts wirklich dagegen getan.« Auch die »Durchseuchungsrate in der weißen Bevölkerung« liege bei zehn Prozent. »Das müssen Sie sich einmal vorstellen, zehn Prozent! Und die tun so, als ginge sie das Thema überhaupt nichts an.« Hier in Deutschland spreche ebenfalls kaum jemand offen über das Ausmaß der Krankheit, sagt der Journalist, dessen Aufgabe es als Korrespondent für die bfai war, deutschen Unternehmen ein Bild der wirtschaftlichen Lage in Südafrika zu vermitteln. »Dabei ist das ja auch für die deutsche Wirtschaft ein wichtiger Punkt.« Er wolle nicht zynisch klingen, aber es sei eben so, dass ein Unternehmen am Kap erheblich höhere Ausbildungskosten habe, »denn die Leute sterben zu einem großen Teil weg. Da müssen Sie dauernd jemand Neues anlernen, und viele stellen dann eben lieber eine Maschine an als einen Menschen. Das ist billiger.« Auch die sozialen Probleme des Landes seien enorm. »Wir haben dort in einer riesigen Villa mit Mauer drum herum gewohnt. Oben auf der Mauer gab es dann noch einen mit 10 000 Volt geladenen Stacheldraht, dann Bewegungsmelder in jedem Zimmer, einen extra zu verriegelnden Schlaftrakt und natürlich einen privaten Sicherheitsdienst.« Bei jedem Ausflug aus diesem Hochsicherheitstrakt sei die Angst mitgefahren. »Wenn Sie dann so mit Ihrem Auto durch eine nicht so gute Gegend fahren, denken Sie immer automatisch: Hoffentlich habe ich hier bloß keine Panne!«

Neben der direkten Bedrohung durch die Kriminalität sieht Böll auch nicht, wie sich das Land in den nächsten Jahren aus seinen rassistischen Strukturen befreien solle. Sein Sohn etwa sei auf die deutsche Schule gegangen, »und da haben die dann natürlich auch das typische schwarze Alibimädchen in der Klasse, die von allen nur ›die Maid‹ genannt wurde«. Schließlich kennen die weißen Schüler Farbige eben nur als Dienstboten – und als doppelte Gefahr: »Mein Sohn hat ja draußen die Gestalten auf der Straße gesehen und wusste gegen wen sich die Mauern und Zäune richten und warum er nicht mit dem Rad auf der Straße fahren konnte. Und die meisten weißen Kinder wissen eben auch, dass ihr Vater um den Arbeitsplatz fürchten muss, weil jetzt Farbigen der Vorzug gegeben wird.« Das Programm der Regierung sei darauf ausgerichtet, die jahrzehntelange Benachteiligung der schwarzen Bevölkerungsmehrheit per Gesetz zu verändern. »Die Unternehmen müssen sich jetzt alle ›bee-zertifizieren‹ lassen.« »bee« ist die Abkürzung für »black economic empowerment« und steht für ein kompliziertes Punktesystem. Ziel sei es, mindestens 80 Prozent schwarze Angestellte zu haben. »Angenommen, Sie sind weiß und haben ein kleines Familienhotel, dann müssen Sie sich die Punkte eben anders holen, zum Beispiel indem Sie in einem von Schwarzen geführten Geschäft Ihre Wäsche waschen lassen und von Farbigen das Spülmittel kaufen.« Nur wer »zertifiziert« sei, könne auch mit der Regierung Geschäfte machen, beziehungsweise mit Unternehmen, die ihrerseits mit der Regierung Geschäfte machen wollten. »Wenn Sie dann also die entsprechende Punktzahl haben, kommen all diese Unternehmen bei Ihnen an und wollen Gäste unterbringen, weil sie selbst dadurch dann wieder Punkte bekommen.« Als weißer Einwanderer, fasst Böll zusammen, sei man inzwischen in Südafrika nicht mehr willkommen.

Das war mal anders, so der Journalist. »Zu Zeiten der Apartheid hat die Regierung Weiße angeworben. Denen wurde das Flugticket bezahlt, ein Monat freie Unterkunft samt Taschengeld gewährt und bei der Jobsuche geholfen.« Auf diese Art seien auch viele Deutsche ins Land gekommen. »Und so sieht die deutsche Gemeinschaft dort eben auch aus. Das sind in der großen Mehrheit Bayern und Baden-Württemberger.« Schließlich habe der damalige bayerische Ministerpräsident Strauß nichts dabei gefunden, in Südafrika zur Jagd zu fahren und dort seinen Urlaub zu verbringen, »während bei uns hier in Köln große Schilder in den Supermärkten hingen, ›wir führen keine südafrikanischen Produkte‹. Als die Bayern dann von der Möglichkeit hörten, dorthin auszuwandern, fanden die natürlich gar nichts dabei und dachten sich, das könnte man versuchen, das wär' mal was anderes.« Besonders nah fühlte sich Böll seinen Landsleuten am Kap nicht: »Wenn mein Sohn bei den Familien von Schulkollegen zu Besuch war, dann kam er oft mit Sprüchen nach Hause wie zum Beispiel: ›Die Neger kriegen ja sowieso nichts auf die Reihe.‹ Da musste ich dann jedes Mal zu erklären anfangen, dass das Quatsch ist.«

Besonders viele Mitglieder konnte der Gründer des ersten SPD-Ortsvereines im Ausland denn auch nicht gewinnen. »Wir sind knapp zwanzig Leute, von denen fast alle nur für ein paar Jahre aus beruflichen Gründen in Südafrika leben. Sie dürfen sich das aber auch nicht so wie in der Abteilung Kleinkleckersdorf vorstellen, wo man sich manchmal drei Stunden lang über eine Parkbank die Köpfe einschlägt.« Denn schließlich sei man in dieser südlichsten Domäne der SPD weniger an Kommunalthemen interessiert als daran, sich stattdessen lieber mit »der politischen Großwetterlage, der deutschen Afrikapolitik und dem Dialog mit dem ANC« zu beschäftigen. Daneben verstehen sich die Mitglieder, die seit kurzem den ehemaligen Bürochef von Bundeswirtschaftsminister Wolfgang Clement zum Vorsitzenden haben, auch als eine Anlaufstelle für deutsche SPD-Politiker, die Südafrika besuchen. »Bei uns waren schon die damaligen Bundesminister Walter Riester und Hertha Däubler-Gmelin, Bremens Bürgermeister Henning Scherf, DGB-Chef Sommer und mehrere Staatssekretäre. Südafrika hat ja Weinanbaugebiete und schöne Parks mit wilden Tieren und ist deshalb ein beliebtes Ziel für Dienstreisen.« Da man auch Botschaftsangestellte im Ortsverein habe, wisse man immer, wer wann kommt und könne Einladungen aussprechen. »Und bisher sind zu unserer Überraschung auch immer alle gekommen. Das waren dann sehr interessante Gespräche, wenn man solche Leute mal aus der Nähe kennen lernt und etwas mehr erfährt.«

Deutschen, die Südafrika nicht nur vorübergehend auf einer Reise sehen wollen, sondern über eine Auswanderung nachdenken, rät der Journalist, »erst mal ein oder zwei Jahre dort zu arbeiten, bevor man sich endgültig entscheidet«. Immerhin sei Südafrika wie ein 180 Grad gedrehtes Deutschland. »Während es hier immer regnet und alle murren und sich Sorgen um die Zukunft machen, obwohl Deutschland immer noch eines der reichsten Länder der Welt ist, lügt man sich in Südafrika gern in die Tasche: Da fahren die Leute in großen Autos herum, strahlen und haben dabei nicht mal eine Krankenversicherung oder Altersversorgung. Wenn die dann mal einen Bypass brauchen oder sonst etwas Ernstes haben, sind sie sofort ruiniert.«

Die heutige Begeisterung vieler Deutscher für Südafrika erklärt sich der Rheinländer mit den »Argumenten« Sonne und Geld. »Wenn Sie kein politisch denkender Mensch sind, können Sie da unten das Paradies finden. In Johannesburg zum Beispiel haben Sie immer schönes und angenehmes Wetter und können schon für 100 000 Euro eine Luxusvilla kaufen.« Per Satellit seien fünf deutsche Fernsehprogramme zu empfangen und außerdem könne man ja auch jederzeit wieder zurück, wenn es brenzlig werde. »Die wenigsten der über 100 000 Deutschen, die derzeit am Kap leben, sind wirklich ausgewandert. Sie haben alle weiterhin ihr Bankkonto in Deutschland und bezahlen ihre deutsche Krankenversicherung. Sie wollen keine Südafrikaner werden, identifizieren sich auch nicht mit der Politik ihres Gastlandes und werden wohl im Falle einer sich verschlechternden politischen Lage schnell wieder das Land verlassen.«

Die Statistik gibt ihm Recht. Südafrika scheint für die meisten Deutschen ein Paradies auf Zeit, das man besser nur mit Rückflugticket in der Tasche betritt.

# Namibia

Während man anderswo gerne von »deutschen Kolonien« spricht und damit mehr oder weniger geschlossen zusammenlebende deutsche Auswanderer meint, war Namibia einmal genau das: eine deutsche Kolonie. Und »Deutsch-Südwestafrika«, das 1884 unter den »Schutz« des wilhelminischen Kaiserreiches gestellt wurde, sollte eine große »Siedlungskolonie« werden. Den staatlichen Interessen folgend, wurden zunächst Beamte und Soldaten entsandt, denen Kaufleute, Gastwirte und Handwerker folgten. Kleine Siedlungsbauern wollte man im neuen »deutschen« Gebiet hingegen nicht sehen, sondern suchte stattdessen eher finanzkräftige Großfarmer, am liebsten mit adeligem Hintergrund.

Besondere Lust, sich auf das Abenteuer unter afrikanischer Sonne einzulassen, verspürten zunächst allerdings nicht allzu viele Deutsche. Schließlich war das Land noch nicht »befriedet«, was nichts anderes hieß, als dass nicht alle ursprünglichen Bewohner des Gebietes bedingungslos die deutsche Krone über ihren Häuptern akzeptierten. Das änderte sich erst mit den Kriegen gegen die Hereros und Namas (1904–1908), in denen Zehntausende Afrikaner ihr Leben ließen. Die verbleibenden lehnten sich nicht mehr gegen die deutschen Besatzer auf, so dass die ursprüngliche Siedlerzahl von 2000 1907 auf 12 000 im Jahre 1914 anstieg.

Infolge des Ersten Weltkrieges verlor das Deutsche Reich dann jedoch alle seine Kolonien; »Deutsch-Südwestafrika« stand fortan unter Völkerbund-Mandat und wurde von Südafrika verwaltet. Für die Auswanderer hatte das allerdings keine schwerwiegenden Folgen. Sie bekamen diverse Rechte als »Sprach- und Volksgruppe« zuerkannt[79] und arrangierten sich später ausgezeichnet mit der südafrikanischen »Apartheidpolitik«. Nach dem Zweiten Weltkrieg kam dann noch einmal ein frischer Schwung deutscher Auswanderer nach Namibia, so dass 1990, im Jahr seiner Unabhängigkeit, immerhin 18 000 Deutschsprachige in dem afrikanischen Land lebten.

Im Gegensatz zu den meisten anderen Ländern, in denen sich die Deutschen im Laufe der Jahrzehnte integrierten und assimilierten, ist Nambia bis heute ein Sonderfall geblieben. Eine Vermischung mit der einheimischen Bevölkerung etwa findet beinahe nicht statt, und die deutsche Präsenz ist bis heute auch optisch gut sichtbar, vom allgegenwärtigen Bäcker und Konditor samt Schwarzwälder Kirschtorte ganz zu schweigen. Politisch lässt sich die Gemeinschaft grob in zwei Lager teilen. Eine Minderheit ist liberal gesinnt und beginnt, sich auf die Veränderungen einzustellen, die eine unabhängig gewordene schwarze Mehrheitsgesellschaft nun einmal mit sich bringt. Die Mehrheit jedoch kann sich mit den heutigen Verhältnissen im Lande nur schwer abfinden – obschon auch die heutige Regierung nicht an der sprachlichen und kulturellen Eigenständigkeit der Deutschsprachigen rüttelt.

## Im Windschatten der Weltgeschichte
Joachim Zeller, Swakopmund – Berlin

In Namibia ist jetzt Sommer, dort hätten wir uns treffen sollen, denke ich, als sich meine vereisten Finger nur mühsam vom Fahrradlenker trennen lassen. An Tagen wie diesem, da die Sonne schon wieder untergeht, bevor es richtig hell geworden ist, kann einen durchaus manchmal eine Art sehnsüchtiger Neid überkommen, wenn man an die Auswanderer auf der anderen Seite des Globus denkt.

Joachim Zeller allerdings ist den anderen Weg gegangen, wenn man denn bei Fünfjährigen schon von »Weggehen« sprechen kann. 1958 ist der Historiker im damals noch von Südafrika verwalteten Namibia geboren worden. »In meiner Geburtsurkunde gibt es noch die Kategorie ›Race‹, wo bei mir dann ›White‹ eingetragen wurde.« Der Vater des rassisch korrekt als Weißer verorteten Deutschen war als Pastor nach Swakopmund entsandt worden. »Wenn ich mit älteren Leuten dort spreche, bin ich deshalb immer noch ›Zeller junior‹, denn so ein Pastor ist da überall bekannt.« Denn schließlich ist die deutsch-namibische Gemeinschaft vor allem eines: klein. Nicht einmal 20 000 Deutschsprachige verteilen sich auf das im Vergleich zur Bundesrepublik mehr als doppelt so große Land. »Wenn man da neu hinkommt, kennt man nach drei Wochen jeden.« Und das muss nicht immer Gutes heißen. So schickte die EKD in den 70er Jahren mehrfach linke, intellektuelle Pfarrer nach Namibia. Diese trafen dort auf ein etwas weniger offenes Milieu, als sie es aus Deutschland gewöhnt waren. »Die wollten dann die Gemeinden öffnen, Feste mit den Schwarzen zusammen feiern und ähnliches. Das ging immer aus wie das Hornberger Schießen, und diese ›Revolutionäre‹ mussten alle früher als geplant wieder gehen.«

Auch heutzutage noch seien die Deutsch-Namibier »anders«. »Hier in Deutschland kann man ja sagen und machen, was man will, das interessiert niemanden. In Namibia aber bekommt man noch richtige Reaktionen, da kann man sich noch richtig aneinander abarbeiten.« Und abgearbeitet hat der Historiker schon eine ganze Menge in Bezug auf Namibia. Mindestens alle zwei Jahre besucht er sein Geburtsland, schrieb seine Dissertation über Kolonialdenkmäler und publiziert seitdem regelmäßig zu verschiedenen Belangen des afrikanischen Landes. Sein neuestes Buch handelt vom Kolonialkrieg (1904–1908), der Abertausende Afrikaner das Leben kostete. »Völkermord in Deutsch-Südwestafrika«[80] nannte Zeller sein Werk und landete damit direkt im Zentrum der deutschsprachigen Gemeinschaft des Landes. »Wir haben uns seitenlange Leserbriefschlachten in der AZ geliefert,« erzählt der Berliner und zeigt mir Kopien der 1916 gegründeten Allgemeinen Zeitung, in denen Zeller unter anderem als »germanophober Denker« beschimpft wird. Mit Redaktionssitz in Windhuk ist die AZ Afrikas einzige deutschsprachige Tageszeitung und erfreut sich seit kurzem eines neu eingewanderten Chefredakteurs. Stefan Fischer stammt aus Cottbus und leitet seit dem 1. Mai 2004 die Arbeit der zwölfköpfigen Redaktion. Über 5000 Exemplare werden täglich gedruckt, 6500 Abnehmer finden sich für die Wochenendausgabe am Freitag. Offenbar liest also fast jeder der Deutsch-Namibier diese sechzehn Seiten am Tag, was dazu führt, dass auch jede Meinung hier zu finden ist. »Früher war das mal ein erzkonservatives Blatt, aber inzwischen veröffentlichen die auch Leute wie mich«, so Zeller. Und eine Debatte um die deutsche Vergangenheit im südlichen Afrika ist der Redaktion dann schon mal zehn Leserbriefseiten wert.

Die deutsche Gegenwart indes sieht gemäßigter aus. »Die Deutsch-Namibier haben Jahrzehnte im Windschatten der Weltgeschichte gelebt. Da unten kannst du wohnen, ohne irgendetwas

Namibias deutsches Bier mit Spezialetikett anlässlich der Unabhängigkeit im Jahre 1990

mitzubekommen, wer da nicht gezielt nach Informationen sucht, bleibt eben in seiner Entwicklung stecken.« Inzwischen habe sich aber eine urdeutsche Tradition in die einheimischen Wohnzimmer geschlichen: »Seit neuestem haben viele Satellitenschüsseln und gucken jetzt immer die 20-Uhr-Nachrichten.« Praktischer Weise erklingt der Gong zur Tagesschau auch in Afrikas Süden zeitgleich, »es gibt ja keine Zeitverschiebung«. Und so kommt man auch politisch langsam in der Jetztzeit an, die für Namibias Deutsche zumindest wirtschaftlich noch immer recht gut aussieht. Armut gibt es unter den Deutschsprachigen kaum, stattdessen finden sich mehrere große Unternehmen in deutscher Hand, so auch Namibias einzige Brauerei, die sich strikt an das deutsche »Reinheitsgebot« hält. Inzwischen hat man sogar »den Reiter«, das berühmt-berüchtigte Kolonialdenkmal, aus dem Firmenwappen entfernt und begnügt sich mit dem Aufdruck »NB« (Namibian Breweries).

Schaut der Historiker Zeller in die Zukunft, kann er nichts Schlimmes am Horizont entdecken: »Es wird jetzt viel über Landreformen geredet, aber solche Verhältnisse wie in Simbabwe, wo die weißen Farmer vertrieben werden, wird es hier nicht geben.« Land habe in dem Steppengebiet vor allem eine symbolische Bedeutung. »Die Schwarzen sagen oft: ›Früher hattet ihr die Bibel und wir das Land. Jetzt habt ihr das Land und wir die Bibel.‹ Das stimmt ja auch, und es wird dort Veränderungen geben, die auch notwendig sind. Nur lassen sich die wirtschaftlichen Probleme Namibias nicht einfach durch eine radikale Landreform lösen.« Viele Zonen seien schwer zu bewirtschaften, »da kann man ein paar Hundert Leute hinschicken, die landwirtschaftlich gut ausgebildet sind, aber das Problem der Armut lässt sich so nicht einfach lösen«. Davon einmal abgesehen, spreche auch die Konkurrenz innerhalb der Bevölkerungsgruppen des Landes gegen simbabwische Verhältnisse. »Die Ovambos stellen die Mehrheit der Bevölkerung und damit die Regierung. Sie leben im Norden des Landes, wo die Deutschen zu Kolonialzeiten kaum waren. Krieg und Landraub haben vor allem die Hereros und Namas im Zentrum und Süden mitgemacht. Deshalb ist das Thema Landreform den Ovambos und damit der Regierung nicht so besonders wichtig.«

Die Deutschen hätten also in dem von nur 1,8 Millionen Menschen bewohnten Land kaum etwas zu befürchten. Vielleicht wird das langfristig auch zu einer politisch entspannteren Haltung führen und die drei zerstrittenen Lager der Gemeinschaft etwas versöhnen. Noch gibt es laut Zeller »die Liberaleren, solche, die von Politik nichts hören wollen, und die Konservativen«. Aus letzteren Reihen werden auch heutzutage noch anonyme Drohbriefe an den unbequemen Historiker geschickt. »Einer hat mir sogar den ›Nelson-Mandela-Reifen-Verbrennungstod‹ gewünscht. Aber das war schon ein Extremfall.« Dennoch kann sich Zeller gut vorstellen, eine Weile in Namibia zu leben. »Ich liebe dieses Land und hoffe, dass ich noch einmal für ein paar Jahre dort sein kann!«

# Spanien

Spanien wurde Mitte der 90er Jahre des 20. Jahrhunderts entdeckt – zumindest von den deutschen Auswanderern. Bis 1993 gingen nicht einmal 4000 in das Land auf der Iberischen Halbinsel, mittlerweile jedoch zieht es jährlich fast 7000 Teutonen dorthin. Eine drohende Unterwanderung durch deutsche Rentner muss Kastilien dennoch nicht befürchten: In keinem anderen Land ist die Fluktuation der Deutschen ähnlich groß. Denn Spanien ist das ideale Land für den dritten Lebensabschnitt, wenn man zwar nicht mehr zur täglichen Arbeit antreten muss, aber noch »rüstig« durch die Welt laufen kann. Dann lässt es sich hier leben zwischen Meer und Bergen, im eigenen Haus mit Garten. Das ändert sich erst, wenn beim morgendlichen Aufwachen schon alles wehtut und man beim Anziehen der Schnürschuhe so außer Atem gerät, dass an eine Wanderung gar nicht mehr zu denken ist. Viele der nun nicht mehr rüstigen Rentner zieht es dann zurück nach Deutschland. Wirklich dauerhaft lassen sich so in Spanien nur etwa 500 Deutsche pro Jahr offiziell nieder – was nicht bedeutet, dass sie in den wenigen Jahren im Süden nichts bewegen wollen.

Denn wo sonst, wenn nicht in »Deutschlands 17. Bundesland« – Mallorca – gab es Ende der 90er Jahre erste Versuche, eine deutsche Partei im Ausland ins Leben zu rufen? Begeisterung konnte das Vorhaben indes nur partiell hervorrufen. Die Inselbewohner ließen sich diese Chance entgehen, protestierten stattdessen und pochten auf Anpassung und Integration der ausländischen Einwohner. So musste das Vorhaben schließlich modifiziert werden, und aus der geplanten Partei wurde, was läge näher, ein Verein. Asociació Alemanya i Maollorquina (AAM) nennen sich die 120 Mitglieder, die »handeln statt reden« wollen. »Wer sich bei uns engagiert, bewegt auch was«, verspricht der Vereinsflyer. 2001 gegründet, wolle man »die Integration deutschsprachiger Bürger in die mallorquinische Gesellschaft fördern«. Was dabei genau unter »Integration« zu verstehen ist, bleibt allerdings der Phantasie des Einzelnen überlassen, zumal viele Aktivitäten der Kategorie »Angrillen« und »Barfuß-Schaschlik-Essen« doch eher informellen Charakter zu haben scheinen. Zumindest aber, so ein etwas politischeres Ziel, solle der Deutschunterricht an den Schulen der Insel gefördert und Neuankömmlingen bei Integrations- und Kommunikationsproblemen geholfen werden.

Genau hier scheint auch das größte Problem der Ausgewanderten zu liegen: Die meisten radebrechen Mallorquin im besten Falle. Die Kommunikationsprobleme lösen sie nach einiger Zeit dennoch. Und dafür braucht es nicht einmal das unter Umständen mühevolle Erlernen einer Fremdsprache: Man trifft sich einfach unter seinesgleichen und kann über ein dichtes deutsches Netz verfügen. Kontakt zu Einheimischen ist auf Mallorca ein Kann und kein Muss.

So findet sich etwa im wöchentlich erscheinenden Mallorca Magazin, einer der beiden großen deutschen Zeitungen der Insel, eine Liste von über zwanzig Adressen, die von den Anonymen Alkoholikern über die Freimaurer deutscher Sprache bis hin zur Tierhilfe Mallorca reichen. Offiziell willkommen sind mallorquinische Mitglieder in all diesen Gruppierungen – so sie denn Deutsch sprechen.

Konkret an Ausländer richtet sich hingegen die 2000 gegründete Asociación de Ayuda al Residente Extranjero (AAYRE), die Vereinigung zur Selbsthilfe für Ausländer. Der im Südwesten der Insel (Paguera) angesiedelte Verein will bei den üblichen Problemen eines Neustarts helfen. Schließlich sei es laut Infoblatt des Vereins, »an der Zeit« gewesen, dass sich die Ausländer auf den Balearen zusammentun, »um die vielfältigen Probleme gemeinsam lösen zu können; und weil es sich in Gesellschaft leichter leben lässt als allein«. Die 45 Mitglieder treffen sich regelmäßig an jedem Freitag, unternehmen aber auch daneben noch eine Menge miteinander vom Koch- oder Fremdsprachenkurs über den Kinobesuch bis zum Grillen. Vom ursprünglichen Gedanken eines Erfahrungsaustausches und Hilfsangebots für Neulinge ist somit auch hier nicht mehr allzu viel übrig geblieben.

Das scheint der übliche Weg eines mallorquinisch-deutschen Vereins zu sein: Gegründet zu einem hehren Zwecke, sei er politischer oder sozialer Natur, beginnt man sich nach einer Weile einfach nett zu finden, hat viel Zeit, da kaum noch jemand arbeiten gehen muss, und trifft sich also regelmäßig, ›einfach so‹. Denn wem liegt unter Sonne und Palmen der Plausch mit Freunden nicht näher als irgendeine Vereinssatzung?

Es sei denn, es gibt ein Alphatier, das auf die Durchführung der ursprünglichen Aufgaben pocht. Diese Rolle füllt José Rodriguez beim Deutschen Sozial-Kulturverein (DSKV) perfekt aus. 880 Mitglieder hat der 1995 gegründete und damit älteste deutsche Verein der Insel. Rodriguez lebte mit seiner deutschen Frau 35 Jahre lang in Hamburg und war dort im spanischen Verein aktiv. 1995 zurück auf Mallorca, begannen die Eheleute als freiwillige Sozialhelfer für die Partido Popular (Volkspartei) im Rathaus der Gemeinde Calvia im Südwesten der Insel zu arbeiten. Hier sollten sie zunächst für ältere deutsche Gemeindemitglieder Freizeitaktivitäten organisieren. Da die beiden allerdings auch regelmäßig um Hilfe in anderen Lebensbelangen gebeten wurden, gründeten sie schließlich den DSKV.

Rodriguez mietete Räume an und hält dort zweimal in der Woche eine »Sprechstunde« ab, zu der alle Mitglieder kommen können, die Probleme gleich welcher Art haben. Vereinstreffen im eigentlichen Sinne gibt es also kaum, stattdessen wartet man gemeinsam vor der Tür des Gründers, unterhält sich ein wenig, bis man an der Reihe ist, trägt Rodriguez das jeweils aktuelle Problem mit Ärzten oder Behörden vor und verschwindet dann schnell wieder. Dieser Verein, dessen Mitglieder eher selten gemeinsam ihre Würstchen grillen, bekommt dafür die politische Anerkennung, um die manch anderer mühsam ringt. Der DSKV ist nicht nur Ansprechpartner der Botschaft, wenn Deutsche in Schwierigkeiten geraten, sondern arbeitet auch mit mehreren spanischen Vereinen zusammen und verfügt dank ihres Vorsitzenden über gute Kontakte zur örtlichen Politik. Folglich kann der Verein von konkreten Ergebnissen wie der Einstellung von Übersetzern im örtlichen Krankenhaus Son Dureta berichten.

Jedoch nicht alle Deutschen, die auf Mallorca in Not geraten, kommen aus dieser auch wieder heraus. Dutzende »Strandläufer« besiedeln die Küsten der Insel, leben auf der Straße oder in kleinen Wellblechhütten. Manche suchen im Müll nach Essbarem, andere klappern Telefonzellen ab auf der Suche nach vergessenen Münzen. Den Weg zurück in ein Leben mit Einkommen und Dach über dem

Kopf finden die wenigsten dieser gestrandeten Auswanderer. Zurück nach Deutschland wollen sie dennoch nicht, schließlich wären sie auch dort arm, hier ist es wenigstens wärmer, und meistens scheint die Sonne.[81]

Wen es als deutschen Auswanderer mit Hang zu Spanien nicht nach Mallorca zieht, der findet sich meistens im Süden des Landes wieder. Von hier berichtet die SURdeutsche Zeitung. Topthemen des Blattes sind zum Beispiel die »Ungleichbehandlung von Ausländern bei der Grundsteuer« oder »Ein Leben im Fertighaus – der deutsche Trend kommt nach Málaga«. Als Beilage gibt es das »aktuelle TV-Programm«, wobei damit natürlich das deutsche Fernsehen gemeint ist. Über Themen aus Deutschland muss deshalb in der SURdeutschen auch kaum berichtet werden, schließlich holen sich die Auswanderer der Region ihre Informationen direkt aus der Tagesschau. Eine besondere Distanz zur deutschen Heimat kann an Spaniens Küste ohnehin nicht erlebt werden. Es gibt deutsche Handwerker, deutsche Schlachter, deutsche Bäcker, deutsche Lebensmittelgeschäfte und jede Menge deutsche Clubs. Die Notwendigkeit, zwischen Skatspielen und Kaffeekränzchen die Landessprache zu lernen, besteht nicht – schließlich haben sich die Wetter- und Lebensartflüchtlinge ihre Umwelt angepasst: Spanier, die hier etwas werden wollen, müssen eben Deutsch lernen!

## Sonne, Meer und Palmen
Peter Braesch, Cómpeta

Wenige Kilometer entfernt vom Meer lebt Peter Braesch, der 1997 mit seiner Frau auswanderte. Der 55-Jährige hatte auf einer Urlaubsreise das kleine Städtchen Cómpeta entdeckt und gleich gedacht: »Das ist es!« Schließlich habe man hier alles, »Sonne, das Meer ist in der Nähe, Einkaufsmöglichkeiten von Lidl bis zu Aldi nicht weit entfernt, und bis zum Flughafen ist es auch nur eine Stunde«. Dennoch sei sein neues Zuhause nicht »einer dieser austauschbaren Küstenorte mit Hochhäusern und Strandpromenade, die überall auf der Welt gleich aussehen. Hier gibt es noch enge Gässchen, weiße Häuser, und ab und an trifft man auf einen bepackten Esel.«

Heimweh nach Hannover mag hier nicht aufkommen. »Wir fahren zwei- bis dreimal im Jahr nach Deutschland und besuchen da die Familie. Aber wirklich vermissen tue ich hier so gut wie nichts.« Abgesehen von weißem Spargel, der zwar in der Gegend angebaut, aber komplett exportiert werde. »Dem müssen wir dann nach Deutschland hinterherfahren!« Da Spargel allein ein schlechtes Argument gegen die »insgesamt viel höhere Lebensqualität ist«, hat Braesch seine Entscheidung bislang nicht bedauert. »Vielleicht gehen wir nach Deutschland zurück, wenn wir alt und klapprig geworden sind und die Berge hier nicht mehr so schaffen.« Bis dahin fehlen allerdings noch ein paar Jahre, die das Ehepaar im sonnigen Süden verbringen will.

An Kontakt mit Landsleuten fehlt es dabei nicht. »In unserem Ort wohnen etwa 30 Prozent Ausländer, vor allem Engländer und Deutsche. Da haben wir unsere Freunde gefunden – und unter den Spaniern natürlich.« Die Landessprache kann der Niedersachse zumindest ausreichend gut, »um mich verständlich zu machen. Fließend ist das nicht gerade, aber wir haben vor unserem Umzug einen Volkshochschulkurs gemacht, und hier lernt man ja dann auch dazu.«

Die vielen deutschen Clubs und Vereine an der nahen Küste meidet der Auswanderer hingegen. »Hier deutsche Freunde zu haben, ist schön, aber zehn Kilometer Serpentinen zu fahren, nur um da mit ein paar Landsleuten Skat zu spielen, muss wirklich nicht sein.« Die beiden regionalen deutschsprachigen Zeitungen liest Braesch hingegen gerne. »Es gibt schon seit einer ganzen Weile die ›Costa del Sol‹ und nun als zweites die SURdeutsche Zeitung. Ich lese beide, schließlich erfährt man da immer das Neueste aus der Umgebung und der deutschen Gemeinschaft.« Aktuelle Nachrichten aus Deutschland kommen auch hier per Satellit. Es sind alle deutschen Fernsehkanäle problemlos zu empfangen. »Und das nutzen wir auch.« Das Gefühl, etwas in Deutschland zu verpassen, kommt so nicht auf, und der Niedersachse kann Spanien folglich nur empfehlen: »Kommen Sie doch auch mal her!«

# Sturm und Hagel
Peter Kramer, Madrid

In Berlin ist wieder mal der Sturm los. Gerade noch im Sonnenschein, liegt der Hackesche Markt auf einmal tiefschwarz da; was heißt, »liegt« – Äste, Stühle, Müll und Schwärme von Blättern wirbeln durch die Luft. Gerade noch habe ich mich in den S-Bahnhof flüchten können, die Züge haben den Verkehr eingestellt, und die Berliner beginnen, der Ausnahmesituation geschuldet, ein seltsames Treiben: Sie reden miteinander! »Hoffentlich kommt jetzt nicht auch noch Hagel!« tönt es neben mir. Sein letztes heftiges Unwetter, so erzählt mir mein Banknachbar, habe er in Spanien mitgemacht. »Da bin ich mit meinem Auto durch die Gegend geschwommen und zum Glück an einem Baum hängen geblieben.« Ich denke, nun gehe es ans Austauschen von Urlaubserlebnissen, als er erklärt: »Aber meistens scheint bei uns ja die Sonne. Immerhin.«

Vor drei Jahren sei er aus Deutschland weggegangen. »Aber zwangsweise. Ich mag Berlin und wäre gerne hier geblieben.« Der 31-Jährige hat studiert – »ganz brav mit Auslandssemester in den USA und mehreren Praktika, so wie sich das gehört eben« – und fand danach keine Arbeit. »Ich habe meine Bewerbungen zum Schluss gar nicht mehr gezählt. Es war einfach zu deprimierend. Manche kamen schon nach drei Tagen wieder zurück, und es war klar, dass sich die noch nicht mal jemand angesehen hatte.« Der Sozialwissenschaftler jobbte weiter als Kellner und im Callcenter. »Aber das wurde dann auch schwieriger, weil die immer einen Studentennachweis sehen wollten, um die Abgaben zu sparen. Und ich kam mir blöd vor, mich als Scheinstudent einzuschreiben für ein Zweitstudium. Eigentlich hatte ich ja auch gedacht, es sei etwas wert, ein Studium abgeschlossen zu haben – und dann stellte es sich als reiner Nachteil heraus.«

Zwei Jahre lang hangelte er sich durch, zog zeitweilig wieder bei seinen Eltern ein (»an dem Tag fühlte ich mich wie ein ganz Großer!«) und sah seine Chancen dabei immer schlechter werden. »Die Arbeitgeber fordern ja immer ›Berufserfahrung‹ und wollen ganz genau wissen, was man so in den letzten Monaten gemacht hat, wenn man sich bei ihnen bewirbt. Und ich hätte ihnen nur was von unbezahlten Praktika, Sozialhilfe und Aushilfsjobs erzählen können.« Letztendlich habe er in den zwei Jahren nach seinem Studienabschluss überhaupt nur ein einziges Vorstellungsgespräch gehabt. »Und das gab dann auch den Ausschlag, die Koffer zu packen.« »Ich hatte mir einen tollen Text über meine ›Phase der beruflichen Neuorientierung‹ zurechtgelegt und mir ansonsten wirklich Hoffnung auf den Job gemacht, weil ich dachte, alle Qualifikationen zu haben, die gebraucht würden. Stattdessen bekam ich zu hören: ›Da hat sich jemand wohl schon gleich nach der Universität so richtig erholen müssen, was?!‹ Mir fiel wirklich gar nichts mehr ein, und ich musste mir richtig Mühe geben, dem Typen keine reinzuhauen.« Kramer ging nach Hause und wollte nur noch weg. Er setzte sich an den Computer und suchte alle Internetforen nach Informationen für die Ausreise ab, je weiter weg, desto besser. Nachdem er über Kriminalität in Südafrika, Visaprobleme in Australien und die Ausländerpolitik in den USA gelesen hatte, wurde er etwas ruhiger. »Ich wollte es dann erst mal innerhalb der EU versuchen, da gibt es jedenfalls keine Probleme mit dem Aufenthalt, und wenn das Heimweh zu groß wird, ist Berlin in ein paar Stunden erreichbar.«

Spanien kannte Kramer schon aus dem Urlaub und hatte an der Universität einen Sprachkurs gemacht. »Ich konnte mich also zumindest so halbwegs verständigen und musste nicht bei null anfangen.« Außerdem wohnte eine ehemalige Studienfreundin inzwischen in Madrid und bot ihr Sofa für die Übergangszeit an. »Und meine Eltern haben mir Geld geliehen. Für mich als Sozialwissenschaftler ist das ein wirklich erschreckender Wandel, dass man sich in Deutschland inzwischen schon wieder auf die ›alten Strukturen‹ verlassen muss. Vom Staat selbst gibt es ja gar keine Hilfe, um auf die Füße zu kommen.« Denn schließlich gebe es in Deutschland eben keine Arbeit, ginge man aber ins Ausland, um dort welche zu suchen, werde einem als Erstes die Sozialhilfe gestrichen. »Leute, die nicht so eine Familie wie ich haben, können die Übergangsphase also gar nicht bezahlen.«

Kramer selbst brauchte auch in Spanien einige Wochen, um sich zu orientieren. »Aber jedenfalls war dort die Hoffnungslosigkeit vorbei und auch das elende Warten vor dem Briefkasten, ob nicht doch mal eine Einladung zum Vorstellungsgespräch drinliegt.« Über einen Bekannten seiner Gastgeberin kam er schließlich bald zu einem Übersetzerbüro. »Die wollten keine besonderen Zeugnisse von mir sehen, sondern haben mich einfach getestet.« Seit mittlerweile anderthalb Jahren übersetzt Kramer nun alles Mögliche von der Bedienungsanleitung für Bügeleisen bis hin zu Regeln für Kinderspiele aus dem Englischen und Spanischen ins Deutsche. »Man denkt ja immer, für so eine Arbeit müsste man besonders gut die Fremdsprache können, dabei ist es viel wichtiger, dass man ein gutes Gefühl fürs Deutsche hat.« Sein Traumjob sei das natürlich nicht, »aber es macht Spaß, überhaupt zu arbeiten, und das noch in einem Umfeld, wo die Stimmung nicht so mies ist wie in Deutschland«.

Zweimal pro Jahr fährt Kramer »nach Hause«, wie er Berlin noch immer nennt. »Und jedes Mal höre ich hier nur von Stress und Zukunftssorgen. Solange das so bleibt, bemühe ich mich gar nicht erst zurückzukommen.«

Seinen Lebensabend will er trotzdem nicht auf der Iberischen Halbinsel verbringen. »Es ist wahrscheinlich wie überall: Wer nie umgezogen ist, hat noch seine Freunde aus den Kindertagen und ist weniger offen für neue Bekanntschaften.« In der spanischen Hauptstadt habe er deshalb nur wenig Kontakt mit Spaniern und treffe sich eher mit anderen Ausländern. »Das sind nicht nur Deutsche, sondern auch Briten und Amerikaner. Und die meisten von denen bleiben auch nur für ein paar Jahre und gehen dann wieder. Richtig feste und dauerhafte Freundschaften kann man so schlecht aufbauen.« Die Spanier selbst seien in vielen Dingen außerdem auch ganz anders als Deutsche. »Zum Beispiel was Umweltschutz angeht, das ist dort ja ein richtiges Fremdwort. Oder auch der Umgang mit Tieren. Die setzen ihre Hunde einfach aus und schlagen die dann noch, weil sie auf der Straße rumlungern würden. Außerdem müssen Spanier auch immer laut sein. Ich habe keine Ahnung, warum die nicht in normaler Lautstärke miteinander reden können, es gibt immer gleich Geschrei.«

»Aber vielleicht«, verabschiedet sich Kramer und blickt in den inzwischen wieder aufgeklarten Himmel, »liegen meine Probleme mit der Eingewöhnung dort auch an mir. Ich fühle mich eben nur in Berlin zu Hause und wäre gerne hier geblieben.«

# Österreich

»Österreich? Ja, seid ihr denn wahnsinnig?« fragten Freunde den Journalisten Norbert Mappes-Niediek, als er beschloss, mit seiner Familie ins südliche Nachbarland auszuwandern.[82] Österreich ist für viele ein Synonym für Rückständigkeit. Denn schließlich verbindet so mancher mit der Alpenrepublik nicht viel mehr als Hirschknöpfe, Seppelhüte und sonderbare Tänze. Hinzu kommt noch die Politik, als da wären der wegen seiner nationalsozialistischen Vergangenheit international geächtete, in Österreich jedoch zum Bundespräsidenten gewählte Kurt Waldheim sowie neueren Datums die Regierungsbeteiligung von Jörg Haiders FPÖ.

In Österreich gehen die Uhren eben in vielerlei Hinsicht anders als in Deutschland. Das ist eigentlich wenig verwunderlich, schließlich ist Österreich auch nicht Deutschland. Das Problem, warum sich Deutsche und Österreicher dennoch oftmals nicht verstehen, liegt in der gemeinsamen Sprache. Der berühmte Aphorismus, der Österreicher unterscheide sich vom Deutschen durch die gemeinsame Sprache, bringt dies auf den Punkt. Während Deutsche in Österreich glauben, nur weil sie sich verständigen können, würden sie auch alles verstehen, vergleichen Österreicher wiederum regelmäßig ihre Republik mit Deutschland, die naturgemäß aufgrund der viel geringeren Ausmaße ebenso häufig schlecht abschneidet. So feiert das Acht-Millionen-Volk immer wieder gerne »den Sieg von Cordoba, unsere Rache für Königgrätz«[83]. Auf die Idee, das eigene fußballerische Können regelmäßig mit dem großen südlichen Nachbarn Italien zu vergleichen und einen möglichen Sieg zum Beispiel als »Rache für Tirol« zu bezeichnen, käme wohl kaum einer.

Österreicher und Deutsche sind sich eben besonders nah – und Auswanderer aus »Preußen«, wie es gerne heißt, gehören doch immer irgendwie dazu. So erzählt Mappes-Niediek, wenn jemand in ihrem Dorf über »Ausländer« hergezogen sei, hätten er und seine Frau immer schüchtern einzuwenden gepflegt, sie seien doch selber welche. »Das wurde dann meistens mit einem herzhaften Lachen quittiert. ›Ach wo, ihr doch nicht!‹«[84] Dieser Status, eben doch nur eine Art »halber Ausländer« zu sein, verbunden mit der Möglichkeit, im wirtschaftlich deutlich weniger angeschlagenen Österreich einen Neuanfang zu wagen, übt auf immer mehr Deutsche einen starken Reiz aus. So hat sich die Zahl der Auswanderungen Richtung Alpenrepublik seit 1989 mehr als verdoppelt. Gingen damals bereits immerhin 3326 Deutsche ins sprachlich verwandte Nachbarland, waren es 2003 schon 6903 Personen. Noch stärker stieg im selben Zeitraum die Nettoauswanderung, also die Anzahl der Menschen, die nicht wieder zurückgekehrt sind: 1989 waren es noch 536, 2003 hingegen 3047. In Österreich lässt es sich offenbar auf lange Sicht gut leben.

## Vorsicht Ausland!
Irina Michalowitz, Wien

Wien ist schön – zumindest wenn man es aus dem Fenster einer der sogenannten »Ringstraßenbahnen« betrachtet, die in ihrem alltäglichen Kreis das Zentrum der Stadt, den »ersten Bezirk«, umfahren. Universität, Burgtheater, Rathaus und Oper liegen hier dicht an dicht und vermitteln fast den Eindruck, Österreichs Hauptstadt sei bereits mit dem Hintergedanken, einmal Touristenmagnet zu werden, errichtet worden. Umso überraschter bin ich, als Irina Michalowitz, die ich an ihrem Arbeitsplatz in der Nähe des Westbahnhofes abhole, mir ihren ersten Eindruck der Donaumetropole beschreibt: »Kalt und morbide.«

Zwei Jahre ist es jetzt her, dass die heute 29-Jährige nach Wien gezogen ist. »Ich bin aus dem Zug ausgestiegen und habe mir als Erstes eine Wohnung im fünften Bezirk angesehen. Das ist ein richtiges Arbeiterviertel und wirkte ziemlich verfallen. Außerdem war der Himmel grau, und es war wirklich sehr kalt.« Erst im Laufe der Zeit habe sie die schönen Ecken der Stadt kennen gelernt. »Inzwischen finde ich den ganzen ersten Bezirk und die umliegende Gegend ja auch schön, aber am Anfang hatte ich da wirklich keinen Blick für.«

Die promovierte Politologin war allerdings auch nicht zum Sehenswürdigkeiten-Bestaunen nach Österreich gekommen. Vielmehr nahm sie eine angebotene Stelle als wissenschaftliche Mitarbeite-rin im »Institut für Höhere Studien« an. »Der äußere Eindruck vom Institut ist ja auch nicht gerade der beste«, sagt sie und deutet auf das in der Tat wenig einladende Gebäude: »Erst kommt ein Gitter und dann diese Aufschrift ›Institut für Höhere Studien‹ in alten Let-tern. Das klingt fast wie ›Anstalt für höhere Töchter‹.« Die Arbeit hinter den abschreckenden Buchstaben, die wir jetzt hinter uns las-sen, um auf der gegenüberliegenden Straßenseite im Café Westend einen Augenblick in Ruhe zu sprechen, mache aber Spaß. »Ich hatte nach meiner Promotion drei Angebote, zwei aus Holland und die-ses hier. Ich bin froh, mich für Wien entschieden zu haben, weil das wissenschaftliche Niveau hier wirklich sehr hoch und die Instituts-leiterin überall anerkannt ist.«

Auch Wien selbst gefällt der Deutschen inzwischen sehr. Wäh-rend wir unseren Kaffee genießen, macht sich die Wissenschaftlerin für die berühmte Wiener Kaffeehauskultur stark. »Ich finde das fürchterlich, dass hier jetzt überall Starbucks in den Markt drängt und versucht, diese alten Läden kaputtzumachen. Hier gibt es je-denfalls noch eine wirklich typische Atmosphäre, das ist Kultur, die sollte man erhalten.« Dass Österreich und Wien generell eine andere Kultur hätten als Deutschland, das wiederholt Michalowitz mehr-fach. »Ich denke, dass viele Deutsche hier auch deshalb Probleme haben, weil sie immer denken, sie seien in Deutschland und Öster-reich als so eine Art zusätzliches Bundesland betrachten. Das ist es aber nicht. Hier ist wirklich Ausland, und darauf muss man sich einstellen.«

Die 29-Jährige selbst hat nie Probleme mit antideutschen Res-sentiments gehabt. Das liege zum einen daran, »dass ich eine Frau bin und die Österreicher mit Frauen lieber flirten anstatt sie anzu-giften«. Zum anderen habe sie aber auch ein paar grundsätzliche Regeln eines erfolgreichen Einlebens beherzigt. »Man muss erst mal zuhören und sich ansehen, wie die Interaktionen hier ablaufen. Viele Deutsche hingegen treten gleich arrogant auf und wissen vom er-sten Tag an alles besser. Die laufen dann natürlich gegen Wände.«

Sie habe schon zu oft im Ausland gelebt, um solche Fehler noch zu machen. Neun Monate verbrachte sie in Schottland, jeweils ein Jahr in Japan, Frankreich und den USA sowie eineinhalb Jahre in Brüssel. »Ich glaube deshalb auch kaum noch neue Erfahrungen machen zu können. Ich kann bestimmt noch in anderen Ländern viele Dinge erleben, aber die grundsätzlichen Erfahrungen des Einlebens als Deutsche im Ausland sind überall gleich.« Man müsse sich auf die fremde Kultur einstellen und lernen, wie die Kommunikationsstrukturen verlaufen. »Die Japaner zum Beispiel sind durchaus mal unhöflich und ausfallend. Nur muss man als Ausländer erst einmal mitbekommen, wie sie das machen. Danach ist alles klar.«

Ihr Leben in Österreich sei deshalb keine große Umstellung gewesen, «im Gegenteil, für mich war Österreich ja eher so etwas wie ›ein Schritt zurück‹«. Durch die gemeinsame Sprache sei das Einleben erheblich einfacher, »obwohl es ja auch bei der Sprache so einiges an Unterschieden gibt. Als ich wegen meines Vorstellungsgespräches hierhin schrieb, wann mein Zug ankäme und ob das terminlich klappe, kriegte ich eine Mail zurück, das werde sich schon ›ausgehen‹.«

Ihr Leben lang in Wien zu bleiben, kann sich die gebürtige Siegburgerin schon vorstellen. »Das kommt auf die berufliche und private Entwicklung an. Wenn es da gute Gründe geben sollte, bleibe ich. Wenn nicht, geht es eben weiter.« Derzeit sei ihre Stelle aber nur befristet, sie müsse also davon ausgehen, sich in spätestens drei Jahren einen anderen Job zu suchen. »Und die Universität ist hier nicht wirklich attraktiv. Die sparen an allen Ecken und Enden. Das beeinträchtigt die ganze Arbeitsatmosphäre, und Möglichkeiten zu Entfaltung und Entwicklung gibt es auch deutlich weniger.«

Weiterhin so häufig die Länder zu wechseln, findet Irina Michalowitz allerdings nicht gerade erstrebenswert. »Ich habe jetzt gesehen, was ich unbedingt sehen wollte. Jetzt könnten auch mal ruhigere Zeiten kommen, in denen das Privatleben mehr Bedeutung gewinnt.« Wien, wo mir der Kellner gerade mit einem »gnädige Frau« auf den Lippen in den Mantel hilft, scheint generell kein schlechter Ort dafür zu sein.

# Belgien

Belgien ist so eine Art »Kessel Buntes«. Zwischen Frankreich, den Niederlanden und Deutschland gelegen, wurde das selbständige Königreich 1830 gegründet. Nach einigen Grenzkorrekturen 1839 gehörten zu seiner Bevölkerung auch 50 000 Deutsch-Belgier im als »Altbelgien« bezeichneten Gebiet an der luxemburgischen Grenze. Die verstanden erst einmal gar nichts in ihrem neuen Staate, da schließlich die offizielle Sprache innerhalb der Neugründung zunächst nur Französisch war. Nicht selten kam es deshalb zu abstrusen Situationen, zum Beispiel vor Gericht. So mancher Deutsche wurde etwa zu Gefängnisstrafen verurteilt, ohne überhaupt verstanden zu haben, worum es bei der Gerichtsverhandlung ging.

Als Folge des Ersten Weltkrieges wuchs Belgien dann noch einmal ein Stück in den deutschen Sprachraum hinein. Die Region um Eupen, St. Vith und Malmedy (das sogenannte »Neubelgien«) mit damals 60 000 Einwohnern, gehörte fortan zum Königreich. Auch hier wurde versucht, Französisch als Hauptsprache durchzusetzen.

1940 endeten diese Bemühungen durch den Einmarsch der deutschen Truppen abrupt, das Gebiet gehörte bis 1945 wieder zum Deutschen Reich. Nach dem Krieg wandte sich die belgische Regierung umso intensiver gegen alles Deutsche in der Region. Gegen die Beamtenschaft und ehemalige Wehrmachtssoldaten wurde strafrechtlich hart vorgegangen, und Amtssprache war selbstverständlich Französisch. Auch viele der Deutsch-Belgier versuchten sich nun radikal von ihrer Mutter-Ethnie abzugrenzen und verzichten zum Beispiel darauf, in der Öffentlichkeit Deutsch zu sprechen.[85] Schließlich war alles Deutsche Ende der 40er Jahre nicht eben beliebt in Europa.

In den 60er Jahren begann indes auf Drängen der Flamen eine Neuordnung des bislang zentralistischen und auf den französischen Teil ausgerichteten Belgiens. Auch die deutschen Belgier profitierten von den Verfassungsänderungen – zumindest soweit sie in »Neubelgien« ansässig waren.[86] Während »Altbelgien« dem französischen Sprachgebiet zugeordnet wurde und heute nur noch einige Schutzbestimmungen im Bereich des Unterrichtswesens auf seinen ursprünglich deutschen Charakter hinweisen,[87] erhielt das neubelgische Gebiet um Eupen und St. Vith den vollen Schutz als eigene Sprach- und Kulturgemeinschaft. Amtssprache des königlichen Nachbarn der Bundesrepublik ist somit neben Französisch und Niederländisch inzwischen auch Deutsch.

Die politisch wichtige Erfassung als »Region« blieb den deutschsprachigen Belgiern allerdings versagt. Sie bilden lediglich eine der drei »Gemeinschaften«, mit eigenem Gebietsparlament, dem »Rat der deutschsprachigen Gemeinschaft«, und eigener Gebietsregierung, der »Exekutive«. Hier werden vielfältige Entscheidungen in Bereichen wie Kultur, Unterrichts-, Sozial- und Gesundheitswesen getroffen. In der zugehörigen Verwaltung ist Deutsch Verkehrssprache – und auch in den Schulen, Kirchen und auf den Straßen spricht man in dieser Gegend Deutsch.[88]

Von den Deutschen jenseits der Grenze hat man sich jedoch auch symbolisch abgegrenzt, schließlich wird von der »deutschsprachigen«, nicht aber »deutschen Gemeinschaft« gesprochen – die anderen beiden Sprachgruppen hatten offenbar keinen solchen Abgrenzungsbedarf, sie nennen sich »flämische« beziehungsweise »französische Gemeinschaft«[89]. So werden die Deutsch-Belgier auch oft als die »einzig wahren Belgier« bezeichnet. Denn Separationstendenzen wie bei den Flamen und Wallonen sind unter ihnen nicht anzutreffen. Während sich etwa ein Drittel aller Belgier gut eine Auflösung ihres Staates vorstellen kann, sehen 95 Prozent der Deutsch-Belgier ihre Zugehörigkeit uneingeschränkt in dem Vielvölkerstaat.[90]

Zu diesen deutschsprachigen Belgiern gesellten sich in den letzten Jahren etwa 10 000 Bundesdeutsche.[91] Ein Grund für die Übersiedlung nach Ostbelgien waren für diese vor allem aus dem Aachener Raum Stammenden die wesentlich niedrigeren Grundstückspreise auf der anderen Seite der Grenze. Begeistert empfangen wurden sie dort von den gut 60 000 deutschsprachigen Belgiern nicht, denn den meisten der Zuzügler liegt wenig an einer Integration in die bestehenden, eher dörflichen Strukturen. Sie arbeiten weiterhin in Deutschland und nutzen in Belgien nur die Chance, ein günstiges Haus zu bewohnen. Da durch die erhöhte Nachfrage die Grundstückspreise gestiegen sind, können sich viele Ostbelgier nun selbst in ihrer Gegend kein eigenes Haus mehr leisten und sind gezwungen, sich ihrerseits in kostengünstigeren Gebieten der Wallonie niederzulassen.[92]

## Königliche Beschaulichkeit
Petra Förster, Grenz-Echo, Eupen

Der Aachener Stadtbus startet in der Nähe der Haupteinkaufsstraße. Nicht ohne Grund, wie sich bei der Abfahrt herausstellt – schließlich ist der Bus voller mit dicken Tüten beladenen Hausfrauen und Rentnerehepaaren. Winterschlussverkauf in Aachen. Dazwischen drängen sich ein paar Jugendliche mit Rucksack hindurch. Die Schule ist vorbei, und die tägliche Emigration kann beginnen.

Für eine Auslandsreise verläuft die Fahrt deprimierend ereignislos. Kleine, verschlafene Dörfer, ein noch gerade rechtzeitig entdecktes Grenzhinweisschild und wieder kleine, verschlafene Dörfchen. Der sichtbare Unterschied zwischen Aachener Umfeld und Ostbelgien ist kleiner als der zwischen Rheinland und Holstein oder Berlin-Pankow und Berlin-Wedding. Nur die Farbe der Ortsschilder ist anders. Direkt hinter einem mit der Aufschrift »Kelmis« steige ich aus. Unter mir erstmals belgischer Boden, beziehungsweise Beton. Sauberster Beton. Kein Papierchen, keine Kippe, kein Apfelknust liegt herum.

Ich bin viel zu früh. Das werde ich in Belgien immer sein, es liegt am Auslandsgefühl. Bei einem Termin im Ausland ist es schließlich immer ratsam, früh zu starten, wegen der vielen Unwägbarkeiten: Straßensperrungen zum Beispiel, ausfallende Verkehrsmittel, Demonstrationszüge, falsche Wegbeschreibungen, stecken bleibende Aufzüge. In Belgien gibt es solche Unwägbarkeiten nicht. In Belgien funktioniert alles, und man hat viel Zeit, um sich Orte wie Kelmis in Ruhe anzusehen. Das Zentrum besteht aus drei etwa 200 Meter langen Straßen, um die sich Rathaus, Kirche und Pralinette gruppieren. Die Pralinette ist natürlich erster Anlaufpunkt. Hier stelle ich meine Tasche ab, um nach dem Rundgang einen Anlass zu haben, erneut hereinzukommen. Immerhin ist Belgien das am besten schmeckende Land der Welt. Mit zartherbem Nougat auf der Zunge studiere ich eine der überall aushängenden Ankündigungen der »Großen Prunksitzung der KG-Karnevalsfreunde unter dem Zepter seiner Totalität Prinz Patrick I.«. Nach eingehender Besichtigung der einzigen Kirche geht es zum Rathaus. Der Bürgermeister von Kelmis und gleichzeitig Brüsseler Parlamentarier ist noch nicht da. Er wird auch in einer halben Stunde noch nicht da sein, wenn ich schon die nächste Tüte in der Pralinette kaufe. Das hat aber bestimmt nichts mit mir zu tun und ist gar nicht typisch für Ostbelgier, wie mir eine Rathausangestellte anschließend im Bus nach Eupen erklärt. Der Herr Bürgermeister bestelle regelmäßig Journalisten aus Deutschland, vergäße sie dann und käme nicht zum Termin. Nun ja, so bleibt mehr Zeit für die Besichtigung meines zweiten Anlaufpunktes, Eupen, die Hauptstadt Ostbelgiens.

Der Goldene Anker am Marktplatz, wo ich den Bus verlasse, scheint in den letzten Jahrzehnten ausschließlich von Einheimischen besucht worden zu sein. Ich bin eine echte Attraktion und werde sofort nach Herkunft und Begehr befragt. Meine Frage allerdings, wo man hier abends noch was erleben könne, überfordert offensichtlich die Angesprochene. Immerhin ist es schon fast 18.00 Uhr, spätestens um 19.00 Uhr sind alle Eupener am heimischen Abendbrottisch versammelt und ziehen die Vorhänge zu. Auf meinem einstündigen Spaziergang treffe ich denn auch nur auf drei Jugendliche, die um ein Moped herumstehen und sich offenbar schon alles gesagt haben, was man so reden kann. Den Rest des Abends verbringe ich zu Füßen der beiden nebeneinander hängenden Ölgemälde des belgischen Königs sowie des örtlichen Karnevalskönigs und erfreue mich diverser tadellos zu empfangender deutscher Fernsehkanäle. Aus dem Zimmerfenster kann man das gegenüberliegende Gebäude des Grenz-Echos sehen. Hier treffe ich am nächsten Morgen Petra Förster, Bundesdeutsche und seit fünf Jahren Redakteurin der Zeitung.

Sie ist »durch Zufall« nach Belgien gekommen. Ein Praktikumsplatz während des Studiums wurde in Deutschland abgesagt, und auf der anderen Seite der Grenze war kurzfristiger Ersatz gefunden. Aus dem Praktikum wurde dann ein Job, und schließlich nach einigen Jahren beim Eupener Jugendinformationszentrum und freier

Petra Förster in der Redaktion des Grenz-Echos, Eupen

Tätigkeit für das Grenz-Echo kam die Festanstellung in der Redaktion.

Gesucht werden deutschsprachige Journalisten hier allerdings nicht, schließlich gibt es in der ganzen Region nur 31 Stellen: Bei Fernsehen und Rundfunk zusammen arbeiten neunzehn Journalisten, bei der Zeitung weitere zwölf Redakteure.

Der Arbeitsstil einer Zeitung im Ausland sei nicht mit dem einer deutschen Zeitung zu vergleichen, so Förster: »Wir hatten mal einen Austausch mit der Aachener Zeitung, da habe ich dann einige Zeit bei denen gearbeitet. Während wir nur zwölf Leute sind, arbeiten bei der Aachener Zeitung 50 Redakteure. Die konnten zu viert eine Seite füllen, während bei uns jeder vier Seiten machen muss. Dort wurden also dauernd Konferenzen gemacht, wo man sich über einzelne Sätze austauschte, wie man die wohl noch verbessern könnte. Beim Grenz-Echo sind wir immer froh, wenn wir überhaupt genug Artikel zusammenbekommen und haben auch einen ganz anderen Rhythmus. Dort hab ich immer eine Tagesaufgabe bekommen, war dann um 11.00 Uhr fertig und überlegte, was ich jetzt machen solle. Wenn ich was schreiben wollte, musste ich auch immer erst bei 20 Leuten nachfragen, ob auch ja kein anderer schon an dem Thema dran ist. Wenn ich hier beim Grenz-Echo was schreiben will, sag' ich das meinen Kollegen, und dann mach' ich das einfach.«

Konkurrenz bekommt das Grenz-Echo nur von ebendieser benachbarten Aachener Zeitung, in Belgien selbst ist sie die einzige deutschsprachige Tageszeitung. Derzeit liegt ihre Auflage bei 13 000 Stück. Um mehr Leser zu gewinnen, wird in der Weihnachtszeit jede Woche eine Auflage von 40 000 Stück kostenlos verteilt. Da das Grenz-Echo jedoch auf einem relativ alten Leserstamm ruht und zudem konservativ ausgerichtet ist, lesen die jüngeren Deutsch-Belgier oftmals bundesdeutsche oder französischsprachige Zeitungen.

Während sich das Grenz-Echo also durchaus Sorgen um seine Zukunft machen muss, befindet sich die deutschsprachige Gemeinschaft eher im Aufwind: »Die Themen, die hier jetzt viel diskutiert werden, beziehen sich darauf, ob die deutsche Gemeinschaft noch weiter ausgebaut, also noch mehr Autonomie angestrebt werden solle oder ob es jetzt genug sei und man sich besser in Belgien integriere. An Aussterben denkt hier keiner, die Sprache wird in den Elternhäusern gesprochen und an die Kinder weitergegeben. Da ist kein Ende oder Rückgang in Aussicht. Unsere Regierung schließt auch regelmäßig Abkommen mit irgendwelchen anderen deutschen Minderheiten in Europa. Jetzt waren sie gerade erst in Ungarn, vorher in Rumänien. Da wird dann immer verglichen, was es dort zum Beispiel für Fernsehen und Zeitungen gibt und wie es dazu hier aussieht.«

Manchmal übertreibe man es aber auch ein wenig mit dem Deutschsein, so Förster. »Als jetzt der König zu Besuch war, wurden manche Ansprachen nur auf Deutsch gehalten. Da war dann aber sehr viel inländische Presse hier und auch der wallonische Ministerpräsident, die einfach kein Deutsch konnten und fast eine Stunde nichts verstanden. Da gab es dann natürlich Diskussionen, ob das sein muss. Viele meinten, dass man zumindest Ausschnitte hätte übersetzen sollen und gerade wir als Kleine mit gutem Beispiel vorangehen sollten. Aber die haben dann gesagt, ›wir wollten demonstrieren, wo wir hier sind und dass hier Deutsch gesprochen wird‹.«

Der belgische Sprachenstreit sei gemeinhin eher ein Thema fürs Sommerloch. Nur manchmal gebe es echte Probleme: »Jetzt ist gerade ein neues Telefonbuch rausgekommen. Und da gab es Leute, die sich nicht so richtig verständigen konnten und dann falsch eingetragen wurden. Eine ältere Frau zum Beispiel wollte unter dem Namen ihres Mannes stehen, der inzwischen verstorben war. Und dann hat sie versucht, denen das zu erklären, aber als Endergebnis steht sie unter ›Elisabeth‹ im Telefonbuch, also mit ihrem Vornamen. Manchmal werden auch von den Behörden Unterlagen herausgegeben, die von einem Computerprogramm übersetzt wurden. Da haben wir in der Redaktion schon Tränen gelacht. Aber für die Leute, die wirklich kein Französisch können, ist das ein echtes Problem, weil die sich einfach nicht verständigen können.«

Zwischen den Deutsch-Belgiern und den zugewanderten Bundesdeutschen gebe es keine großen Probleme, abgesehen vom üblichen Stadt-Land-Konflikt: »Hier kommt ja so das alternative Bildungsbürgertum hin, die ein Backsteinhäuschen suchen, wo sie dann Pferde halten können – man zieht also bewusst aufs Land und stößt dann dort auch auf die wirkliche Landbevölkerung. Und die ist natürlich nicht so alternativ.« Schließlich seien die hiesigen Bauern eben noch wirkliche Bauern mit entsprechender Mentalität. »Ostbelgien ist durch ein Naturschutzgebiet in zwei Teile geteilt. Hier oben haben wir ja noch Eupen, aber im Süden ist die einzige ›Stadt‹ St. Vith mit gerade mal 3000 Einwohnern. Dort gibt es noch ganz viele Dörfer, die aus zwölf, dreizehn Bauernhöfen bestehen. Und da ziehen dann oft Deutsche hin, weil es viel Platz gibt. Dort passen sie aber mental überhaupt nicht hin.«

Förster fühlt sich heute in Belgien wohl und integriert. Für einen guten Job würde sie zwar durchaus auch wieder zurückgehen – insgesamt sei es aber ein »schönes Gefühl«, im Ausland zu leben, »auch wenn es nur diese fünfzehn Kilometer sind«. In der Redaktion würden zwar gelegentlich Witze über Deutsche gemacht, zum Beispiel wenn in Deutschland gerade ein langes Wochenende ist und alle zum Einkaufen herüberkommen, es keine Parkplätze mehr gibt und die Supermärkte überfüllt sind. Dann heißt es, »hoffentlich bleiben die nicht so lange wie 1940«. »In der Redaktion lachen dann alle, bis einer sagt: ›Oh, du bist ja auch Deutsche.‹«

Die Belgier seien den Deutschen gegenüber heute aber eher freundlich gestimmt. Zum Teil habe die ostbelgische Regierung sogar schon versucht, den Facharbeitermangel der Region durch Zuzug aus Deutschland zu decken. So berichtet Förster von dem Versuch des ostbelgischen Ministerpräsidenten, in Brandenburg IT-Spezialisten zu suchen. »Hier gibt es ja einen großen Facharbeitermangel und dort viele Arbeitslose. Unser Ministerpräsident hat dann zusammen mit dem brandenburgischen Ministerpräsidenten Leute gesucht, die hierher kommen würden. Es sind sogar einige Busse mit Interessierten herübergekommen, aber geblieben ist dann doch keiner. Vielleicht waren ihnen die Löhne zu niedrig. Deshalb gibt es hier ja auch einen Mangel an Pflegekräften. Wer kann, arbeitet in Deutschland oder Luxemburg, wo man viel mehr verdient.«

Der Fehler vieler Bundesdeutscher, die nach Belgien zögen, sei zudem, dass sie glaubten, hier sei alles wie in Deutschland. Die Belgier seien aber in vielen Dingen sehr anders, man dürfe sich also vom ersten Eindruck nicht täuschen lassen. Die meisten Zugezogenen würden sich jedoch mit der Zeit gut integrieren, unter anderem auch in den heimischen Vereinen mitwirken. Und davon gibt es in Ostbelgien ausreichend – auf die 70 000 Deutschen kommen 10 000 Vereine! Da blieb für die zugezogenen Bundesdeutschen nur noch eine Marktlücke: Sie gründeten ihren eigenen Verein: Grenzinitiative.

# Grenzenlos frei

Peter Boltersdorf, Grenz nitiative, Drei-Länder-Eck

Peter Boltersdorf, selbständiger Unternehmensberater und Gründungsmitglied der Grenzinitiative hat sein Büro mitten im Aachener Gewerbegebiet. Hier trifft sich auch die Initiative regelmäßig, schließlich sind immerhin zwei Drittel der Mitglieder Deutsche, die zwar in Belgien leben, aber in Deutschland arbeiten. Obschon man die Staatsgrenze kaum noch optisch wahrnimmt, treten laut Boltersdorf im Alltagsleben dieser Pendler ständig Probleme auf. Denn die meisten, so das Initiativmitglied, »sehen einfach nur den günstigeren Kaufpreis eines Einfamilienhauses in Belgien, denken sich, ›das nehme ich‹ und glauben, damit sei alles geregelt. Bis dann auf einmal die Probleme anfangen.«

Und problematisch sei bis heute »nahezu alles«. Die Grenze bringe reichlich Nachteile oder Schwierigkeiten mit sich. »Man kann sich das von außen gar nicht so vorstellen. Die meisten haben erst mal Glück und verbringen hier eine ganze Reihe von Jahren, in denen sie nichts davon berührt, aber irgendwann schlägt es bei jedem zu, zum Beispiel bei der Steuer, der Rente, beim Melde- oder Pflegegesetz, in den Sozialversicherungen.«

Es gebe zum Beispiel ein Sozialversicherungsabkommen, welches besage, dass man seine in einem Land erworbenen Ansprüche nach der Verrentung in ein anderes mitnehmen könne. Das sei im Prinzip eine gute Idee, berücksichtige die Grenzsituation aber nicht. Schließlich wollen manche, »wenn sie hier in Rente gehen, natürlich weiterhin zu ihrem deutschen Arzt gehen. Das geht dann aber nicht mehr.« Außerdem seien die Leistungen der ausländischen Krankenkassen ja auch oft viel geringer als die der deutschen, man habe dann aber eben nur noch Anspruch auf die geringen der belgischen – trotz der in Deutschland geleisteten Beiträge. Auch wenn ein Deutscher Grenzgänger arbeitslos wird, fällt er automatisch in den Zuständigkeitsbereich des Wohnortes, also des belgischen Arbeitsamtes – das einen oftmals schon wegen fehlender Sprachkenntnisse nicht vermitteln könne.

Boltersdorf selbst muss sein Schul-Französisch nur selten auspacken. In dem kleinen Ort, wo er sich 1982 einen alten Bauernhof gekauft hat, spricht sowieso jeder Deutsch, seiner Arbeit geht er hauptsächlich in Aachen nach, und auf belgischen Meetings einige man sich oft auf Englisch als Verhandlungssprache. Den Sohn hat er zwar auf einer zweisprachigen Grundschule angemeldet, die ältere Tochter jedoch geht in Aachen aufs Gymnasium – die belgische Schule sei zu weit entfernt gewesen und außerdem »konservativ«.

Eine eigene Gemeinschaft der Bundesdeutschen in Belgien gibt es, so Boltersdorf, nicht. »Wozu auch? Ich hab' ja alles. Ich fühle mich nicht anders als die ›Eingeborenen‹ in Anführungszeichen. Ich unterscheide mich eben nur in der Staatsangehörigkeit.« Schwierigkeiten gebe es abgesehen von den »normalen Stadt-Land-Konflikten« auch nicht. »Das heißt dann eben, die machen die Grundstückspreise kaputt und integrieren sich nicht ins Dorfleben. Das können Sie im Umfeld von Brüssel und jeder anderen Großstadt genauso hören.« Nach Deutschland zurückziehen möchte Boltersdorf nicht, trotz der vielen alltäglichen Probleme – und manchmal geradezu skurrilen Situationen: Wer zum Beispiel in Belgien wohne und aus der Kirche austrete, also gar nicht mehr Mitglied in der Kirche sei, bekomme das in Deutschland nicht anerkannt. Die Kirchensteuer werde ihm vom deutschen Gehalt trotzdem abgezogen.

Ihn selbst habe die »Steuerungerechtigkeit« bewogen, die Initiative mitzugründen. Die deutsche Presse und viele der Behörden seien da immer noch sehr voreingenommen. »Die Meinung der Beamten geht oft in die Richtung: ›Ihr seid doch sowieso alle Steuerhinterzieher.‹ Die denken dann an Fernsehstars, Fußballer und so. Und machen damit ganz schnell klar, dass sie in Wirklichkeit keine Ahnung haben. Denn in Deutschland zahlt kein Einkommensmillionär einen effektiven Satz von 15 Prozent, hier in Belgien schon. Da werden jedem 15 Prozent Pauschalsteuer abgezogen, und die sind dann weg, ohne Abschreibemöglichkeiten. Damit ist die Sache dann allerdings auch erledigt.«

Die Grenzinitiative, zu deren etwa 200 Mitgliedshaushalten auch einige Belgier und Niederländer gehören, verfolgt eine Vision: »Leben, Wohnen und Arbeiten im Euregiogebiet sollen grenzüberschreitend ohne Probleme ablaufen. Sollte diese Vision Wirklichkeit werden, ist unser Ziel die Selbstauflösung. Realistisch gesehen, werden wir das allerdings in unserem Leben nicht mehr erreichen.«

Deutschen, die nach Ostbelgien ziehen, empfiehlt er, sich am besten schon vorher gut zu informieren. Die Grenzinitiative könne in den meisten Fällen beratende Funktionen übernehmen, man helfe gerne und günstig – der monatliche Mitgliedsbeitrag beträgt drei Euro.

# Endlich wieder daheim? – Rückwanderer

Bei weitem nicht alle Auswanderer bleiben auch im Ausland. Viele von ihnen kehren zurück und versuchen, oftmals entgegen ihren ursprünglichen Plänen, in Deutschland wieder Fuß zu fassen. So verließen zum Beispiel 2002 nach offizieller Statistik 117 683 Deutsche die Bundesrepublik, 184 202 kamen jedoch auch nach Deutschland. Auch wenn man diese Statistik von den aus Osteuropa und der ehemaligen UdSSR kommenden »Aussiedlern« bereinigt, ergibt dies eine Rückwandererzahl von rund 100 000.

Sind diese 100 000 eher eine Gruppe von Versagern, die im Ausland gescheitert sind und nun vom hiesigen Sozialsystem aufgefangen werden müssen, oder sind sie im Gegenteil eine Bereicherung für die »Daheimgebliebenen«, denen sie durch das Wissen um ein Leben außerhalb der deutschen Grenzen Möglichkeiten zur Verbesserung des bundesrepublikanischen Lebensstiles aufzeigen können? Und wie fühlt man sich so plötzlich wieder als Deutscher unter lauter Deutschen, nachdem man zuvor, vielleicht Jahre lang, ein Ausländer gewesen ist?

## Kulturschock Bundesrepublik
### Rainer Schön, ehemals Israel und Irland

Als ich Rainer Schön sage, dass ich gern auch Rückwanderer für mein Buch sprechen wolle, erwidert er nicht gerade glücklich: »Ja, das bin ich wohl. Gleich doppelt.« Vor 40 Jahren hat der heute 64-Jährige Deutschland zum ersten Mal den Rücken gekehrt. »Ich war als Reiseleiter auf einem Schiff im Mittelmeer unterwegs. Die Fahrt dauerte vier Tage von Brindisi nach Haifa.« Unterwegs lernte er seine erste Frau kennen. »Weil ich Englisch sprach, hielt sie mich für einen Engländer, und ich dachte, sie sei Französin, weil sie Französisch redete.« Dass sich hier gerade eine für die beginnenden 60er Jahre deutlich brisantere Mischung zusammenfand, merkten die beiden erst nach ein paar Tagen. »In Wirklichkeit war sie Israeli und ich eben Deutscher. Uns hat das nicht gestört, aber mit ihrer Familie gab es Probleme.« Im Hafen von Haifa angekommen, einigte man sich auf ein baldiges Wiedersehen in Deutschland. »Sie hat dann offiziell ihren Onkel besucht, der in Frankfurt wohnte, das war unverfänglich.« Schon nach ein paar Wochen zogen die beiden zusammen, wenige Monate später wurde geheiratet »Aber meine Frau hat sich nie wohl gefühlt in Deutschland. Da gab es so Situationen, wenn man sie auf dem Fußweg anrempelte und dann noch anfauchte: ›Ja, so gehen Sie doch rechts.‹ – Ich meine ›rechts gehen‹, auf dem Fußweg!!« Nach einem Jahr war klar, dass sie es gemeinsam in Israel versuchen wollten.

»Ich bin 1965 nach Tel Aviv gezogen. Damals konnte ich noch kein Hebräisch und wusste nicht recht, was ich arbeiten sollte. Immerhin lief die Wirtschaft zu dem Zeitpunkt in Deutschland rund, in Israel war stattdessen Rezession.« Bald jedoch hatte er eine originelle Geschäftsidee und begann, Tapeten aus Deutschland zu importieren und diese auch gleich anzubringen. »Das lief sehr gut. In Israel waren die Wände damals nur verspachtelt, viele der Einwanderer kamen aber aus Europa und mochten die Atmosphäre von Tapeten.« Nach der Arbeit versuchte Schön, noch Hebräisch auf der Abendschule zu lernen. »Aber da war ich so müde, dass ich mehrfach eingeschlafen bin. Der Lehrer meinte, ich könne zu Hause im Bett sicher bequemer liegen. Also habe ich es aufgegeben. Man kam ja auch mit Deutsch und Englisch sehr gut zurecht.« Deutsch sprachen nicht nur die Immigranten mit deutschen Wurzeln, sondern auch jene, die Jiddisch konnten, verstanden es. »Mir sagte mal jemand ›Nu, was ist Deutsch schon? Das ist doch nicht mehr als ein schlechtes Jiddisch.‹«

Über Nacht lösten sich plötzlich aber Schöns Sprachschwierigkeiten. »Ich habe bei der Arbeit immer israelisches Radio laufen gehabt, und sonst wurde um mich herum ja auch den ganzen Tag Hebräisch gesprochen. Und dann, eines Tages, unterhielt sich meine Frau mit ihrer Freundin, und ich verstand auf einmal alles. Ich weiß, es klingt unrealistisch, aber ich habe Hebräisch passiv gelernt.« Von diesem Tag an, etwa eineinhalb Jahre nach seiner Übersiedlung, habe er auch Hebräisch sprechen können. »Nur lesen konnte ich noch nie.«

Probleme habe er als Deutscher außerhalb der eigenen Familie überraschend wenige gehabt. »Im Gegenteil, ich habe dort meine besten Freunde gefunden. Ich fahre noch heute mindestens einmal im Jahr nach Israel und empfinde dies als meine Heimat.« Zu anderen Deutschen hatte er keinen Kontakt. »Ich habe einfach keine kennen gelernt, damals wohnten ja kaum Deutsche in Israel. Außerdem habe ich auch keine gesucht, schließlich war ich ja froh, weg zu sein.« Dennoch brach das Paar, das inzwischen zwei Kinder hatte, nach zweieinhalb Jahren wieder gen Deutschland auf. »Meine Schwiegermutter hat die ganze Zeit versucht, uns zu trennen. Sie hat meiner Frau sogar Geld geboten, wenn sie mich nur endlich rauswirft. Das war nicht immer einfach, zumal ich daneben noch gesundheitliche Probleme bekam.« Bedingt durch die körperliche Arbeit und die große Hitze im Tel Aviver Sommer, erlitt Schön schließlich einen Kreislaufzusammenbruch. »Im Krankenhaus haben sie mir dann gesagt, wenn ich so weitermache, bin ich in einem halben Jahr tot. Da war ich 27.«

Also zog er gemeinsam mit Frau und Kindern wieder nach Deutschland. »Da habe ich dann aber gemerkt, dass ich mich nicht mehr wohl fühle. Ich hatte ja eigentlich schon als Jugendlicher aus Deutschland weggewollt, und nachdem ich nun anderes kannte, gefiel es mir überhaupt nicht mehr.« Auch seine Frau wollte zurück, so dass nach zwei Jahren wieder die Koffer gepackt wurden. Während sich die Probleme mit seiner Schwiegermutter inzwischen etwas entspannt hatten, konnte er das Klima jedoch noch immer nicht ertragen. 1973 ging es folglich wieder retour. »Weitere drei Jahre später haben wir uns dann getrennt. Wir konnten uns einfach auf kein Land einigen. Meine Frau ging nach Tel Aviv, und ich blieb mit den Kindern in Deutschland.«

Dort lernte er bald die nächste Dame mit Auslandswunsch kennen. »Meine zweite Frau war Steiner-Schülerin und wollte unbedingt als Selbstversorgerin nach Irland.« Schön willigte ein, weil er »die Idee ganz interessant fand und wissen wollte, ob das klappen kann«. 1981 ging es an das äußerste Ende der Insel. »Das war wirklich hart. Schon nach ein paar Wochen hat mir einfach die Kultur gefehlt. Da war ja nichts los, und es lebte auch niemand in der Gegend außer ein paar Bauern. Mit denen konnte man über Viehzucht und das Wetter reden, und das war ja auch noch meistens schlecht.

Die Winter waren lang, kalt, dunkel und diesig. Man konnte richtige Depressionen entwickeln.«

Auch die Selbstversorgung klappte nicht reibungslos. »Ich habe festgestellt, dass man circa 70 Prozent selbst herstellen kann, für den Rest braucht man aber einfach Geld, zum Beispiel um Versicherungen zu zahlen und Steuern.« Also fuhr er regelmäßig nach Dublin und verdiente dort sein Geld mit Glasgravuren. »Ich habe die erfolgreichste Werbekampagne von Guiness entwickelt und dann geleitet.« Schön hatte bereits in Deutschland Glasgravuren angefertigt und bildete nun ein Team aus, das in Pubs und Gaststätten Gläser der Kunden auf Wunsch mit persönlichen Gravuren verzierte. Während er in der Hauptstadt arbeitete, langweilte sich seine zweite Frau, mit der er inzwischen auch zwei Kinder hatte, auf dem Lande offenbar. »Eines Tages kam ich nach Haus und meine Frau saß da mit einem alten Schulkollegen. Die beiden hatten in der Zwischenzeit herausgefunden, dass sie offenbar ganz toll zusammenpassen.«

Schön beschloss, urlaubsreif zu sein, und kaufte ein Ticket nach Thailand. Dort lernte er seine dritte Frau kennen. »Ich war ja nur kurz da und habe dann gemeint, sie solle mit mir kommen, um zu sehen, ob es passt.« Das Visum für Irland bekam sie innerhalb von 24 Stunden. »Guiness ist in Irland ein Zauberwort. Ich habe dem Konsulat gesagt, bei denen meinen Vertrag erfüllen zu müssen, aber eine Frau zu brauchen, die in der Zeit auf meine Kinder aufpasst. Wenn ich sie nicht mitnehmen könne, müsse ich leider nach Deutschland zurück.« Das wirkte, der Konsul drückte den Visumsstempel in den asiatischen Pass, und die beiden bestiegen gemeinsam das Flugzeug. »Ihre elfjährige Tochter haben wir auch gleich mitgenommen.«

Nach einem gemeinsamen Jahr in Dublin kündigte sich dann Schöns fünftes Kind an. »Ich war sehr überrascht, weil sie mir gesagt hatte, dass sie bei der Geburt ihrer Tochter Probleme gehabt habe und nun nicht mehr schwanger werden könne.« Sie beschloss, ihr Kind im Kreise der Familie in Thailand zu bekommen. »Ich habe eingewilligt, und wir sind für drei Monate nach Thailand gefahren.« Dort mietete Schön eine Wohnung in einem privaten Krankenhaus, so dass auch die neuen Schwiegereltern hautnah dabei sein konnten. »Da war natürlich was los, alle waren sehr begeistert, und das ganze Dorf kam angereist, um mal ›das weiße Kind‹ anzufassen.«

Beim Abholen der Geburtsurkunde erlebte der Deutsche dann jedoch eine Überraschung. »Meine Tochter war staatenlos, da sie zwar in Thailand geboren worden war, aber keinen thailändischen Vater hatte.« Schön war davon ausgegangen, dass sie automatisch die Staatsangehörigkeit der Mutter erhalten würde. »Alle haben gesagt, ›wie praktisch, dann kannst du die beiden gleich dalassen und bist alle Probleme los‹. Aber ich konnte mir vorstellen, was aus einem Mädchen in einem Thaidorf wird, das nicht mal einen Pass hat.« Folglich ging er auf den wohlmeinenden Hinweis der thailändischen Behörden ein und heiratete zum dritten Mal. »Das war wirklich nicht geplant, zweimal hielt ich für absolut ausreichend, aber so konnten wir eben gemeinsam ausreisen.« Um elf Uhr wurde geheiratet, anschließend der deutsche Pass des Babys abgeholt, und am Abend saß man gemeinsam im Flugzeug. »Ich hatte inzwischen meinen Vertrag mit Guiness erfüllt, so dass wir nach Deutschland gingen. Irland war ja nie meine Entscheidung gewesen, und ich hatte auch keine wirklich gute Zeit in diesen zehn Jahren auf der Insel.«

Zurück in der Heimat, wollte Schön sich von den Turbulenzen der letzten Monate erholen, bekam allerdings erst mal einen Herzinfarkt. »Die Ärzte haben gesagt, ›der packt das nicht mehr‹, was meine Frau mitbekommen hat. Ich habe es dann zwar überlebt und kam nach sieben Wochen aus Krankenhaus und Reha zurück, aber da hatte sie sich schon umorientiert und einen neuen, deutschen Freund.«

Das ist jetzt dreizehn Jahre her. Inzwischen lebt Schön mit seiner vierten Frau in Berlin. »Ich bin nicht gern in Deutschland und wünsche mir, noch einmal wegzugehen.« Derzeit habe seine Frau aber noch einen guten Job, so dass er ihretwegen hier bleibe. »Mein Traum ist nach wie vor Israel. Dort ist mein Zuhause und hier in Deutschland fühle ich mich als Ausländer.«

# Einmal Paradies und zurück

## Rolf L., ehemals Dominikanische Republik

Die Vorhänge der kleinen Einzimmerwohnung im Berliner Stadtteil Wedding sind zugezogen. Eine Glühbirne baumelt schirmlos von der Decke. Der ehemals vermutlich beige Teppich schlägt Wellen und lässt seine ursprüngliche Farbe nur noch vermuten. Rolf deutet auf einen bereits abgenutzten Sessel und setzt sich samt Wolldecke auf das zerschlissene Sofa. Es ist kalt hier drinnen. »Ich muss ein bisschen bei den Heizkosten sparen«, sagt er entschuldigend, »jeden Tag volle Pulle aufdrehen, das geht nicht.« Rolf ist eine Supermarkt-Bekanntschaft. Wir haben uns in der Kassenschlange bei Aldi kennen gelernt, ganz klassisch. Während eine Dame vor mir sich aufregte über das langsame Vorankommen, das schlechte Wetter und Deutschland im Allgemeinen, murmelte er von hinten, »woanders ist es auch nicht besser«. So kamen wir ins Gespräch, und er begann, mir von seinem Traum vom Leben am karibischen Strand zu berichten – und was dann daraus wurde. Ich bat ihn, mir die Geschichte genauer zu erzählen, und er willigte ein. Schließlich will Rolf zwar seinen wirklichen Namen nirgendwo lesen, »weil das peinlich ist, so gescheitert zu sein«. Aber er will warnen, »all diese gutgläubigen Träumer, die sonst vielleicht auch in ihr Unglück rennen«.

So sitze ich nun mit hochgeschlagenem Jackenkragen und höre staunend zu. »Eigentlich hatte ich hier ein richtig gutes Leben«, beginnt mein Gegenüber. »Ich war leitender Angestellter in einem großen internationalen Unternehmen und hatte ein tolles Einkommen. Natürlich kam mir die Arbeit nicht jeden Tag wahnsinnig spannend vor, aber rückblickend betrachtet, war es absolut o. k.« Damals jedoch, vor gut zehn Jahren, sah die Welt noch anders aus. »Meine Frau hatte mich verlassen, war einfach ausgezogen, von einem Tag auf den anderen, und das nach achtzehn Jahren Ehe.« Den fast volljährigen Sohn nahm sie mit, so dass der damals 49-Jährige auf einmal allein in seinem schönen Haus saß. »Mein ganzes Leben kam mir plötzlich öde und sinnlos vor. Ich dachte, wenn du es jetzt vor dem 50. Geburtstag nicht packst, dann kannst du dich gleich begraben lassen.«

Er kündigte, verkaufte das Haus, verabschiedete sich von den Freunden und machte sich auf den Weg. Sein Ziel: Dominikanische

Republik. »Das war mehr so eine Bauchentscheidung. Ich habe mir einfach Reiseprospekte angesehen und gedacht, ›wenn das da so schön ist, dass alle ihren Urlaub dort verbringen wollen, dann muss es erst recht traumhaft sein, dort zu wohnen‹.« Nur zwei Koffer habe er mitgenommen, alles andere verkauft, verschenkt oder zum Sperrmüll gebracht. »Ich wollte einfach raus aus meinem bisherigen Leben und dachte mir, es könne nur besser werden.«

Die ersten beiden Wochen seien dann auch ganz lustig gewesen. Der gebürtige Niedersachse hatte eine Rundfahrt gebucht und sah sich seine neue Heimat erst mal durch das Fenster eines Touristenbusses an. »Mir gefiel die Landschaft, und die Preise waren auch sehr niedrig.« Unterwegs fand er dann auch den Ort, an dem er bleiben wollte. Er beschloss, sich ein Haus in der Nähe von Puerto Plata zu kaufen. »Und weil ich kein Spanisch konnte, hab' ich natürlich nach Deutschen in der Gegend gesucht, die da schon wohnen und sich auskennen.« Glück gehabt, dachte er zunächst noch, als er einen Landsmann traf, der sein Haus gerade verkaufen wollte. »Der hat mir eine ans Herz gehende Geschichte erzählt, dass er es hier so wunderschön fände, aber leider nun wieder nach Deutschland gehen müsse, weil seine Mutter krank geworden sei und er sie pflegen wolle.« Der Mann bot ihm einen »Spezialpreis« an, weil man »unter Landsleuten schließlich zusammenhalten müsse«, beglückwünschte den Neuankömmling zu seiner guten Entscheidung und ward nicht mehr gesehen. »Ich war zuerst noch ganz zufrieden, bis ich mit der Zeit mitbekommen habe, dass der mir mehr als doppelt so viel abgeknöpft hat, als Häuser in der Gegend eigentlich wert sind.« Auch einige Unzulänglichkeiten seines neuen Heims lernte der Auswanderer bald kennen. »Jeden Tag fiel für mindestens zwei Stunden der Strom aus, und dann gab es kein Wasser. Wenn man Glück hatte, passierte das nachts, aber ich saß auch regelmäßig tagsüber ohne Klimaanlage und Toilette in der Hitze herum.«

Trotzdem schien zunächst alles ganz erträglich, weil sich zumindest das private Glück wieder einzustellen schien. »Ich habe dort eine wirklich hübsche Frau kennen gelernt. Die war 26 Jahre jünger als ich, erzählte aber, auf reifere Männer zu stehen, und tat so, als ob sie sich mächtig in mich verliebt habe.« Schon nach wenigen Tagen zog sie in Rolfs neues Heim, was diesen noch erfreute. Weniger begeistert reagierte er, als nach und nach auch der Rest der

Familie mit Sack und Pack vor der Tür stand. »Die haben einfach gesagt, sie wollen uns mal besuchen, haben dann ihre Taschen geholt und die Zimmer unter sich aufgeteilt.« Noch immer voller Begeisterung für seine neue Flamme, schaute er dem Spektakel eine ganze Weile zu. »Ich habe mit meiner Freundin schon darüber gesprochen, dass mich das zu stören beginnt. Aber sie hat erst erzählt, die seien ja nur übergangsweise da, und dann wurde sie nach einer Weile sogar böse, ob ich was gegen ihre Familie hätte. Sie brauche das halt, um sich wohl zu fühlen.«

Über einen seiner neuen »Cousins« kam Rolf schließlich sogar zu einer scheinbar guten Geschäftsidee. Zusammen wollte man eine Galerie für heimische Künstler aufmachen. »Das Projekt gefiel mir, schließlich sitzen da an jeder Ecke Maler, die versuchen, ihre Sachen an Touristen zu verkaufen. Ich dachte, wenn man das richtig aufzieht, kann man damit sogar richtig Geld verdienen.« Dann allerdings ging alles ganz schnell. »Das schien eigentlich ein richtig netter Tag zu werden, ich bin morgens aufgestanden, zum Strand gegangen und wollte mich dort in einer Bar mit meinem ›Cousin‹ treffen. Wir wollten noch ein paar Details klären, eine ordentliche Anzahlung für das Geschäft hatte ich ihm ja schon gegeben. Ich saß dann dort und wartete zwei Stunden auf ihn, er kam aber nicht. Dann hatte ich auf einmal so ein komisches Gefühl und bin zurück nach Hause gegangen. Das Haus war leer. Richtig leer. Nicht nur meine Freundin und ihre ganze Familie waren weg, sie hatten auch alles mitgenommen, was man bewegen konnte. Da war nicht mal ein Stuhl zurückgeblieben, auf den ich mich hätte setzen können.«

Nachdem er eine Weile fassungslos durch die kahlen Zimmer gegangen war, beschloss der Deutsche, den Abend zünftig in einer Bar ausklingen zu lassen. »Und weil ein Unglück nun mal nicht alleine kommt, bin ich auf dem Rückweg auch noch überfallen worden.« Gleich drei Männer waren es, seiner nebeligen Erinnerung nach zu schließen, die ihn abwechselnd traten und schlugen, »bis ich das Bewusstsein verlor. Als ich wieder zu mir kam, war meine Nase ein Brei, ich hatte mehrere gebrochene Rippen, etliche Prellungen, einen Nierenriss, und die Kapsel am rechten Fuß war hin. Gleichzeitig waren Geld, Ausweis und Kreditkarte weg.« Dem Deutschen gelang es nur mit viel Mühen, jemanden zu finden, der ihn ins Krankenhaus brachte. »Ich sah ja aus wie der letzte Penner, und jeder ahnte, dass ich nicht bezahlen konnte. Da verlieren sie dann ganz schnell das Interesse an dir.« Im Krankenhaus wurde er zum Glück dennoch behandelt, »aber das war auch schrecklich, ich konnte ja nur ein paar Brocken Spanisch, und wenn man dann nichts versteht bei den Untersuchungen und sich auch sonst mit niemandem unterhalten kann, fühlt man sich noch elender.«

Nur ein Freund sei zu Besuch gekommen, auch ein Deutscher. »Dem habe ich dann erzählt, dass ich wieder nach Hause will, so schnell wie möglich. Da hat er mir den Vorschlag gemacht, für mich das Haus zu verkaufen, damit ich nicht noch zusätzliche Scherereien hätte.« Rolf willigte ein und unterschrieb eine entsprechende Verfügung. »Aus Schaden wird man eben einfach nicht klug.« Der »Freund« verkaufte tatsächlich, allerdings für einen Bruchteil des Hauswertes. »Der hat das an seine Schwester verscherbelt, die suchte ein Haus für die kalten Wintermonate in Deutschland. Mit dem Geld, das schließlich noch bei mir ankam, konnte ich grade die Krankenhauskosten bezahlen und hatte am Ende noch 2000 Euro. Da hab ich mir gedacht, ich werde hier nichts mehr, und das bisschen Geld reicht wenigstens für den Flug nach Deutschland.« Direkt aus dem Krankenhaus machte sich der zuvor so zuversichtliche Auswanderer nach nur zehn Monaten Karibik auf den Weg zum Flugplatz. »Da habe ich dann noch eine Nacht geschlafen, bevor der nächste Sitz im Flieger frei war.«

Zweieinhalb Jahre ist das jetzt her. Die Zukunft sieht nicht gut aus. »In Deutschland einen neuen Job zu finden, ist sehr schwer.« Noch immer beeinträchtigten ihn die Verletzungen des Überfalls so sehr, dass er nur eingeschränkt belastbar ist. »Eine 50-Stunden-Woche wie früher würde ich einfach nicht mehr schaffen. Also sitze ich hier jetzt in dieser Bruchbude und lebe von Sozialhilfe.« Seine Rückkehr bereut er trotzdem nicht. »Wenn man einmal in so einer Abwärtsspirale drin ist, kommt man nicht mehr heraus. Ich hätte da nur die letzten Euros aus Frust vertrunken und wäre dann dort gestrandet. Hier gibt es jedenfalls noch ein Mindestmaß an Absicherung.« Überhaupt sehe er inzwischen manches mit anderen Augen. »Wenn ich mich erinnere, dass ich damals in Deutschland dachte, es gehe nicht mehr schlimmer, dann muss ich heute oft lachen«, sagt der Rückkehrer und versucht, sein Gesicht zu einem Lächeln zu verziehen. »Jetzt bin ich an Geld ärmer und an Erfahrung reicher.«

# Gefischt, gejagt und Holz gefällt

Ilga Stoeppler, ehemals Italien, Frankreich, Kanada, USA

Ilga Stoeppler wollte schon immer raus aus Deutschland. So dringend, dass die Zeit bis zum Abitur gar zu lang schien. »Ich bin nach der mittleren Reife vom Gymnasium abgegangen und habe erst mal ein paar Monate auf Sardinien gelebt und dort mit Freunden ein Projekt zur Wiederbelebung alter Fischerdörfer entworfen.« Anschließend ging es nach Frankreich. »Das war aber nur ein Ausweichziel, eigentlich wollte ich mit der Aktion Sühnezeichen nach Israel in einen Kibbuz. Der ist dann aber kurz vor meiner Abreise zerbombt worden, wobei auch ein paar Freiwillige starben, weshalb das Projekt aus Sicherheitsgründen abgeblasen wurde.« Stattdessen ging Stoeppler 1976 in die Bretagne und arbeitete dort in einem Projekt für straffällig gewordene Jugendliche. »Dann habe ich dort angefangen, Kunst zu studieren, und bin 1978 eigentlich nur zu Besuch nach Deutschland gekommen.« Der »Besuch« dauerte dann allerdings anstelle von drei Wochen ganze drei Jahre. Der Grund für die Verlängerung hieß Fritz und war erst 1981 nicht mehr aktuell, was Stoeppler die Gelegenheit gab, wieder wegzugehen, dieses Mal allerdings nach Kanada.

In das nordamerikanische Land gelangte die damals 25-Jährige mit einer Friedensinitiative. »Wir haben unter anderem Gemeinschaftshäuser für die Indianer dort errichtet. Beim Baumfällen im Wald habe ich dann meinen Mann kennen gelernt.« Was folgte, waren vier Jahre »Wilder Westen«. »Ich habe mit ihm in seinem Dorf gelebt wie eine traditionelle Indianerin, habe gefischt, gejagt, Trockenfleisch zubereitet und Bastelarbeiten aus Perlen gemacht.« Ihre Schwiegermutter sei sehr gut in der Herstellung dieser kleinen Schmuckstücke gewesen und habe ihr das Wissen weitergegeben. »Damit habe ich dann einen Großteil unseres Haushaltseinkommens verdient und auch das Siegel ›Original indianische Handarbeit‹ bekommen. Es gibt bestimmt noch einige Touristen, die so ein Stück jetzt in ihrem Wohnzimmer haben und sich nicht träumen lassen, dass es von einer Deutschen hergestellt wurde!«

Ergänzend jobbte die gebürtige Bielefelderin noch als Funkerin für die Waldbrandstation und zog als Alkohol- und Drogenberaterin über die Dörfer. »Alkoholismus ist unter den Indianern leider

sehr verbreitet und machte auch vor meiner Familie nicht halt.«
Stoeppler zog die Konsequenzen, verließ ihren Mann und ging nach
Edmonton. »Dort war ich dann drei Jahre lang Buchhändlerin.«
Die Einstellungsvoraussetzungen hatte die inzwischen mit dauer-
hafter Aufenthaltsgenehmigung ausgestattete Deutsche während
ihrer Besuche in der Stadt erworben. »In der Buchhandlung kannte
man mich, weil ich bei jedem Aufenthalt in der Stadt einen großen
Karton voll Bücher gekauft und mitgenommen hatte.« Ganz zufrieden mit ihrem kanadischen Leben, bekam Stoeppler längeren
Besuch von ihrem Bruder. »Wir sind sechs Geschwister, die immer
zusammenhalten. Mein Bruder hat also bei mir gewohnt, und es
war richtig schön, wieder Anschluss an die Familie zu haben.« Nach
ein paar Monaten wollte er jedoch zurück nach Deutschland. »Und
ich bin dann mitgekommen, wusste aber schon beim Kreisen über
Hamburg-Fuhlsbüttel, dass ich da gar nicht landen wollte.«

Da kein Geld für den Rückflug im Portemonnaie war, musste sie
wohl oder übel den Flieger verlassen. »Und das war dann schrecklich! Die Deutschen kamen mir alle wie ›aliens‹ vor, alle waren so
muffig und rempelig. Ich kam mir total fehl am Platz vor.« Stoeppler versuchte sich in allerlei Jobs, bekam aber kein Bein auf den
Boden. »Nach drei Monaten habe ich dann zum Glück als Kellne-
rin in einem italienischen Lokal angefangen, mit einem netten Besitzer und einer guten Stimmung. Mir ging es sofort viel besser, weil
ich nun ja wusste, wie ich das Geld für den Rückflug zusammenbekommen konnte.« In der Zwischenzeit überlegte sie, etwas im
Bereich Journalismus anzufangen, und bekam die Möglichkeit, als
Produktionsassistentin bei einer kanadisch-japanischen Filmpro-
duktion einzusteigen. »Mitte 1988 bin ich nach einem knappen
halben Jahr wieder nach Edmonton geflogen.«

Nachdem der Dreh zu Ende war, bekam Stoeppler einen Brief
ihrer Schwester aus Frankreich. »Die wollte dort eine Ranch aufmachen und schrieb, das Einzige, was zum Gelingen des Projektes
noch fehlen würde, sei ich.« Nach ein paar Monaten war indes klar,
dass die beiden doch nicht so für das französische Landleben gemacht waren, weshalb es wieder auf Familienbesuch nach Hamburg ging. »Dort rief mich dann meine Schwägerin aus den USA an.
Die ist Silberschmiedin und sagte, sie suchten in ihrem Betrieb eine
Assistentin. Wenn ich in einer Woche da sei, könne ich den Job ha-

ben.« Stoeppler überlegte nicht lange, renovierte eine Altbauwohnung, um das Geld für den Flug zusammenzubekommen, und saß sieben Tage später in der Maschine. »Ich bin dann in New Mexico aus dem Flieger gestiegen und war ein paar Stunden später schon am Silbersägen.«

Die Arbeit, das Umfeld und die Nähe zu einem Teil ihrer Familie hätten ihr gefallen – und dennoch machte sich die Deutsche schon ein gutes Jahr später wieder auf den Weg zurück in die Bundesrepublik. »Mir war die Immigrationsbehörde auf die Schliche gekommen. Schließlich arbeitete ich ja illegal in den USA, und ein Freund verriet mir, dass ich schon unter Beobachtung stand.« Um sich nicht den Rückweg zu versperren – »wenn man einmal aus den USA hinausgeworfen wird, darf man nicht legal wieder hinein« –, hörte Stoeppler sofort auf zu arbeiten und plante die Heimreise. »Dabei dachte ich eigentlich, in Frankreich oder Spanien einen neuen Anfang zu machen.« Stattdessen traf sie in Hamburg erst mal ihre Schwägerin, »die in meinen Augen den Fluchtwunsch sah«. Sie riet ihr, nicht gleich am ersten Abend schon neue Pläne zu schmieden, sondern ein Wochenende nach Berlin zu fahren, um Abstand von allem zu gewinnen und dann in Ruhe zu überlegen, was sie tun könne. »Sie hatte da noch eine kleine Wohnung in der Bergmannstraße in Berlin-Kreuzberg, da könne ich übernachten. In der Wohnung bin ich dann sieben Jahre geblieben.«

Denn an diesem einen Wochenende im Frühjahr 1991 verliebte sich die Weltenbummlerin »richtig romantisch« in Deutschlands neue Hauptstadt. »Es war alles so fremd und spannend dort; Berlin war für mich, wie ins Ausland zu gehen.« Mit derselben aufgeschlossenen Offenheit sei sie hier angekommen und habe gleich begonnen, »die Spannungsverhältnisse dieser Stadt zwischen Ost und West, zwischen Türken, Arabern und Deutschen zu genießen«. Die Hauptstadt verfüge über ein großartiges Kulturangebot – »wo sonst gibt es drei große, englischsprachige Antiquariate?« – und verbinde urbanes Leben mit Natur wie kein anderer Ort: »Manchmal fahre ich morgens mit der S-Bahn an den Schlachtensee, springe hinein, drehe ein paar Runden und mache mich dann von dort aus direkt auf den Weg ins Büro.«

Auch der Start ins Berufsleben klappte gut. »Ich wusste nicht, was ich machen sollte, bin einfach durch die Stadt gefahren und dabei auf den Bücherbogen am Savignyplatz gestoßen. Da habe ich mir gedacht, ›Buchhändlerin bist du doch eigentlich auch‹, bin reingegangen und habe mich beworben. Die Chefin war angetan von meiner Geschichte und hat mich eingestellt, obwohl sie eigentlich gar keinen suchten.« Die »beruflich schönsten Jahre« verbrachte die heute in einer Fernsehproduktionsfirma arbeitende 48-Jährige so zwischen Büchertürmen.

In das »Quengeln über Deutschland« kann Stoeppler heute nicht mehr einstimmen. »Manches ist hier besser als anderswo«, sagt sie und beginnt aufzuzählen: »Der Respekt vor den Menschenrechten, die Transparenz des öffentlichen Lebens, die persönliche Freiheit, die Gleichberechtigung von Frauen, die Möglichkeit, sich angstfrei im Alltag zu bewegen.« Natürlich müsse man auch in Deutschland bei vielem Abstriche machen, auch hier sei vieles nicht optimal, »und ich komme mir immer so vor, als müsse ich mir gleich selbst widersprechen, wenn ich etwas lobe«. Aber im Vergleich zu anderen Ländern schneide die Bundesrepublik eben gut ab, »auch was den Rassismus betrifft. Hier gibt es zwar die Extremen, die Neonazis, aber abgesehen von denen ist die Durchschnittsbevölkerung doch relativ entspannt. Auch unsere Demokratie funktioniert besser als so manches politische System im Ausland.«

Den Wunsch, auf Dauer wegzugehen, verspürt sie heute nicht mehr. »Ich bin anpassungsfähig und glaube, überall leben zu können. Aber letzten Endes sind das immer nur Variationen zum selben Thema. Und das Thema ist und bleibt das eigene Leben.«

# Sinn und Unsinn
# deutscher Gemeinschaften
## Warum man im Ausland
## einem deutschen Verein beitritt

Die drei Stützen der deutschen Vereine im Ausland heißen Sprache, Kultur und Gemütlichkeit. Warum?

Weil das Auswandern in ein Land, in dem nicht Deutsch gesprochen wird, viel mehr Schwierigkeiten mit sich bringt, als mancher das vorher für möglich gehalten hat. Das gilt auch in der heutigen Zeit, in der die überwiegende Zahl der Auswanderer bereits vor der Ankunft Sprachkenntnisse des jeweiligen Landes hat. Dann stellt sich allerdings schnell heraus, dass es etwas ganz anderes ist, einige Jahre Schulenglisch mit einer ordentlichen Note abgeschlossen zu haben, als einen englischen Witz zu verstehen. Wohl jeder Emigrant kennt das Gefühl, in einer Gruppe Einheimischer zu sein, die auf einmal in schallendes Gelächter ausbricht, während man selbst nichts verstanden hat und es nur mit einem höflichen Lächeln versuchen kann.

Aber ganz gleich, wie gut der Auswanderer im Laufe der Jahre auch die Landessprache erlernt – sie wird ihn meist schon im ersten Satz als »nicht dazugehörig« verraten. Der Akzent ist es, der dazu führt, dass auch 70-Jährige, die vor fünfzig Jahren Deutschland verließen, um anderswo eine neue Heimat zu finden, noch gefragt werden, woher sie denn kämen. Sprache ist eben nicht nur Teil der selbstgewählten Identität, sie ist zugleich auch ein willkommener Anlass der Fremdzuschreibung.

Deutsch zu sprechen, kann im Ausland also einer richtigen Erholung gleichkommen, für die es sich lohnt, sogar mal einen Verein aufzusuchen. Wobei allerdings das Deutsch, welches in vielen der deutschen Gemeinschaften im Ausland gepflegt wird, nicht zu verwechseln ist mit dem sich wandelnden Deutsch im fernen Europa. »Deutsch« entspricht häufig der Sprache, die zum Zeitpunkt der Auswanderung gebräuchlich war. Die Welt bleibt ja nicht stehen, und für jede neue Entwicklung vom Bankomaten über den Ökoladen bis zur Funktionskleidung muss es auch ein neues Wort geben. Von der Sprachentwicklung in Deutschland abgeschnitten, entlehnen Auswanderer deshalb zum Beispiel Bezeichnungen für neue technische Geräte häufig der jeweiligen Landessprache. Gleichzeitig ist man allerdings hell empört, wenn bei einem Deutschland-Besuch festgestellt wird, wie viele Anglizismen inzwischen Einzug gehalten haben: »Ich verstehe nicht, warum die Deutschen den Amerikanern alles nachmachen!! Sie haben doch selbst ein Gehirn? Sogar die deutsche Sprache wird verpfuscht«, empört sich per Brief Wilfriede Stiles aus den USA.[93] Wo Sprache zum Heimatersatz wird, lässt man sie sich eben nicht gern kaputtmachen.

Ein weiteres Problem haben Eltern mit kleinen Kindern. Wollen die ihren Nachwuchs zweisprachig aufziehen, bleibt ihnen kaum etwas anderes übrig, als sich zum nächsten deutschen Verein aufzumachen – oder doch zumindest nach ein paar deutschsprachigen Freunden Ausschau zu halten. Denn spätestens beim Eintritt in die Schule kommt es anderenfalls zu dem gängigen Phänomen, dass die Kleinen Deutsch abzulehnen beginnen. Kein Kind möchte besonders gern auffallen und »anders sein« als seine Mitschüler, weshalb die Eltern bald nur noch Antworten in der Landessprache erwarten dürfen. Kurz darauf wird dann von noch kleinen Beinen herab verlautet, auch gar kein Deutsch mehr verstehen zu können. Gibt es abgesehen vom Elternpaar keine Anreize, die »Muttersprache« zu lernen, entwickelt die zweite Generation so im besten Fall noch einen rudimentären deutschen Wortschatz.[94] Den frustrierten Eltern bleibt dann nur noch ihr Hund zum Deutschsprechen. Nicht zufällig wurde mir des Deutschen liebstes Haustier von vielen Auswanderern als erster muttersprachlicher Kommunikationspartner genannt.

Von diesen direkten Verständigungsfragen einmal abgesehen, ist Sprache auch von Kultur und Weltverständnis nicht zu trennen. Sprachliche Missverständnisse gehen deshalb oft Hand in Hand mit kulturellen Unterschieden. Das berühmte »How are you?« wurde schon von vielen Auswanderern zum Anlass genommen, sich lang über das eigene Befinden auszulassen. Schließlich hat der Gegenüber doch gefragt! Zu akzeptieren, dass es sich hierbei um eine reine Begrüßungsformel handelt und es folglich nicht unhöflich ist, keine Antwort hören zu wollen, fällt vielen auch nach Jahren noch schwer. Bei Gesprächen mit anderen deutschen Einwanderern, wie sie in den Vereinen der Gemeinschaften geführt werden, kann man sich dann versichern, nicht allein mit den Schwierigkeiten des Kulturwechsels zu sein, dessen Transporteur oft Sprache ist. »See you later« etwa wird gern mit »Bis nachher« übersetzt. Folglich sitzt der deutsche Einwanderer dann brav zu Hause mit gedecktem Tisch, wartet und ärgert sich wieder einmal über die Unzuverlässigkeit der Einheimischen. Im Einzelfall mag es sich dabei eben um ein Missverständnis handeln, generell aber, so wird immer wieder berichtet, seien Zuverlässigkeit und Pünktlichkeit tatsächlich deutsche Tugenden: Verabredet man sich mit einem anderen Deutschen, wird er kommen, und zwar pünktlich, anderenfalls aber absagen: »In meiner Umgebung lachen sie immer, weil ich so pünktlich bin und jeder sich darauf verlassen kann, wenn ich etwas verspreche, und ich auch sehr sauber bin. Sie nennen mich ›Miss Spick and Span‹«, berichtet Wilfriede Stiles.[95]

Allen Auswanderern gemein ist, dass sie, egal wie ihre eigene Einstellung zu Deutschland sein mag, stets mit dessen Geschichte konfrontiert und zum Teil auch identifiziert werden. Der Zweite Weltkrieg und die Verfolgung der Juden haben das weltweite Bild von Deutschland und den Deutschen nachhaltig geprägt. Die Frage ist nicht, ob, sondern wie ein Emigrant mit den historisch bedingten Zuschreibungen konfrontiert wird. Die Spannbreite reicht hierbei von lustig gemeinten Anspielungen[96] bis zu offen geäußerter Ablehnung: »Ich hatte da mal ein Erlebnis mit einem Kerl, der im Zweiten Weltkrieg gedient hatte. Er hasste noch immer alle Deutschen, und obwohl er mich gar nicht kannte, sagte er zu mir: ›Du verdammter Kraut! Warum bist du überhaupt hier rübergekommen? Warum haben sie dich überhaupt hier reingelassen? Sie hätten euch alle verrecken lassen sollen! Du bist weiter nichts als ein großes deutsches Arschloch!‹«[97]

»Kultureller Austausch«, wie ihn deutsche Vereine im Angebot haben, meint also deutlich mehr als Lesungen oder Theateraufführungen. Verbunden damit ist auch soziale Sicherheit: Kulturelle Reibungssituationen müssen nicht befürchtet werden; die Verhaltenscodes entsprechen den in Deutschland erlernten, so dass ein ungezwungenes Beisammensein möglich wird.

Auch der Vergleich der neuen und alten Heimat – meist verbunden mit der Darstellung des gerade Vermissten – ist Teil des Austausches in deutschen Vereinigungen im Ausland. Dabei bestätigt man sich nicht nur selbst durch die Vergewisserung, denselben Problemen gegenüberzustehen, sondern kann oftmals auch Lösungen aufzeigen und praktische Tipps geben. Wer Informationen über den nächstgelegenen deutschen Bäcker braucht oder wissen will, wie er bestimmte Behördengänge erledigen kann, wird bei den Treffen in einem deutschen Verein am ehesten Rat erhalten.

Irgendwo zwischen »Kultur« und dem dritten Bereich, der »Gemütlichkeit«, dürfte schließlich die »Brauchtumspflege« anzusiedeln sein – ein Wort, das im ersten Augenblick durchaus in der Lage ist, so manchen jungen Menschen zum Schaudern zu bringen. Viel hausbackener und verstaubter geht es wohl nicht! Macht man sich jedoch einen Augenblick lang frei von den Bildern grölender Bierkrugschwenker, die dem Brauch des sonntagmorgendlichen Stammtisches nachkommen, wird Platz für eine Menge weniger gruseliger Vorstellungen: Zum »deutschen Brauchtum« gehören auch ganz brauchbare Dinge wie Ostereier suchen, Adventskalender öffnen oder Weihnachtsbaum schmücken. Ich erinnere mich noch ganz gut, wie meine französische Brieffreundin sich nicht ganz klar werden konnte, ob es ihr nun peinlich sein sollte oder nicht, dass meine halbe Familie auf dem Hamburger Bahnhof die Taschentücher zückte, um ihr zum Abschied hinterherzuwinken. Was so alles »deutscher Brauch und deutsche Sitte« ist, fällt einem manchmal erst durch den erstaunten Blick eines Ausländers auf.

Mit sich allein einen solchen Brauch zu pflegen, ist nicht ganz einfach. Auch hier springen im Ausland also wieder die deutschen Institutionen ein: »Im November wird von der Deutschen Schule ein St.-Martins-Zug organisiert, in dem Hunderte von Kindern mit selbstgebastelten Laternen die Martinslieder singen. Ein weiterer Umzug wird von der deutsch-lutherischen Gemeinde gemacht. Sie können sich nicht vorstellen, wie wir von den Einheimischen bestaunt werden, wenn wir abends laut singend durch die Straßen Santiagos ziehen. Wahrscheinlich denken die Leute, wir kämen von einem anderen Stern oder gehörten irgendeiner Sekte an«, schreibt Astrid Ferling aus Chile.[98]

Obwohl auch die meisten Neuauswanderer Lust haben, sich mit Landsleuten sprachlich und kulturell auszutauschen, schließen sich nur wenige von ihnen den bereits vorhandenen deutschen Strukturen an. Die Mitglieder werden von den Neueinwanderern als zu alt angesehen, was sich durch mangelnde Eintritte in diese Vereine eben auch nicht ändert. Das Programm ist altersgruppengerecht, doch damit für die jüngere Generation uninteressant. Anders ausgedrückt: Mit Häkel- und Volkstanzgruppen kann man kaum 30-Jährige begeistern; ohne 30-Jährige in der Truppe werden wiederum Inlineskaten und Karate auch nicht angeboten.

Das Bedürfnis, zumindest gelegentlich Deutsch zu sprechen und sich kulturell sicher zu fühlen, ist indes unabhängig von der Generation das gleiche. Auch hier macht sich lediglich eine neue Entwicklung bemerkbar: Früher hatte Auswanderung einen eher endgültigen Charakter und fand mehr oder minder in Gruppen statt. Mal waren es ganze Dörfer, dann religiös oder politisch Verfolgte, dann wieder Menschen, die das gemeinsame Erlebnis der Kriegszerstörung einte. Heutzutage hingegen ist Auswanderung etwas zutiefst Individuelles. Der eine wird von seiner Firma auf einen gut dotierten Managerposten versetzt, der andere geht, weil er in Deutschland arbeitslos geworden ist. Der Dritte wandert aus, weil seine Frau gestorben ist und er keine Erinnerungen um sich haben mag; der Vierte hingegen geht, weil er sich im Urlaub schwer verliebt hat. Den Fünften drückt die Steuerlast, der Sechste will einfach seine Rente in der Sonne genießen. All diese ganz verschiedenen Menschen mit ihren unterschiedlichen Motiven lassen sich nicht in die feste Organisationsform eines herkömmlichen deutschen Clubs gießen. Die formellen Strukturen von einst werden folglich von informellen Treffpunkten abgelöst: Stammtisch statt Deutscher Klub, Treffen im Freundes- oder Nachbarschaftskreis statt Heimatverein.

*Die* deutsche Gemeinschaft im Ausland gibt es folglich gar nicht. Das individuelle Gesicht der verschiedenen Gemeinschaften wird durch ihr Alter, ihre Entstehungsgeschichte, die Herkunft der Mitglieder und nicht zuletzt auch durch ihre Größe und die Art ihres kulturellen Umfeldes geprägt. Deutscher zu sein, fühlt sich im Herzen Chinas eben anders an als an Spaniens Küsten, ebenso wie ein Club von Deutsch-Chilenen nach anderen Regeln funktioniert als eine Gruppierung deutscher Geschäftsmänner in Kalifornien.

Schließlich wartet jedes Land mit ganz unterschiedlichen Bedingungen auf und zieht deshalb auch verschiedene Auswanderertypen an: Neuseeland und Australien etwa bieten im Vergleich zum dicht besiedelten Deutschland viel Platz. Sie sind wunderbare Länder, um sich in Ruhe zurückzuziehen, die Natur zu genießen und eine etwas ruhigere Gangart im Alltag zu fahren. Wünscht man sich aber ein kulturell abwechslungsreiches Leben, fällt in Ozeanien vor allem eines auf: Es ist weit weg von allem! Mindestens dreißig Stunden dauert ein Flug nach Paris, London oder Berlin und ist zudem aufgrund der niedrigeren Einkommen in Neuseeland und Australien auch noch sehr teuer. Um nicht ganz aus der Welt zu sein, holen sich die Deutschen am anderen Ende des Globus deshalb gerne etwas Internationales in ihren Alltag: Man besucht den deutschen Club ebenso selbstverständlich wie den benachbarten der Griechen, man arbeitet in einer internationalen Firma, trifft abends beim Sport auf andere Einwanderer und trinkt danach noch ein Bier mit dem österreichischen Freund. Im Kopf behalten diese Auswanderer dabei immer, dass es sich woanders sicher auch gut leben lässt.

Ganz anders sieht es da in den deutschen Gemeinschaften Südamerikas aus. Hier fehlt es seit Jahrzehnten an »Nachwuchs« in Form neuer Einwanderer. Die Kinder und Enkel der spätestens in den 50er Jahren des 20. Jahrhunderts eingewanderten Deutschen interessieren sich nur noch marginal für die Herkunft ihrer Vorfahren und empfinden sich vor allem als Teil des Landes, in dem sie selbst geboren und aufgewachsen sind. Außerhalb dieser Grenzen richten sie ihr Augenmerk auf die global einflussreichste Kultur: Man lernt Englisch und sieht Richtung Norden, Richtung Vereinigte Staaten.

Dieses trotz allem weltweit immer noch begehrteste Ziel für Auswanderer lockt nach den Millionen im vorvergangenen Jahrhundert auch heute noch jährlich Tausende Deutsche an. Und die wollen vor allem eines: Geld verdienen. Wer jung ist und sich etwas zutraut, konnte und kann hier sein Auskommen finden.

Thailand hat da ganz andere Vorteile zu bieten. Es ist gemessen an deutschen Verhältnissen billig und warm. Die Einheimischen sind durch den Tourismus den Umgang mit Europäern gewöhnt, es gibt ein intensives Nachtleben und kilometerlange Sandstrände – über denen bis zur Flutkatastrophe im Dezember 2004 auch noch keinerlei Schatten lag. Nach Thailand geht also vor allem, wer ein preiswertes und sorgenfreies Leben genießen will. So wählen nicht nur viele Rentner und Aussteiger das Urlaubsparadies als passenden Lebensmittelpunkt, sondern auch Männer, die unter der Sonne des Königreiches in vollen Zügen das schöne Gefühl erleben möchten, umworben und begehrt zu sein. Ein dauerhaftes und vollständiges Eintauchen in die Kultur des Gastlandes streben hingegen nur wenige der Thailand-Auswanderer an – und vielleicht ist das auch in einem kulturell und sprachlich so fremden Land kaum möglich. Stattdessen schließt man sich im deutschen oder westlich-internationalen Freundeskreis zusammen, besucht eines der vielen deutschen Lokale und entnimmt die wichtigsten Entwicklungen des Landes den örtlichen deutschsprachigen Zeitschriften.

Obwohl auch hier die Überschrift »preiswerter leben« heißen könnte, sieht es unter den nach Belgien ausgewanderten Deutschen ganz anders aus. Sie haben mehrheitlich die Grenzen der alten Heimat nur deshalb überschritten, weil sich im benachbarten Königreich noch erschwinglich Land und Häuser kaufen lassen. Das Bedürfnis, untereinander zusammenzuhalten, verspüren die wenigsten von ihnen. Schließlich ist Ostbelgiens Umgangssprache Deutsch, und die meisten der hierhin »Ausgewanderten« fahren sogar täglich in die Bundesrepublik zur Arbeit. Fremd und einsam, oder auch einfach nur »anders« fühlt sich hier kaum einer.

In Deutschlands ehemaliger Siedlungskolonie Namibia ist das anders. Geschützt durch das jahrzehntelang praktizierte System der »Rassentrennung« konnte sich hier eine deutsche Minderheit halten, die sich selbst auch knapp neunzig Jahre nach dem Ende der offiziellen deutschen Herrschaft außerhalb und vor allem oberhalb der einheimischen Bevölkerung verortet. Die Angst »zu verkaffern«, schweißt den konservativ ausgerichteten Teil der Deutschen zusammen, spaltet ihn jedoch zugleich auch von den eher liberal gesinnten Landsleuten ab.

Namibia ist mit dieser Schärfe der Trennung sicherlich ein Einzelfall. Von einem echten Zusammenhalt innerhalb einer deutschen Gemeinschaft ist indes kaum irgendwo etwas zu spüren. So sehr ändern sich die Menschen dann doch nicht durch ihren Schritt ins Ausland, als dass gleich alle auch in bundesrepublikanischen Vereinen und Institutionen üblichen Animositäten fallen gelassen würden! Und so trifft man sich in der Ferne zwar auch mit Landsleuten, denen man daheim wohl lieber aus dem Weg gegangen wäre, aber als zusammenstehende Einheit begreift man sich trotzdem nicht gleich. Die Differenzen bleiben. In einer deutschen Auslandsgemeinschaft kann man sich also immer irgendwie »zu Hause« fühlen. Im guten wie im schlechten Sinne.

# Geht's los?
## Ein Fazit

Was ist zu erkennen nach genauerer Betrachtung all dieser Auswanderer und ihrer Gemeinschaften im Ausland? Soll man gleich losziehen und dem oftmals ungeliebten Deutschland dauerhaft den Rücken kehren, oder ist »zu Hause« vielleicht doch alles nur bekannt, aber deshalb noch nicht schlecht?

Viele Auswanderer stellen fest, dass aus der Ferne betrachtet Deutschland ganz anders aussieht. Verglichen mit den Problemen und der Armut eines Entwicklungslandes etwa wirken die Diskussionen über die wirtschaftliche Entwicklung in der Bundesrepublik oft geradezu absurd. Die Deutschen wüssten gar nicht, wie gut sie es hätten, heißt es dann – gelegentlich sogar aus dem Munde solcher Auswanderer, die gerade noch ihre Heimat auf der Suche nach einem (besseren) Arbeitsplatz verlassen haben.

Auch ein anderer Negativ-Dauerbrenner erlebt durch die Distanz deutliche Abschwächung. Wer hat nicht schon einmal die Klage über den hierzulande »rücksichtslosen Umgang« miteinander gehört oder gar selbst geführt? Während in Deutschland damit allerdings zumeist ein rempelnder Fußgänger oder eine blaffende Kassiererin gemeint sind, geht es in anderen Ländern oft um viel größere Dimensionen. In manch »Urlaubsparadies«, wo die Menschen zwar lächelnd im Straßengewühl aneinander vorbeilaufen, gibt es aber dank rücksichtslosem Verhalten ein Vielfaches an Toten im Straßenverkehr. Auch kennt man hier eine ganz andere Art von Kriminalität: Die Gefahr, nicht nur ausgeraubt, sondern auch erstochen oder erschossen zu werden, ist mancherorts deutlich höher. Und gerade ältere Menschen oder Behinderte erkennen an einem simplen Fußweg sehr schnell, ob hier »rücksichtslose« deutsche Mentalität, oder die »offen-freundliche« eines Landes des Südens am Werk war: Das Überwinden mancher Bordsteinkante außerhalb der Bundesrepublik ist eher etwas für Turnschuhträger als für Krückstocknutzer oder Rollstuhlfahrer.

Auch mit dem Dauerbrenner »Wetter« geht man nach ein paar Jahren fernab der Heimat gelegentlich etwas anders um. In Gegenden, wo einem ein Hurrikan das Haus davonträgt oder ein Seebeben den ganzen Ort hinwegspülen kann, verliert ein diesiger deutscher Novemberhimmel einiges von seinem ursprünglichen Schrecken.

Letztlich ist Auswanderung aber, und sei es auf Zeit, immer ein riesiger Gewinn an Erfahrung. Der gute deutsche Satz »Das war schon immer so« verliert die letzte Berechtigung, wenn man erlebt hat, dass es anderswo eben auch ganz anders gehen kann. Man sollte sich nur gut überlegen, was man wirklich sucht und wohin man tatsächlich will; dann wird man es auch finden können und gute Erfahrungen machen.

Das »perfekte Ausland« gibt es allerdings ungefähr genauso häufig wie den »perfekten Mann« oder die »perfekte Frau«. Entscheidend ist, was jeder Einzelne sucht: Freiheit oder Sicherheit, Zuverlässigkeit oder Abenteuer, Neues oder Gewohntes. Auch, um das herauszufinden, kann allerdings der Schritt über die Grenzen hilfreich sein. Denn schließlich wird niemand gezwungen, mit der Auswanderung auch gleich den Pass abzugeben und alle Brücken zum »Ehepartner« Bundesrepublik abzubrechen. Man kann zurückkehren und Deutschland dann mit den veränderten Augen desjenigen betrachten, der auch anderes kennt.

# Anhang

## Anmerkungen

1 Lüthke, Folkert: Psychologie der Auswanderung, Weinheim 1989, S. 11 ff.
2 Raphaels-Werk Hamburg, zitiert nach: Junge Karriere, 8/2003, S. 37.
   Weitere 7,33 Prozent nennen das »Hoffen auf wirtschaftliche Verbesserung« als wichtigsten Auswanderungsgrund. Die anderen gehen aus »familiären Gründen«, »umweltbedingten Gründen« und »politischer Unzufriedenheit«.
3 Brief von Lilian Lambertson (USA), 26. März 2004.
4 E-Mail von Ulrich Nordhoff (Südafrika), 20. März 2004.
5 Vgl. Bönisch-Brednich, Brigitte: Auswandern. Destination Neuseeland. Eine ethnographische Migrationsstudie, Berlin 2002, S. 11.
6 Vgl. ebd., S. 334.
7 Vgl. Kürsat-Ahlers, Elcin: Die Erfahrung der Migration, in: Nolte, Hans-Heinrich (Hg.): Deutsche Migrationen, Münster 1996, S. 154.
8 Vgl. Sader, Karoline: Deutsche Mitarbeiter in China. Eine Analyse und Bewertung verschiedener Akkulturationsmuster, Berlin 1999, S. 12.
9 Vgl. Bönisch-Brednich, S. 396.
10 Beuke, Arnold: Werbung und Warnung. Australien als Ziel deutscher Auswanderer im 19. Jahrhundert, Frankfurt a. M. 1999, S. 27.
11 Rößler, Horst: Massenexodus. Die Neue Welt des 19. Jahrhunderts, in: Bade, Klaus J. (Hg.): Deutsche im Ausland – Fremde in Deutschland. Migration in Geschichte und Gegenwart, München 1993, S. 148.
12 In Einzelfällen wurde diese »wünschenswerte Emigration« von manchen Gemeinden auch intensiv unterstützt, wenn es darum ging, Kriminelle und Gemeindearme über den »großen Teich« zu schicken (vgl. Beuke, S. 39).
13 Bretting, Agnes: Mit Bibel, Pflug und Büchse. Deutsche Pioniere im kolonialen Amerika, in: Bade 1993, S. 137.
14 Die Bedingungen auf den Auswandererschiffen Richtung Australien waren mindestens ebenso katastrophal. 1859 wurde deshalb in Hamburg ein Gesetz verabschiedet, das den jedem Auswanderer zustehenden Platz auf vier Quadratmeter erhöhte. Bei einer Überfahrtsdauer von fünf bis sechs Monaten dürfte trotzdem kein Gefühl von Weite entstanden sein. Vgl. Beuke, S. 155.
15 Vgl. Bretting in: Bade 1993, S. 137.
16 Harzig, Christiane: Lebensformen im Einwanderungsprozeß, in: Bade 1993, S. 160.
17 Vgl. Harzig in: Bade 1993, S. 105.
18 www.isoplan.de/aid/1999–3/karte.htm (20. Januar 2005).

19  www.flaggenlexikon.de/fdtl-dt3.htm (20. Januar 2005) – insgesamt rechnet der VDA gar mit 60 Millionen Deutschen unter fremder Flagge, vgl. Schoeps, Joachim: Auswandern. Ein deutscher Traum, Reinbek b. Hamburg 1983, S. 28.

20  Quelle: Datenbank NewCronos, Eurostat, Luxemburg/Brüssel; Recent demographic developments in Europe, Council of Europe Press, Straßburg; Angaben für 2002.

21  www.isoplan.de/aid/1999–3/karte.htm (20. Januar 2005).

22  Zahlen des VDA unter www.flaggenlexikon.de/fdtl-dt3.htm (20. Januar 2005).

23  Bernecker, Walther L. u. Thomas Fischer: Deutsche in Lateinamerika, in: Bade 1993, S. 197–199, 207.

24  Schirp, Kerstin E.: Die Wochenzeitung »Semanario Israelita«. Sprachrohr der deutsch-jüdischen Emigration in Argentinien, Hamburg 2001, S. 19.

25  Im Dezember 2001 wurde in Berlin vor dem Ibero-Amerikanischen Institut eine Statue von San Martín unter Anwesenheit des damaligen argentinischen Präsidenten De La Rúa sowie des Präsidenten des Deutschen Klubs, Thomas Leonhardt eingeweiht.

26  Brief von Helga Eberling (Brasilien), 16. Oktober 2003.

27  Schmidt, Ruth: Meine Reise nach Brasilien. Von Hamburg nach Neu Hamburg, unveröffentlichtes Manuskript als Anlage zu einem Brief von Ruth Schmidt (Brasilien), 23. September 2003. Die beschriebene Reise fand 1959 statt.

28  Brief von Caritas Grings (Brasilien), 14. September 2003.

29  Zitat aus der Rede Ursula Dormiens auf dem Ersten Treffen deutscher Gemeinschaften aus Südamerika in Montevideo am 8. November 2003. Dormien ist Herausgeberin der Zeitung.

30  Ebd.

31  Ebd.

32  Vgl. Schneider, Jens: Niemand spricht von Leitkultur, in: Freitag, 20. August 2004, S. 9.

33  Schirmer, Reiner: Ein Leben zwischen zwei Kulturkreisen, Osorno (Chile) 2002, S. 111.

34  Ebd., S. 106.

35  Nordhausen, Frank: Psycho-Sekten. Die Praktiken der Seelenfänger, Berlin 1997, S. 475ff.

36  www.peru-spiegel.de (20. Januar 2005).

37  Vgl. Bretting in: Bade 1993, S. 145.

38  Das Söldnerwesen war in damaligen Zeiten nichts Ungewöhnliches. Auch Offiziere wechselten die Flagge, Krieg war nichts anderes als ein Handwerk. Das Vermieten von Truppen an ausländische Souveräne war im 17. und 18 Jahrhundert weit verbreitete Praxis. Die für den Krieg Englands gegen die Unabhängigkeitsbestrebungen seiner nordamerikanischen Kolonie bestimmten Soldaten wurden vielfach zwangsrekrutiert, also auf offener Straße festgesetzt und nach Amerika verschifft. Sie hatten keinerlei Möglichkeit zur Gegenwehr.

39  Vgl. Bade 1994, S. 148.

40  Vgl. Harzig in: Bade 1993, S. 168.

41 Vgl. ebd., S. 169.

42 Vgl. Blaschke, Monika: »Deutsch-Amerika« in Bedrängnis. Krise und Verfall einer Bindestrichkultur, in: Bade 1993, S. 172–179.

43 Brief von Walter Euler (Wisconsin, USA), 25. Februar 2004.

44 Brief von Kathi und Heinrich Walz (Ohio, USA), 22. Juli 2004.

45 www.gacmarioncounty.com

46 E-Mail von Robert J. »Bob« Schaetzl (Florida, USA), 11. März 2004: »Unser Vereinsziel ist laut Satzung vor allem sozialer Natur und besteht in der Bewahrung deutscher Bräuche, Traditionen, Geschichte, Musik und Sport. Gemütlichkeit.«

47 Ebd., »Meine Frau ist Irin, und ich nenne sie mein deutsches Fräulein. Sie besitzt drei Dirndl.«

48 »Eine meiner größten jemals erhaltenen Ehrungen.«

49 »Weil wir Juden waren.«

50 Zum Beispiel über www.germanyinnyc.com

51 E-Mail von Irma Ryan (USA), 29. April 2004.

52 Brief von Wilfriede Stiles (USA), 8. März 2004.

53 E-Mail von Irma Ryan (USA), 7. Mai 2004.

54 Brief von Else Tittle (USA), 17. März 2004.

55 Alle folgenden Zitate aus einem Brief Grete Mindermanns vom 25. Februar 2004.

56 »Damen über 50, die einfach Spaß haben.«

57 »Das ist interessanter Kram.«

58 Bromme, Traugott: Rathgeber für Auswanderungslustige, Stuttgart 1846, S. 306; zitiert nach: Voigt in: Bade 1993, S. 219 f.

59 Im Gegensatz zu den Vereinigten Staaten war Australien keine Demokratie, sondern Teil des Britischen Weltreiches und als solcher Monarchie. Der Ruf, eine Sträflingskolonie mit sadistischen Wachen und brutalen Gefangenen zu sein, senkte die Attraktivität Australiens als potentielles Einwanderungsland zusätzlich. Vgl. Beuke, S. 51.

60 Vgl. ebd.

61 Voigt, Johannes H.: Deutsche in Australien und Neuseeland, in: Bade 1993, S. 216–225.

62 Vgl. Beuke, S. 21.

63 Vgl. ebd., S. 177.

64 Vgl. Voigt in: Bade 1993, S. 225–229

65 Vgl. Clyne, Michael: Deutsch als Muttersprache in Australien. Zur Ökologie einer Einwanderersprache, Wiesbaden 1981, S. 3.

66 Vgl. Wellnitz, Britta: Deutsche evangelische Gemeinden im Ausland, Tübingen 2003, S. 38.

67 Vgl. ebd., S. 40.

68 Die »New Territories« bezeichnen das Gebiet im Norden Hongkongs.

69 Otrakul, Ampha: Übersetzung deutscher Literatur in Thailand. Eine Bestandsaufnahme und Darstellung spezifischer deutsch-thailändischer Übersetzungsprobleme, in: Deutscher Akademischer Austauschdienst (Hg.): Germanistentreffen Deutschland – Indien – Indonesien – Philippinen – Taiwan – Thailand – Vietnam, Bonn 2000, S. 179.

70 www.gtrd.in.th

71 Farang bedeutet hier Ausländer. E-Mail von Uwe Weber (Thailand), 19. März 2004.

72 Mail Peter Fingers vom 30. November 2004

73 Die »Knastgeschichten« werden auch in Thailand als Buch veröffentlicht und können direkt über Mike Fiebig erworben werden (E-Mail mikemeriam@hotmail.com).

74 Grünewald, Hildemarie: Die Geschichte der Deutschen in Südafrika, Kapstadt 1998, S. 63.

75 Vgl. ebd., S. 97–99.

76 Merwe, Werner van der: Die Geschichte der Afrikaans- und Südafrikanisch-Deutschen Kulturvereinigung 1932–1982, Pretoria 1982, S. 140.

77 Ebd., S. 133.

78 Ebd., S. 139.

79 Der Gesandte der deutschen Botschaft, Botschaftsrat H. Bielfeld, am 23. April 1954 in seiner Festansprache anlässlich der Neugründung der ADK. Zitiert nach: Merwe, S. 139.

80 Das »Londoner Abkommen« von 1923 gestand den Deutschen in Südwestafrika eigenes Sprachrecht zu und sicherte damit ihre kulturelle Identität.

81 Zimmerer, Jürgen u. Joachim Zeller (Hg.): Völkermord in Deutsch-Südwestafrika. Der Kolonialkrieg (1904–1908) in Namibia und seine Folgen, Berlin 2003.

82 Schade, Eberhard: Mittellos am Mittelmeer, in: Frankfurter Allgemeine Sonntagszeitung, 15. August 2004, S. 49.

83 Mappes-Niediek, Norbert: Österreich für Deutsche. Einblicke in ein fremdes Land, Berlin 2002, S. 7.

84 In Königgrätz (heute Hradec Králové) fand die entscheidende Schlacht im »Deutschen Krieg« statt, Preußen besiegte Österreich. Córdoba ist eine Stadt in Argentinien, wo die österreichische Nationalelf 1978 Deutschland während der Fußballweltmeisterschaften schlagen konnte.

85 Mappes-Niediek, S. 32.

86 Kern, Rudolf: Deutsch als Minderheitensprache in Belgien (1994), in: Kern, Rudolf: Beiträge zur Stellung der deutschen Sprache in Belgien, Bruxelles 1999, S. 205 f.

87 Vgl. ebd., S. 200 f.

88 Kern, Rudolf: Minderheiten im Vergleich. Ungarn und Belgien (1990), in: Kern, S. 193.

89 Vgl. Kern, Rudolf: Deutsch als Minderheitensprache in Belgien (1994), in: Kern, S. 206.

90 Vgl. Kern, Rudolf: Warum ist die Minderheitenfrage so schwierig? (1988), in: Kern, S. 176.

91 Vgl. Kern, Rudolf: Deutsch als Minderheitensprache in Belgien (1994), in: Kern, S. 228 f.

92 Insgesamt leben laut der jüngsten Erhebung des Nationalen Instituts für Statistik (NIS) in Belgien 34 660 Deutsche. Ein großer Teil von ihnen lebt und arbeitet in Belgiens und Europas Hauptstadt Brüssel. Vgl. Neu in Belgien 2003–2004. Ein Sonderheft des Belgienmagazins. Das Deutschsprachige Magazin in Belgien, S. 18.

93  Riehl, Claudia Maria: Schreiben, Text und Mehrsprachigkeit. Zur Text-
    produktion in mehrsprachigen Gesellschaften am Beispiel der deutsch-
    sprachigen Minderheiten in Südtirol und Ostbelgien, Tübingen 2001,
    S. 41 f.
94  Brief von Wilfriede Stiles (Alabama, USA), 8. März 2004.
95  Vgl. Bönisch-Brednich, S. 234.
96  Brief von Wilfriede Stiles (Alabama, USA), 8. März 2004. »Spick and
    span« bedeutet übersetzt »wie aus dem Ei gepellt«.
97  Ich selbst bin in Argentinien mehr als einmal mit »Heil Hitler« begrüßt
    worden – verbunden zum Beispiel mit der Frage, ob ein neuer »Blitz-
    krieg« in Planung sei. Das sollte allerdings weniger ein Angriff als vielmehr
    ein Entgegenkommen sein: Man war stolz, einige »deutsche Wörter« zu
    kennen. Gelernt werden diese Worte zumeist aus US-amerikanischen
    Kriegsfilmen, die, in Massen produziert, das Deutschland-Bild in vielen
    Ländern entscheidend geprägt haben.
98  Brief von Walter Euler (Wisconsin, USA), 25. Februar 2004.
99  E-Mail von Astrid Ferling (Chile), 18. August 2003.

## Literaturhinweise

Adams, Willi Paul: Deutsche im Schmelztiegel der USA. Erfahrungen im
    größten Einwanderungsland der Europäer, Berlin 1990.
Bade, Klaus J. (Hg.): Deutsche im Ausland – Fremde in Deutschland. Mi-
    gration in Geschichte und Gegenwart, München 1993.
Bade, Klaus J.: Homo Migrans – Wanderungen aus und nach Deutschland.
    Erfahrungen und Fragen, Essen 1994.
Beuke, Arnold: Werbung und Warnung. Australien als Ziel deutscher Aus-
    wanderer im 19. Jahrhundert, Frankfurt a. M. 1999.
Bönisch-Brednich, Brigitte: Auswandern. Destination Neuseeland. Eine eth-
    nographische Migrationsstudie, Berlin 2002.
Born, Joachim u. Sylvia Dickgießer: Deutschsprachige Minderheiten. Ein
    Überblick über den Stand der Forschung für 27 Länder, Remscheid 1989.
Clyne, Michael: Deutsch als Muttersprache in Australien. Zur Ökologie ei-
    ner Einwanderersprache, Wiesbaden 1981.
Deutsch-Chilenischer Bund (Hg.): Chile. Ein Land zum Leben, Arbeiten und
    Investieren, Santiago de Chile 1996.
Deutsch-Chilenischer Bund (Hg.): Instituciones chileno-alemanas, alemanas,
    suizas y austríacas en Chile, Santiago de Chile 2002.
Deutscher Akademischer Austauschdienst (Hg.): Germanistentreffen Deutsch-
    land – Indien – Indonesien – Philippinen – Taiwan – Thailand – Vietnam,
    Bonn 2000.
Domentat, Tamara: Hallo Fräulein. Deutsche Frauen und amerikanische
    Soldaten, Berlin 1998.
Evangelische Akademie Berlin-Brandenburg (Hg.): Ausländer in Deutsch-
    land – Deutsche im Ausland, Berlin 1991.
Fröschle, Hartmut (Hg.): Die Deutschen in Lateinamerika. Schicksal und
    Leistung, Basel 1979.

Grünewald, Hildemarie: Die Geschichte der Deutschen in Südafrika, Kapstadt 1998.

Hartwig, Stefan: Deutschsprachige Medien im Ausland – fremdsprachige Medien in Deutschland, Münster 2001.

Hinz, Hans-Martin (Hg.): Zuwanderung – Auswanderung. Integration und Desintegration nach 1945, Wolfratshausen 1999.

Kern, Rudolf: Beiträge zur Stellung der deutschen Sprache in Belgien, Bruxelles 1999.

Kliem, Ottmar: Deutsche in Kanada. Eine empirische Orientierungsstudie über den Integrationsprozess der Mitglieder des deutschen Klubs in Calgary/Alta. im Vergleich zu den Führern der deutschen Klubs in ganz Kanada, (Diss.) Erlangen-Nürnberg 1969.

Krohn, Claus Dieter u. a. (Hg.): Handbuch der deutschsprachigen Emigration 1933–1945, Darmstadt 1998.

Längin, Bernd G.: Wege und Wandlungen. Die Deutschen in der Welt heute, Band 3: Germantown – auf deutschen Spuren in Nordamerika, Berlin/Bonn 1983.

Leskien, Jürgen: Dunkler Schatten Waterberg. Afrikanische Nachtgespräche, Berlin 2004.

Lüthke, Folkert: Psychologie der Auswanderung, Weinheim 1989.

Mappes-Niediek, Norbert: Österreich für Deutsche. Einblicke in ein fremdes Land, Berlin 2002.

Merwe, Werner van der: Die Geschichte der Afrikaans- und Südafrikanisch-Deutschen Kulturvereinigung, Pretoria 1982.

Möller, Kai (Hg.): Deutsche in Spanien, Erlebnisse und Erzählungen deutschsprachiger Autoren, Chiclana (Spanien) 2000.

Nolte, Hans-Heinrich (Hg.): Deutsche Migrationen, Münster 1996.

Riedel, Burkhard: Lebe Deinen Traum. Ein Ratgeber für alle, die woanders besser leben wollen, München 1997.

Sader, Karoline: Deutsche Mitarbeiter in China. Eine Analyse und Bewertung verschiedener Akkulturationsmuster, Berlin 1999.

Schirmer, Reiner: Ein Leben zwischen zwei Kulturkreisen. Unveröffentlichtes Manuskript, Osorno (Chile) 2002.

Schmidt-Lauber, Brigitta: Die abhängigen Herren: Deutsche Identität in Namibia, Münster 1993.

Schmitz-Reiners, Marion (Hg.): Leben in Babel. Eine Lesereise durch die belgische Seele, Eupen 2003.

Schoeps, Joachim (Hg.): Auswandern – Ein deutscher Traum, Reinbek b. Hamburg 1983.

Thul, Peter: Nix wie weg! Die Zukunft neu und sinnvoll planen, Hamburg 2003.

Veß de Velásquez, Mechthild: »Wie bleiben wir deutsch?« Deutsche Auswanderer zwischen Erinnern und Vergessen ihres Herkunftslandes, in: Brigitte Bönisch-Brednich u. a. (Hg.): Erinnern und Vergessen. Vorträge des 27. Deutschen Volkskundekongresses, Göttingen 1991, S. 349–357.

Volberg, Heinrich: Auslandsdeutschtum und Drittes Reich. Der Fall Argentinien, Köln/Wien 1981.

Weiss, Johann Peter: In Search of an Identity. Essays and Ideas on Anglo-Australians, German-Australians, and Others, Bern 2000.

Wellnitz, Britta: Deutsche evangelische Gemeinden im Ausland, Tübingen 2003.

Wentenschuh, Walter G.: Namibia und seine Deutschen. Geschichte und Gegenwart der deutschen Sprachgruppe im Südwesten Afrikas, Göttingen 1995.

Zimmerer, Jürgen und Joachim Zeller (Hg.): Völkermord in Deutsch-Südwestafrika. Der Kolonialkrieg (1904–1908) in Namibia und seine Folgen, Berlin 2003.

## Abbildungsnachweis

# Informationsstellen und Internetadressen für Auswanderungswillige

### Bundesverwaltungsamt – Informationsstelle für Auswanderer und Auslandstätige

Barbarastr. 1, 50735 Köln
Tel: 02 21–75 80, Fax: 02 21–7 58 27 68
www.bva.bund.de

Die Informationsstelle koordiniert über 70 regionale Beratungseinrichtungen für Auswanderer in Deutschland. Sie gibt Informationsbroschüren über mehr als 160 Länder heraus, die über die jeweiligen regionalen Beratungseinrichtungen gegen eine Schutzgebühr bezogen werden können. Interessierte erhalten darüber hinaus Merkblätter zu Themen wie Versicherung, Gesundheit, Arbeitsverträge und Eheschließungen im Ausland.

### Bundesstelle für Außenhandels-Informationen

Agrippastraße 87–93, 50676 Köln
Tel: 02 21–2 05 70, Fax: 02 21–2 05 72 12
www.bfai.de

Die Bundesstelle für Außenhandels-Informationen verschickt gegen Rechnung länderbezogene Informationen, die besonders für Firmengründungen im Ausland wichtig sind, z. B. Wirtschaftsrecht, Messen, Steuern und Zölle. Neben den Informationsbroschüren wird auch ein Suchservice nach speziell gewünschten Informationen angeboten, der im Erfolgsfall nach Zeitaufwand berechnet wird.

### Europaservice Bundesagentur für Arbeit

Regensburger Str. 104, 90478 Nürnberg
Tel: 01 80–5 22 20 23  (0,12 Cent/min aus Festnetz)
www.europaserviceba.de

Hier sind Informationen zu europäischen Arbeits- und Ausbildungsmärkten zu finden.

### Institut für Auslandsbeziehungen (IfA)

Charlottenplatz 17, 70173 Stuttgart
Tel. 07 11–2 22 50, Fax: 07 11–2 26 43 46
www.ifa.de

Fördert Kulturbeziehungen zwischen Deutschland und anderen Ländern, unterstützt die Entsendung deutscher Mitarbeiter an ausländische Kultureinrichtungen.

**Raphaels-Werk – Beratungsstelle in Berlin**
Caritasverband für das Erzbistum Berlin e. V.
Tübinger Str. 5, 10715 Berlin
Tel: 0 30–85 78 42 37, Fax: 0 30–85 78 41 37
www.raphaels-werk.de

Das Raphaels-Werk bietet Deutschen und ausländischen Staatsbürgern,
die auswandern möchten, kostenlose Beratungsgespräche an.

**Evangelische Auslandsberatung für Auswanderer, Auslandstätige und Ausländer-Ehen**
Rautenbergstraße 11/IV., 20099 Hamburg
Tel: 0 40–24 48 36, Fax: 0 40–24 48 09
www.ev-auslandsberatung.de

**Senior Experten Service (SES)**
Stiftung der deutschen Wirtschaft für internationale Zusammenarbeit
gGmbH
Buschstraße 2, 53113 Bonn
Tel: 02 28–26 09 00; Fax: 02 28–2 60 90 77
www.ses-bonn.de

Der SES vermittelt deutsche Fachkräfte im Ruhestand ins Ausland.

**Bund der Auslandserwerbstätigen (BDAE)**
Königstr. 30, 22767 Hamburg
Tel: 0 40–3 06 87 40 , Fax: 0 40–30 68 74 90
www.bdae.de

Der BDAE bietet Beratungen in den Bereichen Versicherungsschutz und
internationales Personalmanagement im Ausland an.

**Goethe-Institut – Zentrale München**
Dachauer Straße 122, 80637 München
Tel: 0 89–15 92 10 , Fax: 0 89–15 92 14 50
www.goethe.de

Das Goethe-Institut besteht aus einem Netzwerk von 144 Institutionen in
78 Ländern und bietet ein umfangreiches Bildungs- und Kulturprogramm.

**Arbeitsgemeinschaft Internationale Medienhilfe (IMH)**
Postfach 1122, 53758 Hennef b. Köln
Tel: 0 22 42–91 44 90, Fax: 0 22 42–73 59
www.internationale-medienhilfe.org

Die IMH ist zentrale Informationsstelle für deutschsprachige Auslands-
medien.

### Deutsche Verbindungsstelle Krankenversicherung Ausland
www.dvka.de

Hier gibt es nach Ländern geordnete, umfassende Informationen und Merkblätter sowie Kontaktadressen für Interessenten in Deutschland.

### Verband Deutscher Rentenversicherungsträger in Frankfurt
Eysseneckstraße 55, 60322 Frankfurt am Main
Tel: 0 69/15 22–0, Tel: 0 69/15 22–3 20
www.vdr.de

Hier ist unter anderem die Broschüre » Versicherung im Ausland – Rente ins Ausland« erhältlich.

### Auswanderer-Forum
www.carookee.com/forum/Auswanderer-Forum

Hier besteht die Möglichkeit, sich mit anderen Auswanderungswilligen über verschiedene Themen auszutauschen und Informationen zu einzelnen Ländern zu erhalten.

### Deutsche, Österreicher und Schweizer im Ausland
www.deutscheweltweit.de

Einzelne Deutsche, die im Ausland leben, Vereine und Restaurants stellen sich vor.

### Gesundheitsdienst des Auswärtigen Amtes
www.auswaertiges-amt.de/www/de/laenderinfos/gesundheitsdienst/index_html ()

Reiseinformationen, Kontaktadressen, Gesundheitstipps. Gesundheitsvorsorge bei Reisen ins Ausland.

### USA-Experten
www.usaexperten.com

Forum zu Reisen, Arbeit und Studien in den USA, Hinweise zur Auswanderung.

### www.auswandern-aktuell.de/
Diese Seite gibt umfassenden Überblick über das Thema Auswandern und mögliche Zielländer. Sie enthält zahlreiche sinnvolle Tipps, Anregungen und Spezialthemen.

### Reiseberichte
www.fernweh-pur.de

Tipps von und für Weltenbummler.

# Internetadressen für ausgewanderte Deutsche

### Forum für Deutsche im Ausland
www.diafor.de/main.html

Aktuelle Informationen zum Tagesgeschehen in Deutschland, Diskussionsforen und Chatrooms. Für Auslandsreisende oder im Ausland lebende Deutsche angelegt.

### IDA Interessengemeinschaft Deutschsprachiger im Ausland
www.imAusland.org

### Deutschsprachige Zeitungen und Zeitschriften im Ausland
www.press-guide.com

Übersicht, Links und Kontaktadressen

### Deutsche Evangelische Kirchen im Ausland:
www.ekd.de/ausland

### Katholisches Auslandssekretariat der deutschen Bischofskonferenz
www.kath.de/kasdbk

Auslandsseelsorge, Urlauberseelsorge sowie die Adressen deutschsprachiger Gemeinden im Ausland.


### Argentinien
Verband der Deutsch-Argentinischen Vereinigungen
www.faag.org.ar

### Brasilien
Martius-Staden-Institut zur Erforschung der deutschen Einwanderung nach Brasilien
www.martiusstaden.org.br

### Chile
Deutsch-Chilenischer Bund
www.dcbliga.cl

### Peru
Deutsche Schule Alexander von Humboldt, Peru
www.dasan.de/ds_lima/

## USA
Deutsche Vereine in den USA – Informationen, Bücher, Links und Kontaktadressen
www.cazoo.org/gaclub/

## Neuseeland
Portal für Deutsche in Neuseeland
www.geocities.com/nzonline2001

Deutsch-Neuseeländische Freundschaftsgesellschaft
www.deutsche-in-neuseeland.de/

## Australien
Die Brücke – Zusammenschluss deutschsprachiger Clubs, Vereine und Organisationen in Australien
www.infobahnaustralia.com.au/club/bruecke.asp

## China
German Speaking Ladies Group – die deutschsprachige Frauengruppe in Hongkong
www.gslg.de

Deutsche Industrie- und Handelskammer Hongkong
www.hongkong.ahk.de

Katholische Gemeinde Deutscher Sprache Hongkong
www.deutsche-katholiken-hongkong.de

## Thailand
Thai-Deutsche Gesellschaft Bangkok
www.td-zentrum.com

## Südafrika
Südafrikanisch-Deutsche Kulturvereinigung
www.sadk.org.za

## Namibia:
Namibisch-Deutsche Stiftung für kulturelle Zusammenarbeit/Goethe-Zentrum Windhoek
www.goethe.de/af/win/deindex.htm

Allgemeine Zeitung Nambia
www.az.namcom.net

**Spanien**
Informationsportal für Deutsche in Spanien
www.deutsche-in-spanien.de

Informationen für Auswanderer nach Spanien
www.auswandern.com

**Belgien**
Deutschsprachige Gruppen und Initiativen
www.rundertisch.be

Portal der deutschsprachigen Gemeinschaft Belgiens
www.dglive.be

# Angaben zur Autorin

## Kerstin E. Finkelstein

Jahrgang 1974, Studium der Politischen Wissenschaft, Geschichte und Slawistik in Wien, Hamburg, Buenos Aires und Potsdam, 2001 Promotion; daneben journalistische Tätigkeit, u. a. Volontariat bei der deutsch-jüdischen Emigrantenzeitung *Semanario Israelita* in Buenos Aires und freie Mitarbeit für die *Prager Zeitung;* lebt seit 1999 in Berlin; seit 2001 freiberufliche Journalistin; 2003 Teilnahme am ersten Treffen deutscher Gemeinschaften Südamerikas in Montevideo, 2004 mehrmonatige Reise rund um den Globus zu deutschen Gemeinschaften.

Norbert Mappes-Niediek
**Österreich für Deutsche**
Einblicke in ein fremdes Land

Susann Sitzler
**Grüezi und Willkommen**
Die Schweiz für Deutsche

3., aktualisierte Auflage
200 Seiten, 42 Abbildungen
Klappenbroschur
ISBN 3-86153-346-4
15,90 €, 28,50 sFr

2. Auflage
224 Seiten, 31 Abbildungen
Klappenbroschur
ISBN 3-86153-331-6
15,90 €, 28,50 sFr

Mappes-Niedieks persönliche
Erfahrungen und Schwierigkei-
ten mit der unterschiedlichen
Lebenssituation im Vergleich zu
Deutschland werden von ihm
immer wieder in allgemeinere
Überlegungen auf erfrischende
und so gar nicht peinliche Art
mit einbezogen.
*Frankfurter Rundschau*

Susann Sitzlers Buch ist mehr
als eine verlängerte Do's-and-
Don'ts-Liste. Unterhaltsam
und liebevoll führt es in den
helvetischen Kosmos ein, vom
Migros-Gefühl über die Wasch-
küchen-Ordnung bis zur Hun-
dekotaufnahmepflicht. Am
Ende weiß man, warum die
Schweizer anders arbeiten,
grüßen, lieben, feiern.
*Süddeutsche Zeitung*

Ch. Links Verlag, Schönhauser Allee 36, 10435 Berlin, www.linksverlag.de